改訂版

ゼロから始める

さいほうの基本

ボタンつけから、手作り小物＆洋服まで

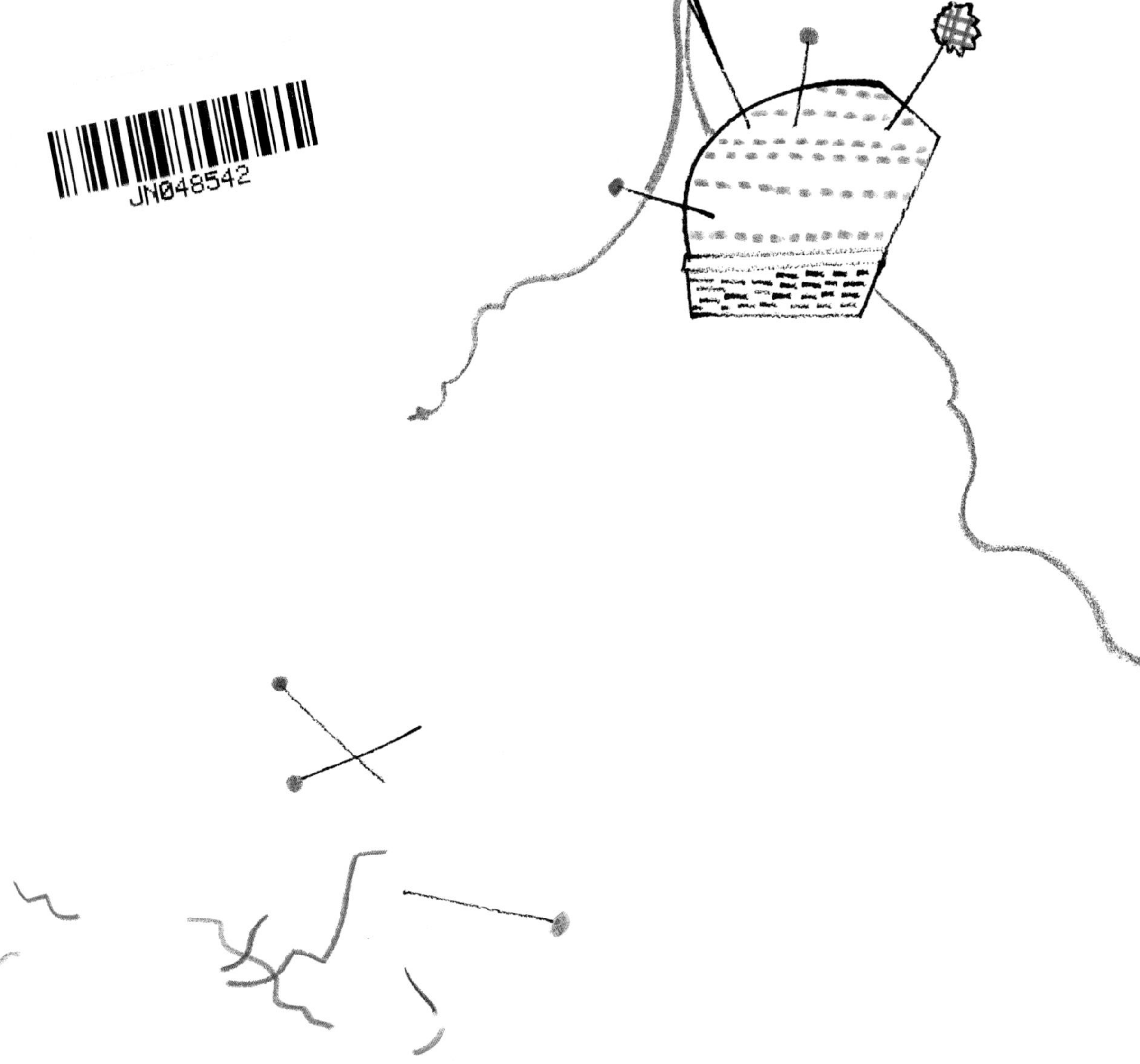

KADOKAWA

どれから作る?

かんたんソーイング作品集

この本では、全部で26種類の作品の作り方を紹介しています。3章は手縫いで作るもの、4章はミシン縫いで作るもので、それぞれかんたんなものから順に並んでいるので、目次を参考にしてください。
ここでは、作品をアイテムごとに分けて、作りたいものがひと目でわかるようにしています。

雑貨

インテリアグッズ

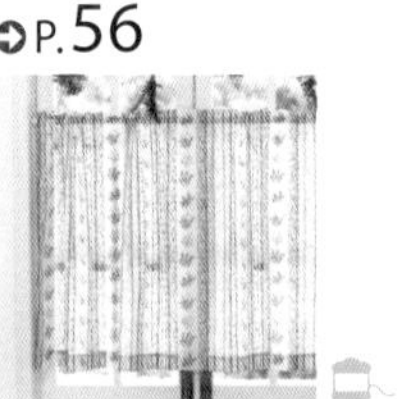

通園&通学グッズ

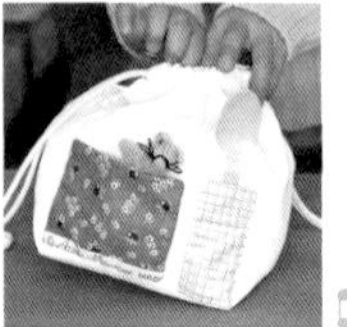

手縫い

ミシン縫い

作るときの注意

かんたんに作ることができるよう、型紙を使わずに、定規を使って、布に直接印をつけられるようになっています。それぞれの作り方のページの長さの単位は「cm」です。
定規を使えない曲線の部分があるものは、実物大型紙がついています。

バッグ・きんちゃく袋

キッチングッズ

洋服

➲P.58 バスミトンとタオル

➲P.122 プリント柄のギャザースカート３種

➡P.114 リバーシブルのバッグ

➲P.110 ランチョンマット＆裂き織りコースター

CONTENTS

こんなとき、どうする?

第3章 手縫いでチクチク 1day小物 51

付録 実物大型紙

【A面に入っている型紙】

【B面に入っている型紙】

基礎からわかる

手縫いのおさらい

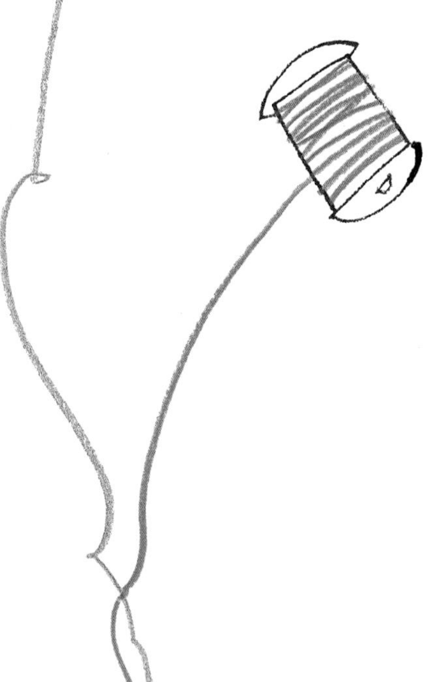

知っていれば便利で役立つことばかり。
苦手な人はもちろん、得意な人も目からウロコかもしれませんよ。

手縫いに必要な道具

まずは道具をそろえることからスタート。
手持ちのもので間に合えば、それを利用してください。
あまり使わないものを買ってもジャマになるだけなので、
あとは必要に応じて加えていきましょう。

ピンクッション

縫い針やまち針がすぐ使えるように刺しておきます。中綿にシリコン加工を施し、針がさびにくいものがおすすめ。安定のよい形をした、ソフトな風合いのフェルト製やコットン製が使いやすいでしょう。

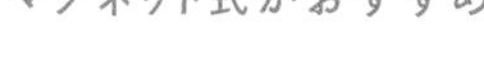

マグネット式がおすすめ

子どものいる家庭なら

まち針がピタッとつくので、
なくしたりする心配がありません。
落とした針を探すときにも便利。

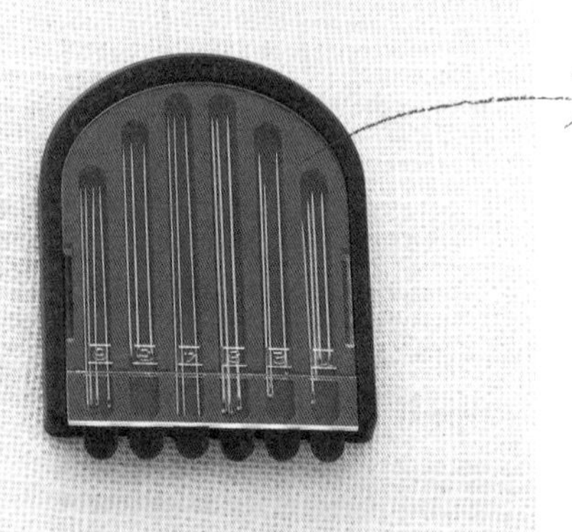

手縫い針

縫い針は太さや長さの種類が豊富。厚い布には太い針、薄い布には細い針が基本。短い針は細かい縫い目に、長い針はゆったりした縫い目に向いています。

布に合わせて針を選びましょう！

厚さ	種類	手縫い針（メリケン針）
薄手	オーガンジー、キュプラなどの裏地	8番、9番
普通	サッカー、ギンガム、ブロードなどの木綿	7番、8番
厚手	デニム、フリース、タオル、フラノなど	4番、5番、6番

指ぬき

針を持つ手の中指にはめて使います。針を押すとき、指に負担をかけず楽に縫うことができて安心。革製と金属製の2種類ありますが、針が通りにくい生地を扱うときには金属製が便利。

糸切りばさみ

手縫い糸やミシン糸を切るときに使います。切り込みや糸端を切るなど細かい作業に使うので、刃先がきちんとかみ合う、切れ味のよいもの、バネ（腰）の強いものを選んで。

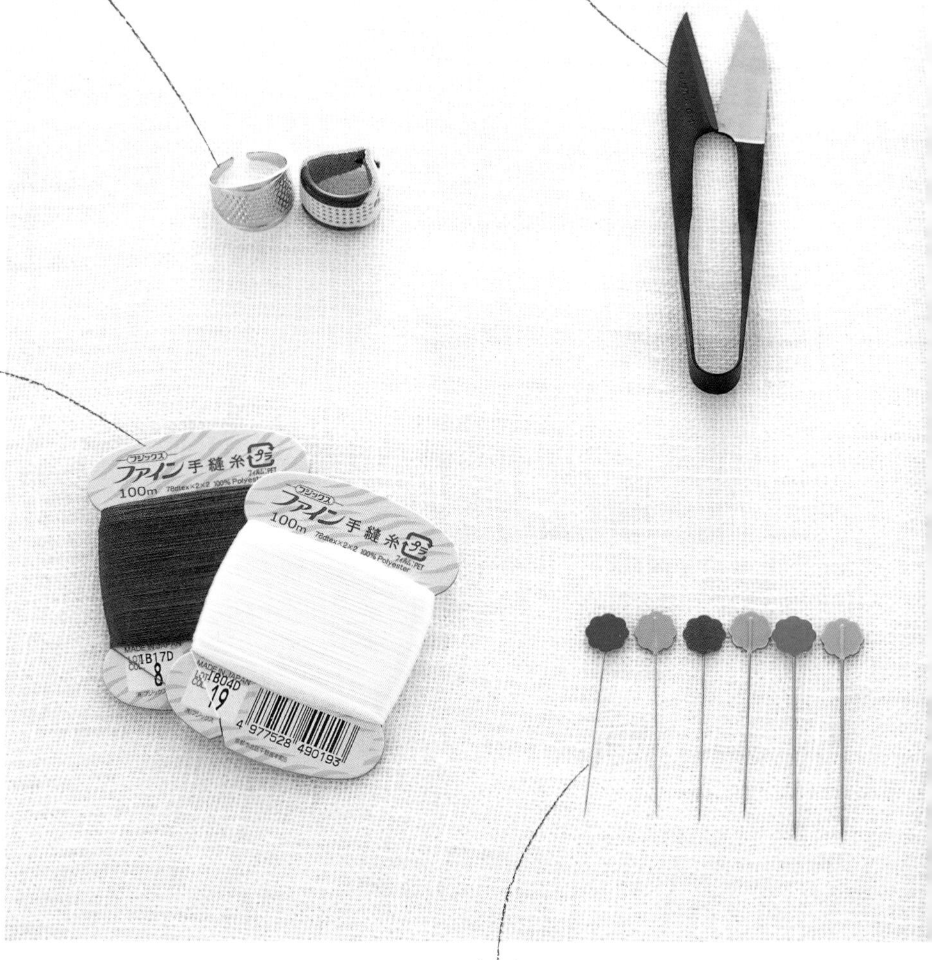

手縫い糸

手縫いには、手縫い用に作られた糸を使います。写真のような形態のものは「カード巻き」と呼ばれます。色は手持ちの洋服の中で多い色を中心に何色かそろえておくとよいでしょう。太さや素材にはいろいろな種類がありますが、丈夫で利用範囲の広いポリエステル製50番を用意しておきます。

ミシン糸を使うときは……

糸には“より”がかかっています。手縫い糸は縫っているときの手の動きに合わせて右に“より”がかかっているので糸が絡みにくくなっています。ミシン糸は左に“より”がかかっているので、使うときはろうびき（P.32参照）してから使いましょう。

まち針（ピン）

アイロンをかけてもよい耐熱性のものが便利。またステンレス製のさびにくいものを。

さいほう箱はどうする

わざわざ既製のさいほう箱を準備する必要はありません。
身近にあるお菓子の缶や空き箱で充分。
道具を使いたいときにすぐに取り出せるよう、まとめて入れておきます。

針に糸を通す

針に糸を通す――それだけのことでも差がでます。
「基本のき」から始めましょう。

1 針に糸を通す

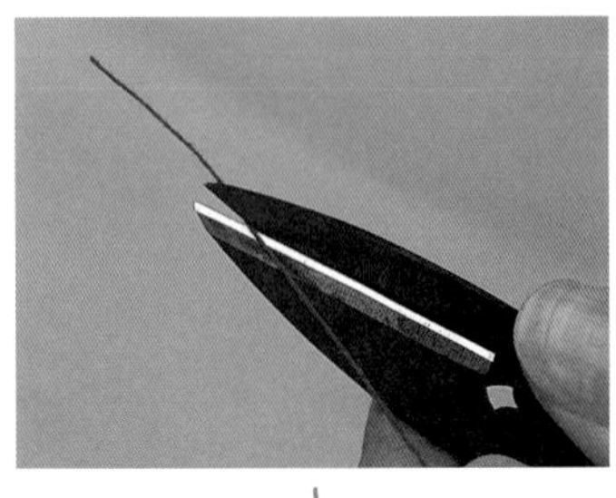

糸は糸切りばさみで斜めに切り、針穴にまっすぐ通す。特に合繊糸はなめると糸端がほつれるので必ず斜めに切る。歯でかみ切るのはやめて。

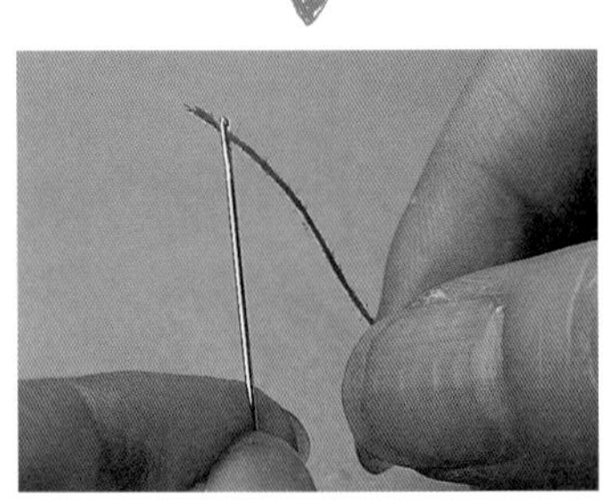

糸の先端

斜めにカットする

ここがポイント

カード巻きの糸は巻きぐせをとるため指ではじく

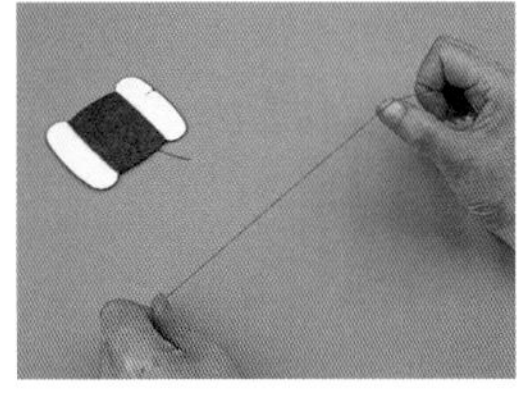

糸端を指に2～3回巻きつけて糸をピンと張り、親指を使って3～4回はじく。こうするとまっすぐな糸になる。

2 糸の長さを決める

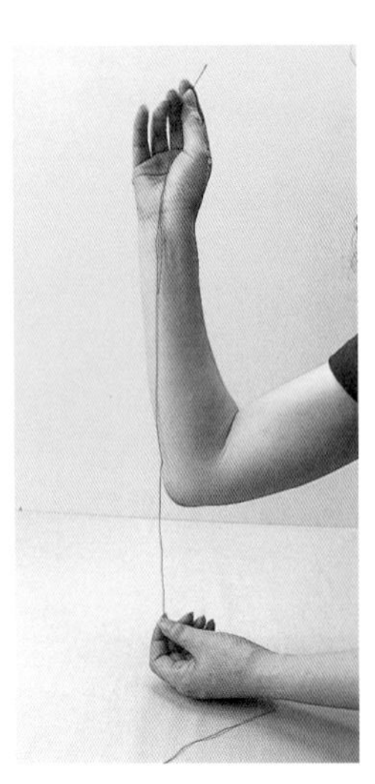

1本どり

糸は失敗したときにほどいて使いやすいよう、1本どりが基本。ただ長すぎても、短すぎても縫いにくいもの。使いやすい長さはひじ下15cmくらいを目安に。

丈夫に縫いたいときは2本どりに

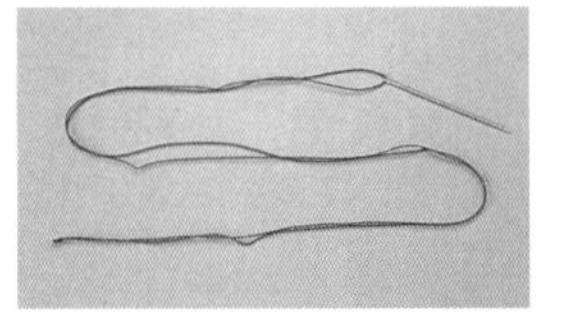

丈夫に縫いたいときは2本どりで。2本どりは2本の糸を針に通すのではなく、1本の糸を二重にし、糸端を2本合わせて玉結びする。

あると便利！

糸通しグッズ

面倒な糸通しをスムーズにしてくれるお役立ちアイテム。コンパクトサイズから卓上型までいろいろあるので、好みのタイプを選びましょう。

スレダー

軽くてコンパクトなタイプ。

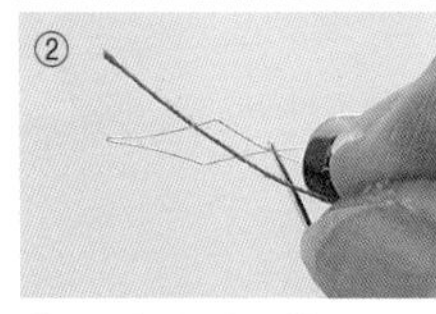

①リングを針穴に差し込む。
②リングに糸端を通して引き抜くと糸が通る。

ダブルスレダー

太針・ミシン針用と細針用の両タイプに対応。

デスクスレダー

卓上型の糸通し器。細い針も太い針もひとつのボタン操作で簡単に糸通しできます。

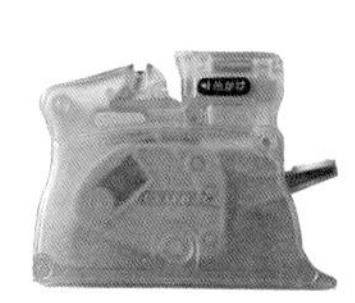

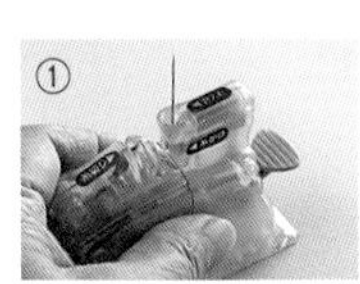

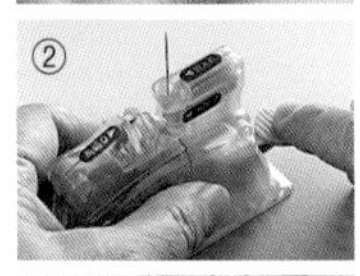

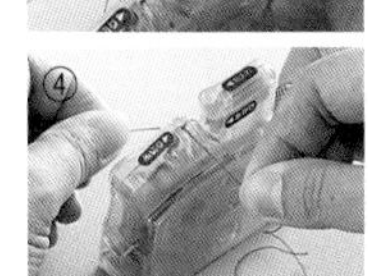

◉使い方

①まず糸をセットし、針は針穴部を下にしてセットする。
②糸を軽く押さえたままボタンを軽く押す。
③針穴に糸が通ったら針を抜く。
④カッターで糸を必要な長さに切る。

3 玉結びを作る

針で作る場合

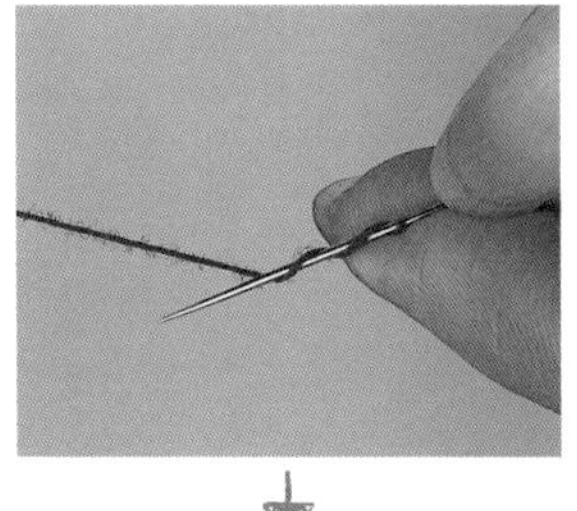

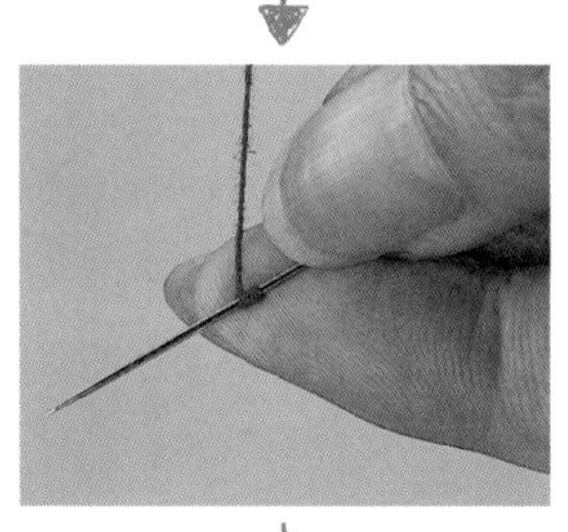

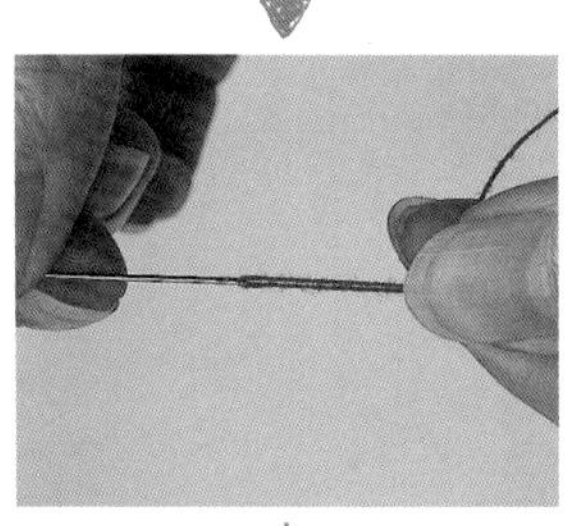

糸端を人さし指にのせて針で押さえ、糸を針に2～3回巻きつけて巻いた部分を寄せ、そのまま親指で糸の部分をしっかり押さえて針をすっと抜く。糸を巻く回数で玉結びの大きさがかわる。

指で作る場合

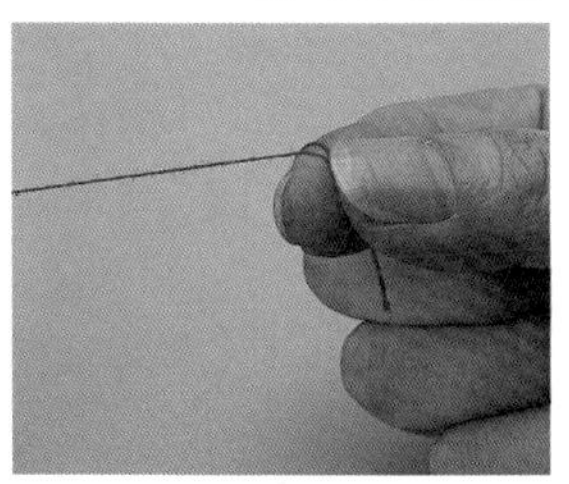

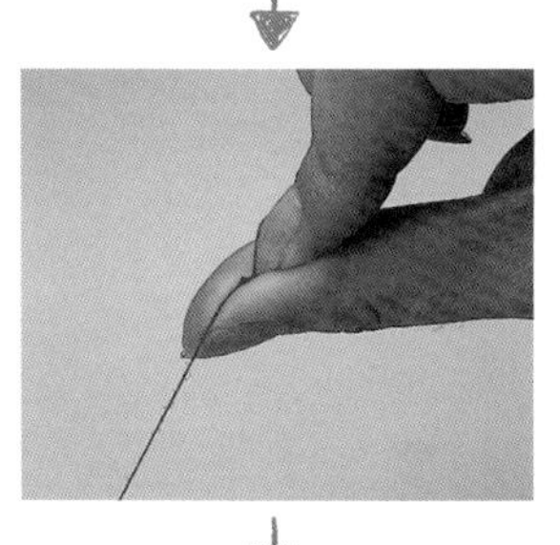

糸端を人さし指にぐるっと1回巻きつけ、親指で糸を押さえながら人さし指をずらすようにして数回より合わせる。最後に親指の腹と人さし指で玉を作る。

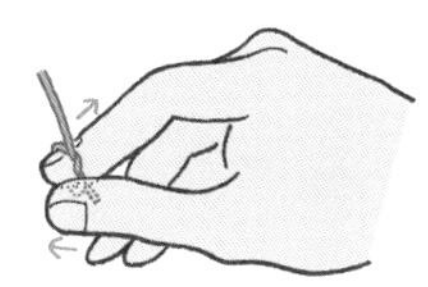

基本の縫い方

手縫いの場合、縫う場所や目的によって縫い方が違います。
よく使われる縫い方をまとめました。
知っておきたい基本の縫い方を覚えて使い分けましょう。
ひと目でわかりやすくレッスンします。

縫い終わり（玉留め）

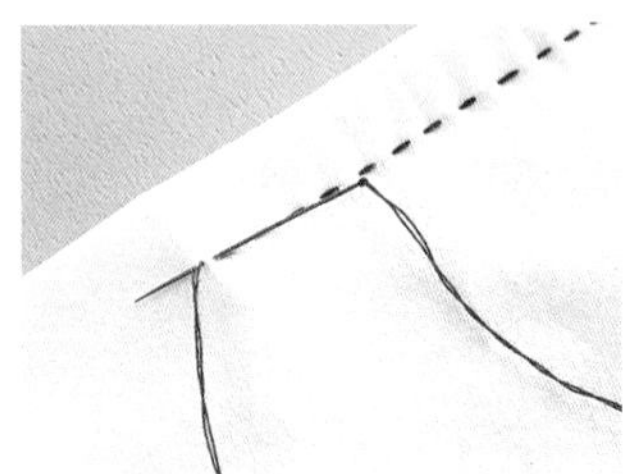

縫い終わったところで糸をひと針返す。

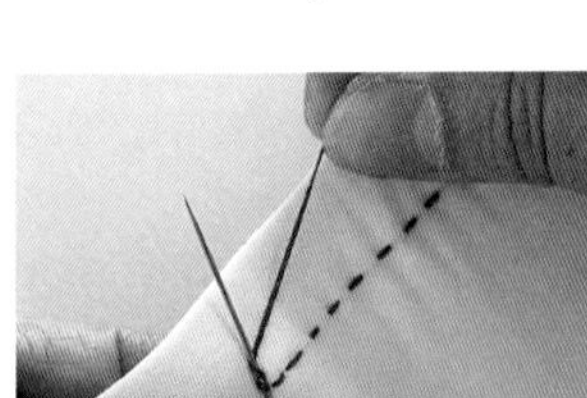

糸を針に2～3回巻きつける。

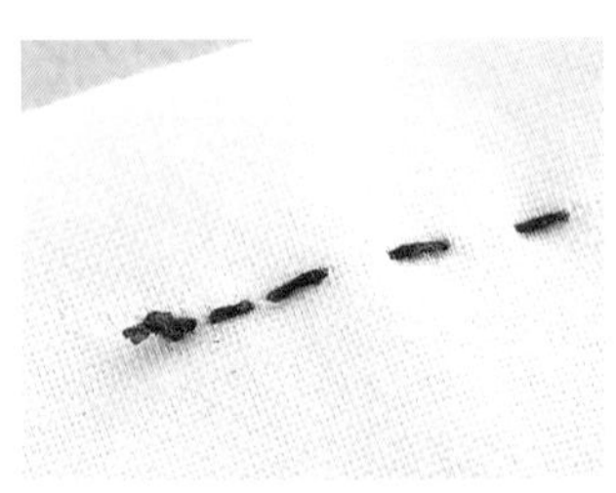

巻いたところを押さえて針を抜き、玉留めの後を1mmほど残して糸を切る。

縫い始め

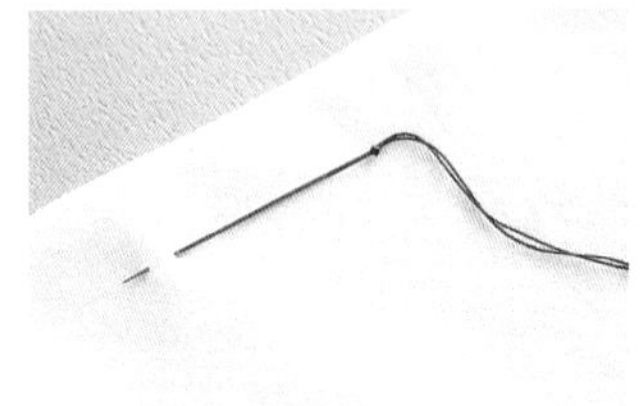

布をひと針すくって縫う。

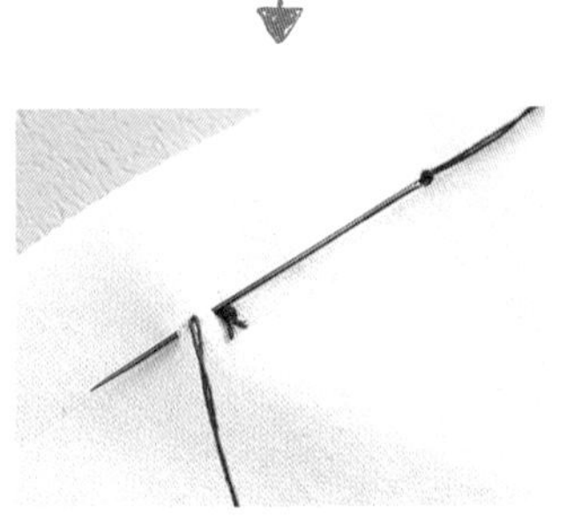

針を最初に戻して、同じところをもうひと針縫う。

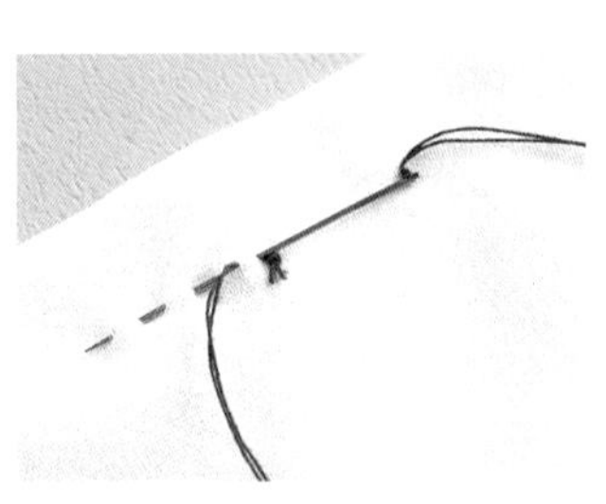

そのまま縫い進める。

針の持ち方と指ぬきの使い方

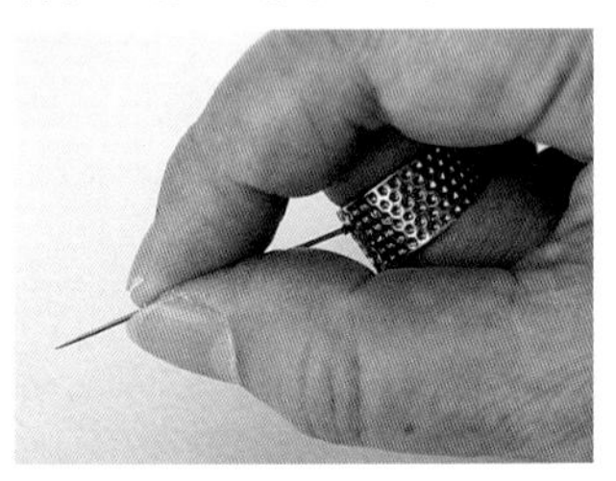

指ぬきは利き手の中指の第二関節あたりにはめる。針は親指と人さし指で持ち、針を指ぬきに直角にあてながら押し出すようにして縫い進める。左利きの人は針を左手で持ち、逆方向から縫う。

並縫い

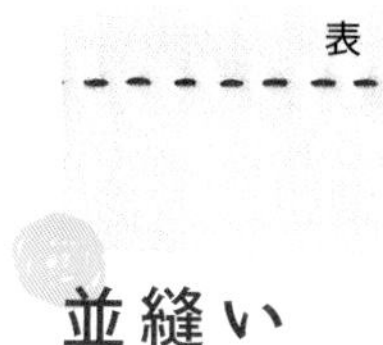

手縫いの基本となる縫い方。縫い合わせやギャザーを寄せるときに使います。長い縫い目になるときは、ところどころにひと目ずつ返し縫い（P.18参照）を入れると安定します。表と裏の縫い目が同じ間隔になるようにするのが基本です。1〜2mmの細かい針目で縫う場合をぐし縫いといいます。

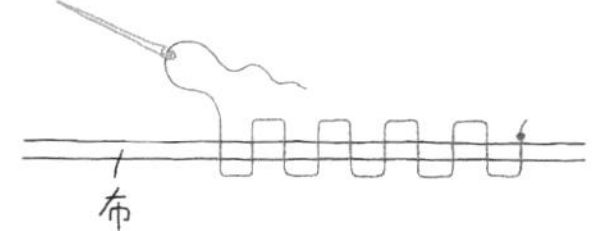

1 針だけでなく左手も上下する

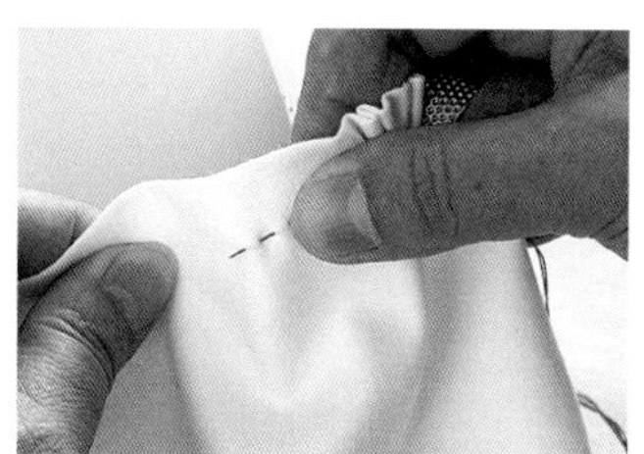

針が布に通りやすいように、左手で持った布を上下させてリズムをとりながら、布に針を3〜4mm間隔で通していく。

2 糸こきをする

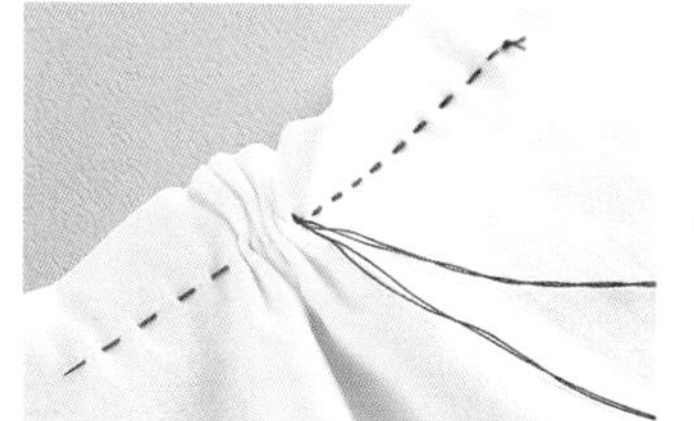

針を進めていくと、手の中に布がたまってくる。ときどき右手の親指と人さし指で縫い目の上をしごきながら、針を抜いて布地を平らにならす。

3 玉留めの前にチェック

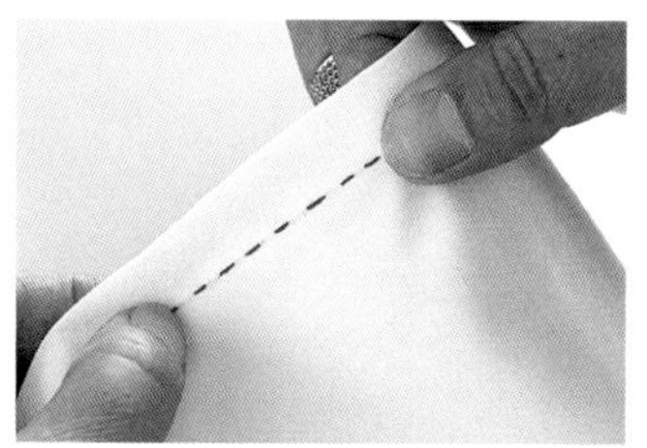

玉留めを作る前に、縫い目をチェックし、糸がたるんでいないか、布のつれはないかを調べる。

覚えておこう

玉結び・玉留めの始末

でき上がったときに玉結びや玉留めがかくれていると仕上がりもきれい。糸を引いて布の中にかくす方法です。

玉結びを引き込む（縫い始め）

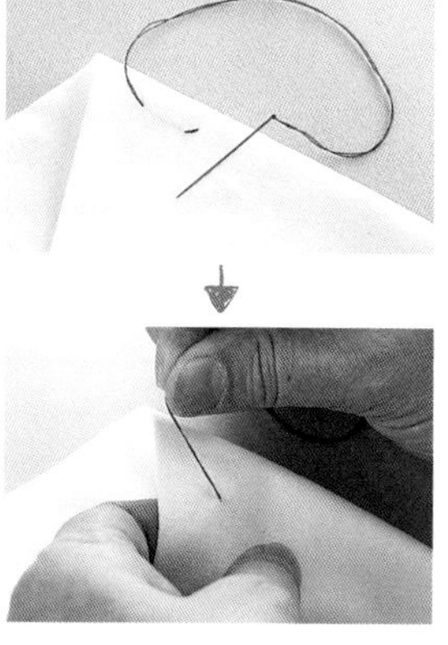

玉結びを作り、縫い始めよりひと針ほど先をすくう。

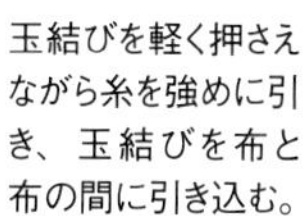

玉結びを軽く押さえながら糸を強めに引き、玉結びを布と布の間に引き込む。

玉留めを引き込む（縫い終わり）

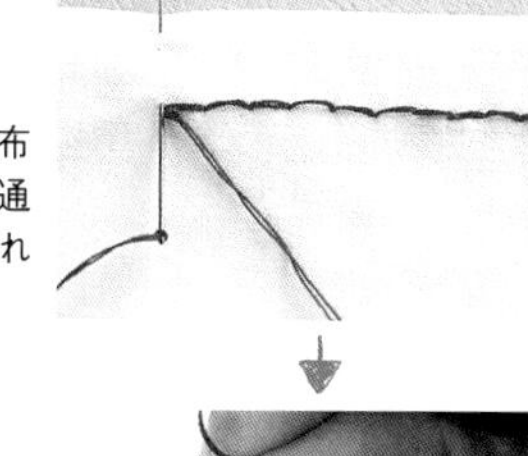

玉留めを作り、布と布の間に針を通し、1cmほど離れた位置に出す。

糸を強めに引き、玉留めを2枚の布の中に引き入れる。

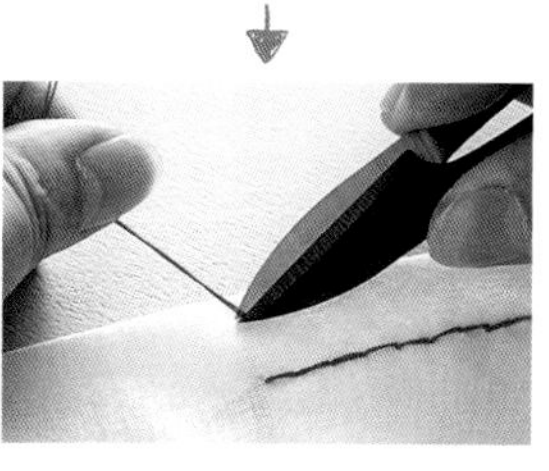

糸を切り、布をしごくようにならす。

表　裏

本返し縫い

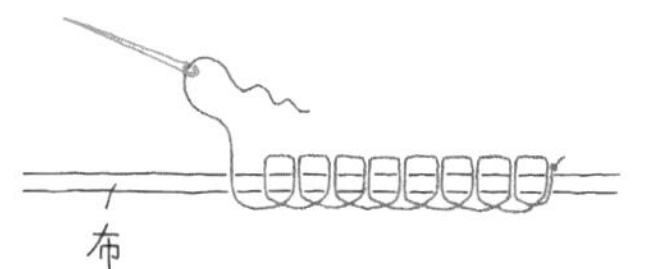

しっかりと縫い合わせたいときに。
ミシンの縫い目のように見える、とても丈夫な縫い方です。
ひと針分3～4mmを返しながら縫っていきます。
糸は縫う部分の3倍+20cmくらい必要。
ジャージーや厚手の布に最適です。

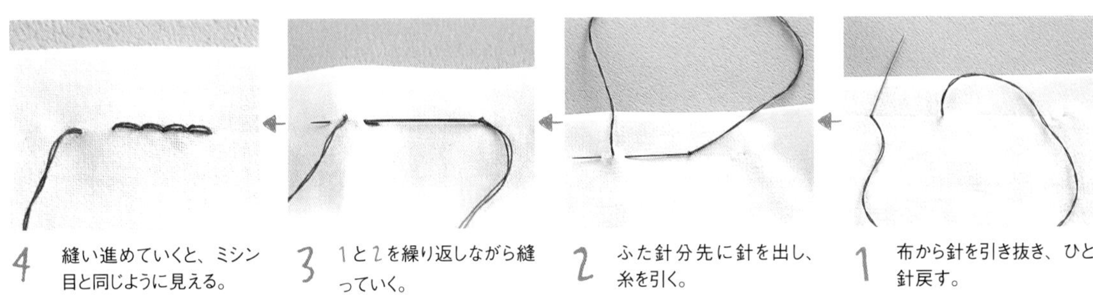

1 布から針を引き抜き、ひと針戻す。

2 ふた針分先に針を出し、糸を引く。

3 1と2を繰り返しながら縫っていく。

4 縫い進めていくと、ミシン目と同じように見える。

かがり縫い

縫い目がほつれていたり、
破れた部分をとじるときに最適。
ぬいぐるみなどの綿入れ口をとじるときにも。
細かい縫い目で縫うものをまき縫いといいます。

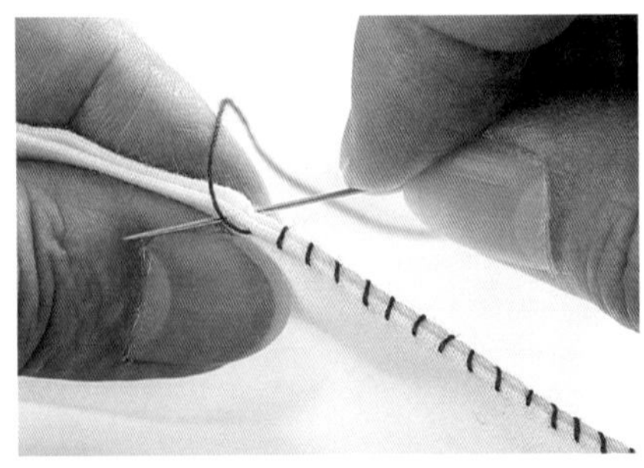

縫った糸がとじ口に垂直に（たてに）かかるように縫う。
写真のように、斜めに針を進める。

表　裏

半返し縫い

表からは並縫いのように見えますが、
布をしっかりと縫い合わせることができます。
本返し縫いに比べて仕上がりがやわらかく、
薄い布をしっかりと縫いたいときにおすすめ。

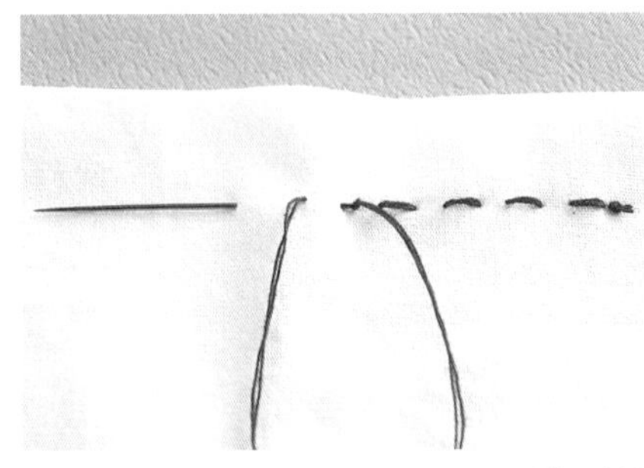

布から針を出したら、ひと針戻す。1cmほど先に針を出し、前の針目との中心に針を入れ、1cmほど先に針を出す。この動作をくり返す。縫い目の間隔は3～4mm程度に。

流しまつり縫い

スカートやコート、ジャケットなど、
裏地がついていて
縫い目が表に出ない部分に
おもに使います。
縫い目の裏が服の表に出ます。

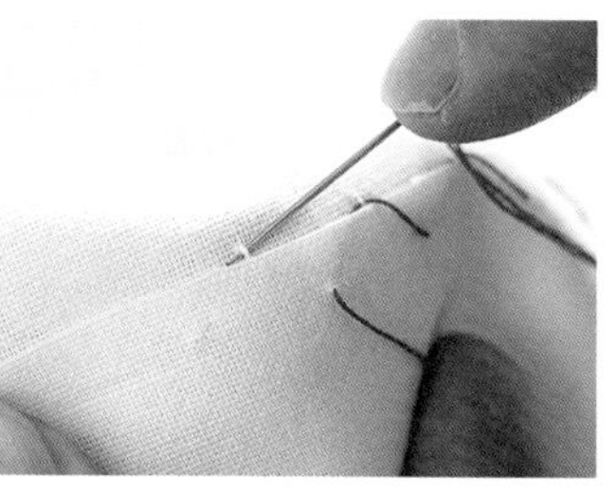

1 縫い代の裏から表に針を出す。次に5mmほど先の表布の織糸を1本すくう。すくう分量は、表にひびかないよう極力少なくする。

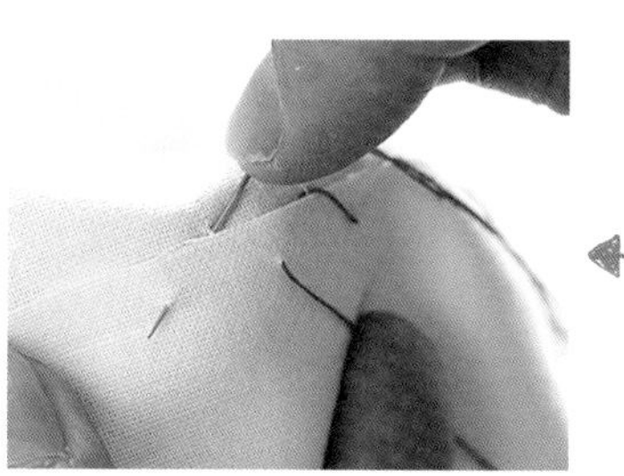

2 縫い代の裏からすくった針を出す。この動作をくり返す。縫い目の長さは1～1.5cmで大丈夫。

奥まつり縫い

スカートやパンツのすそをまつるときに。
糸が表布と縫い代の間にかくれるので
すり切れることが少なく長もちします。
流しまつり縫い同様、縫い目の裏が
服の表に出ます。

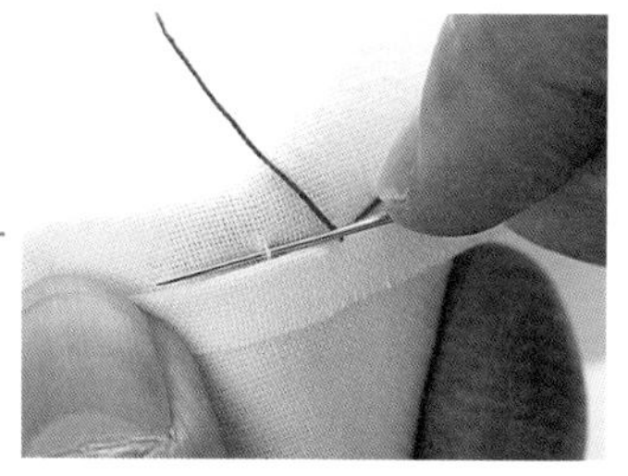

1 布を利き手と反対の手の親指と小指で張るようにして持つ。縫い代の端を折り返し、ひと針すくって糸を引く。次に表布の織糸を1本すくう。

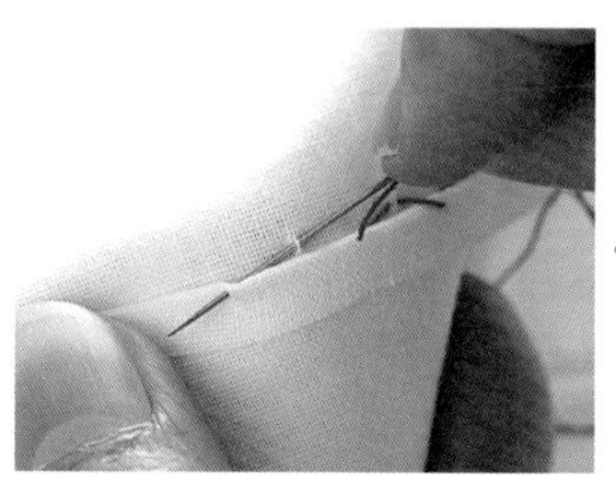

2 縫い代の折り返しの裏から、すくった針を出す。この動作をくり返す。糸を引きすぎると、つれてしまうので注意。折り返しは元に戻して仕上げる。

たてまつり縫い

縫い代に対して直角に針を入れる
まつり方。パンツのすそ上げ、
アップリケの縁縫いなどに
使われます。針目が細かいほど
しっかりでき上がります。

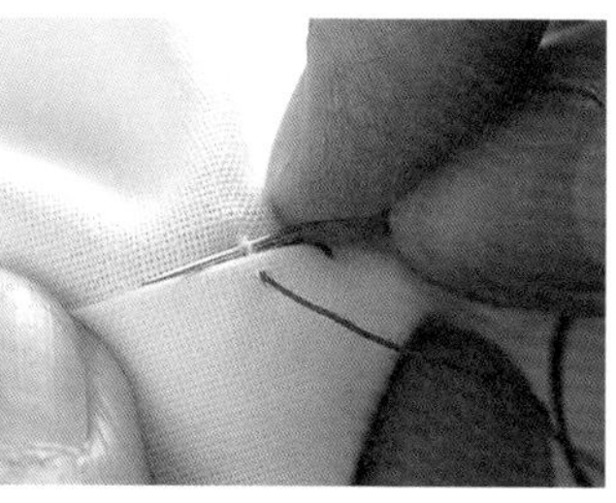

1 縫い代の裏から表に針を出し、すぐ上の表布の織り糸を1本すくう。

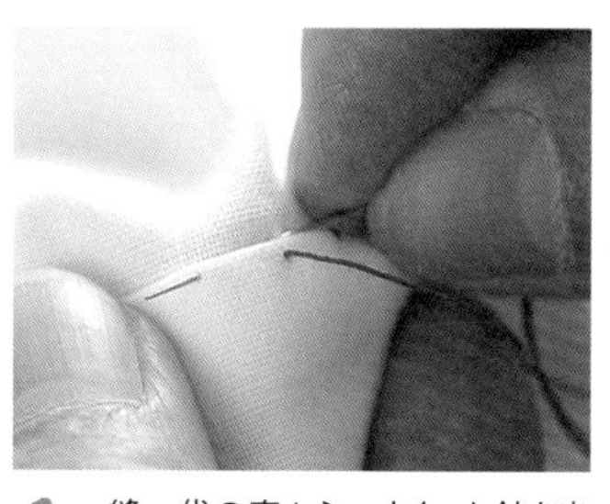

2 縫い代の裏から、すくった針を出す。この動作をくり返す。

コの字まつり縫い

布の折り山をつき合わせ、
縫い目が表裏どちらからも見えないまつり方。
スカートのスリットのほつれや裏地つきの洋服の
縫い目のほころびを縫うときなどに最適です。

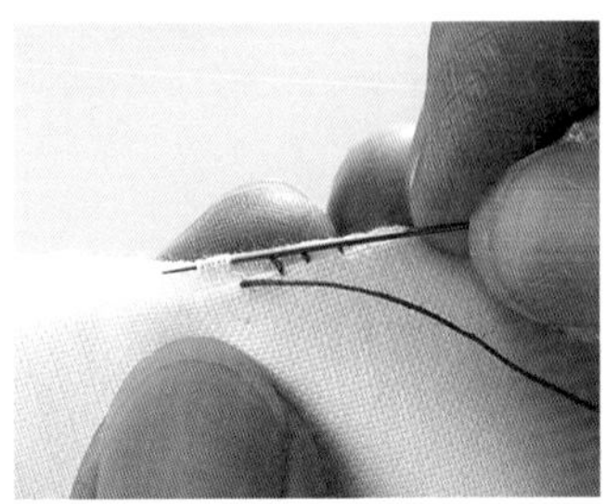

1 2枚の布の折り山を合わせ、手前の折り山から針を出し、奥の折り山を2～3mmすくう。

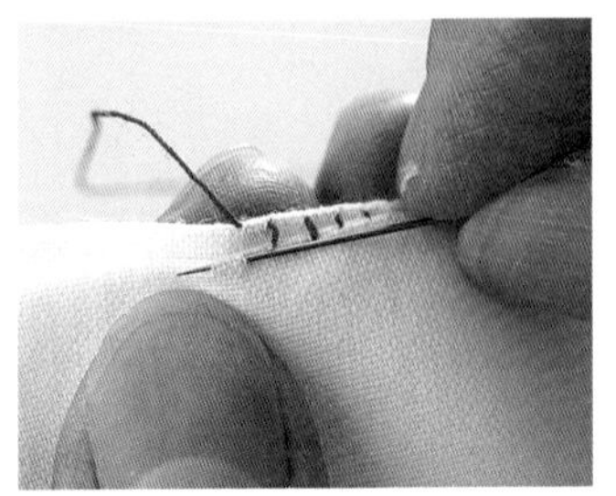

2 再び手前の折り山を2～3mmすくい、糸のわたりがコの字になるように縫い進める。

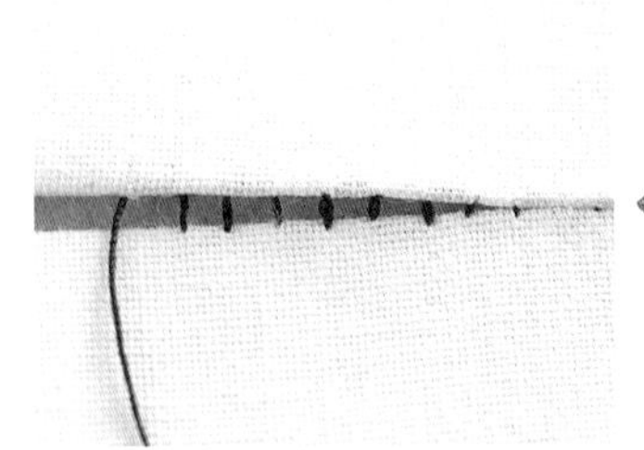

3 3～4針縫っては糸を引き、布になじませる。

千鳥がけ

上下交互に糸を千鳥にかけるので、
しっかり留めることができます。
ほつれやすい布に向いています。

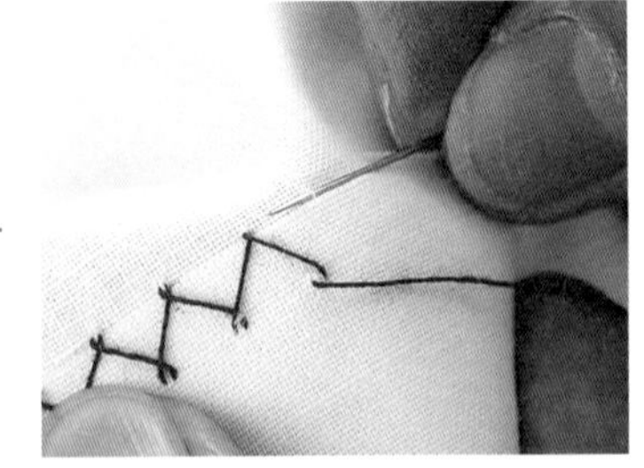

1 左から右に針を進める。縫い代の裏から針を出し、右上の表布の織糸を1本すくい、糸を引く。

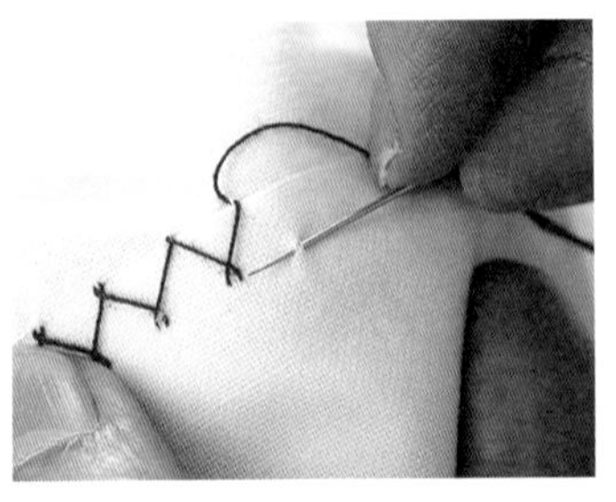

2 右下の縫い代をひと針すくい、糸を引く。この動作をくり返す。

こんなとき、どうする？

よくありがちな問題はここで解決。
いざというときに困りません。

Q まち針のうち方に決まりはあるの？

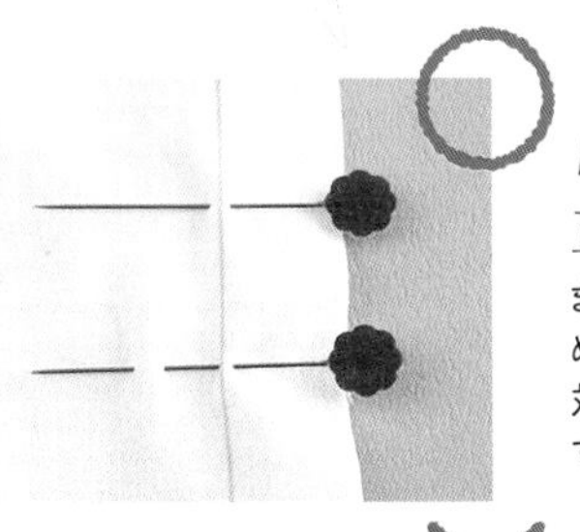

A 正しいうち方

まち針は縫い代を留めたり仮留めするときのもの。縫う方向に対して直角にうつのが基本です。

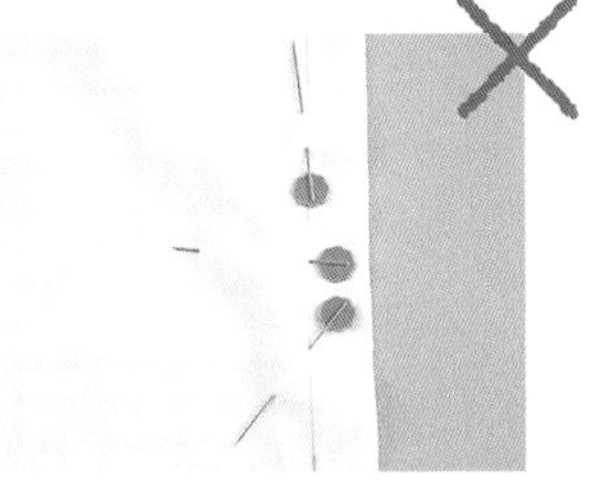

間違ったうち方

斜めにうったり、縫い目に沿ってうったりしてはダメ。布がずれやすくきれいに仕上がりません。指をキズつけたり、よけいな手間がかかったりします。また深くすくいすぎても布がしっかり留まりません。

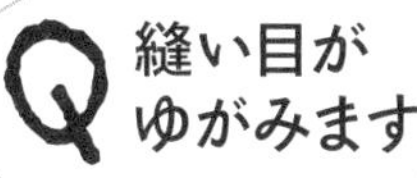

Q 縫い目がゆがみます

A 線を引いて縫いましょう

きちんとした縫い目は仕上がりもきれいに見えます。慣れないうちは布用マーカーやチャコペンシルで縫い目の線を入れ、線の上を縫い進めてみましょう。カーブを縫うときは、針をこまめに布から引いて縫い進めます。

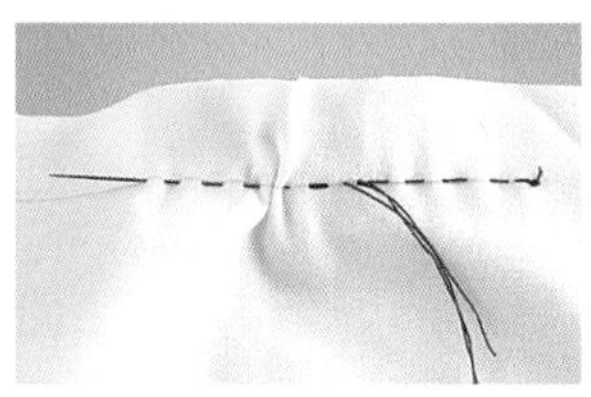

Q 糸が短くて玉留めできない！

A はた結びにします

玉留めを作るには縫い進みすぎて糸が短いときは、針を抜いてしまいます。新しい糸を写真のようにつなぎ、針に通して縫い進めます。はた結びは短い糸でもしっかりつなぐことのできる方法です。

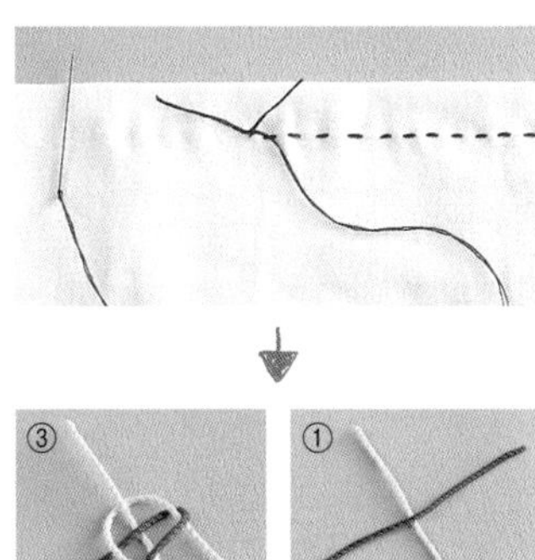

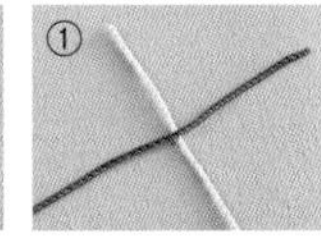

Q 糸をほどきたい！

A はさみで糸を切りながらほどきます

布を傷めないように糸切りばさみで切りながらほどきます。糸くずはガムテープで集めます。

Q 糸を継ぎ足したいけど

A 少し縫い目を重ねます

玉留めを作る場合は、糸の長さが針の長さの倍くらい必要です。糸が抜けてしまわないように、玉留めを作ったらひと針返して糸を切ります。糸の継ぎ目が弱くなるので、新しい糸にかえたらふた針ほど戻って縫い進みます。

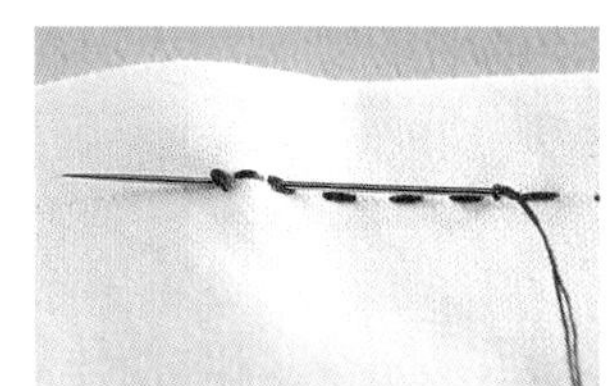

ステップアップの 秘けつ 1

ソーイングが上手になる道具

ボタンつけなど、ちょっとした繕いものをするくらいなら、P.12で紹介した道具があれば充分ですが、だんだん楽しくなってきて何か作りたい! と思い始めたら、裁ちばさみと方眼定規をそろえましょう。ソーイングライフが格段に快適になるはずです。

測る、線を引くに大活躍【方眼定規】

たてよこ0.5cm間隔で点線が、1cm間隔で太線の方眼が入り、四方には1mm単位の目盛りがついているスグレモノ。縫い代によく利用する1～1.5cmの平行線と、1.2cmの平行線も入り、グリーンの部分は濃い色や柄入りの布の上でも目盛りがよく読めます。また、45℃の角度線を使うとバイアスが簡単に引けます。50cm、30cm、20cm／クロバー

◉使い方

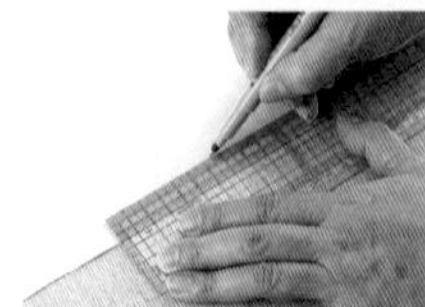

平行な線を引くときは、布端にとりたい幅の数字を合わせて方眼定規をのせ、チャコペンシルなどで線を引く。方眼定規の平行線を利用しても。

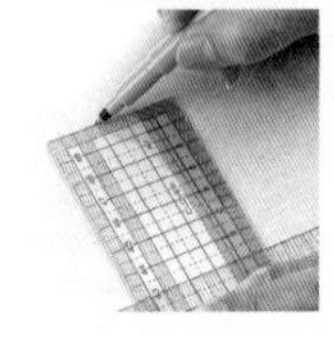

方眼定規の幅(5cm)を超えた線を引くときは、たてに使って印を数カ所につけ、印と印を結ぶようにして平行線を引く。

布専用にいいものを【裁ちばさみ】

布がよく切れる、専用のはさみはぜひそろえたいもの。洋裁用で、長さが23～26cmのものが使いやすくておすすめです。右利き用と左利き用があるので、自分に合ったものを。できれば、実際に握ってみて選ぶとよいでしょう。水にぬらしたり、落としたり、布以外のものを切らないように注意します。写真はプロも愛用しているタイプ。24cm／庄三郎

◉使い方

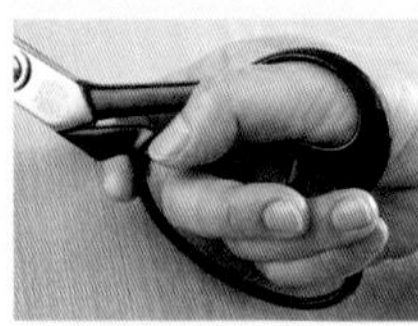

親指を持ち手の小さいほうに、中指から小指までを持ち手の大きいほうに入れて握り、人さし指の第一関節を直角になっている部分にかける。

親指を上にして持ち、はさみを布に対して直角になるように切る。刃の下側は机に接するように動かすと安定するので、きれいに正確に切ることができる。

自分でできる ちょこっと繕い

不器用だから、とあきらめずに試してみましょう。
やってみれば意外とかんたんです。

ボタンがとれた！

せっかくつけたのに、すぐとれてしまうようでは困ります。
ボタンがかけやすいように、糸足を作って、しっかりつけましょう。

1 つける位置をすくう

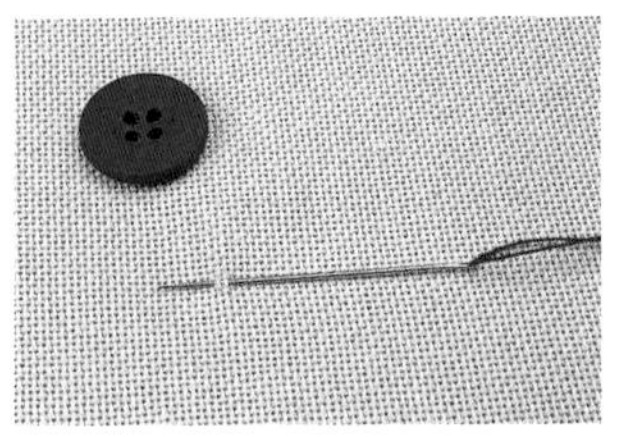

つける位置の中心を、表からひと針すくう。

2 ボタンを布につける

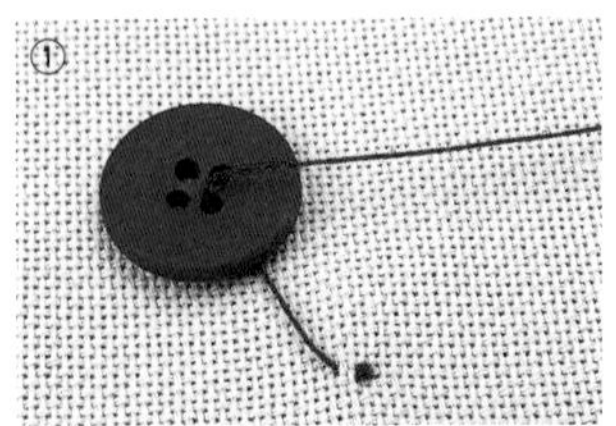

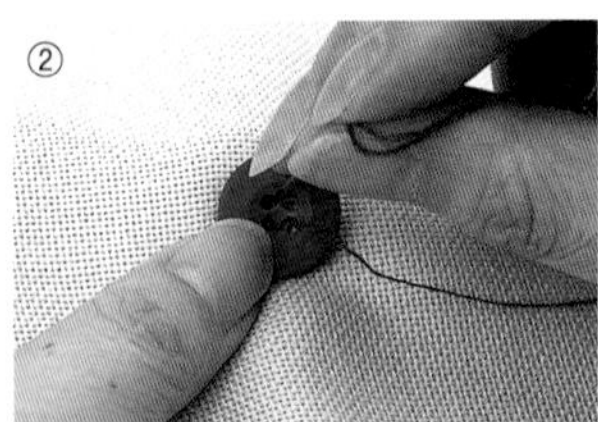

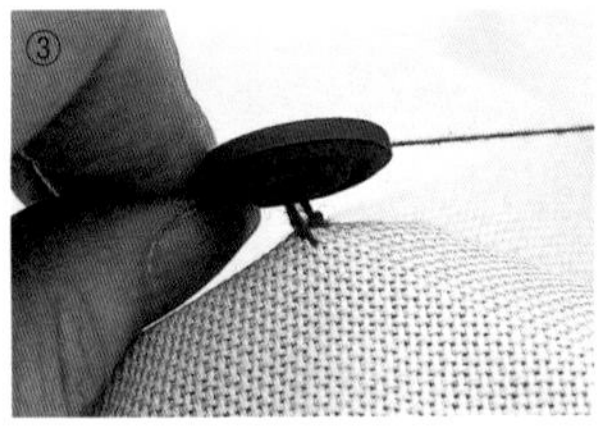

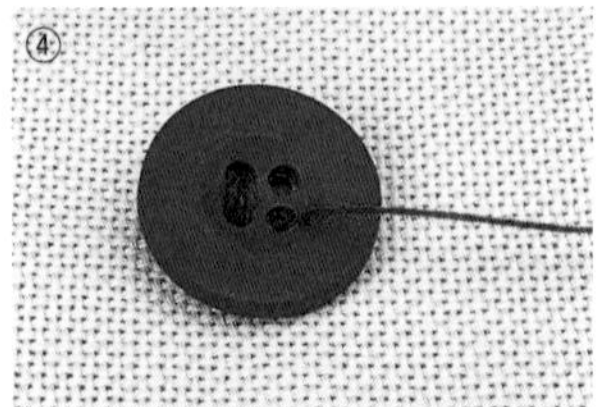

①ボタンの裏側から、穴に糸を通す。
②横の穴に針を刺し、そのまま布まで通して裏側に針を抜く。
③ボタンと布はぴったりくっつけず、2〜3mmくらい間があくように浮かせる。
④3〜4回ゆるめに糸を通したら、横の穴に。同様に糸を渡す。

いろいろなボタンがあります

4つ穴ボタン
代表的なボタン。2列に糸をかけるのが基本ですが、P.25のように十字につけてもかわいい。

2つ穴ボタン
4つ穴ボタン同様、ポピュラーなタイプ。いろいろな形があるので、シンプルなTシャツのアクセントに使っても。

力ボタン
ボタンを補強するために裏側につけるボタン。コートやニットなどに使われる。シートに糊づけして売られている。

ボタンは手芸用品店で扱っています。たくさんの種類がありますが、穴があいたボタンと、足がついているボタン（P.26参照）に分かれます。大きさや材質もいろいろなので、とれたボタンをつけるだけでなく、あきてしまった洋服のボタンを好みのものと取り替えるなど、いろいろ楽しんでください。

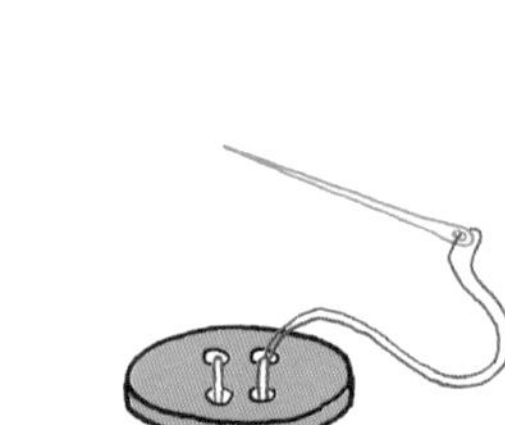

糸を浮かせるときは、つまようじなどを挟むとやりやすい。

かかる時間
5〜10分

難しさ
初級コース

用意するもの
ボタン、手縫い針、手縫い糸（あればボタンつけ用）、糸切りばさみ

ちょこっとアドバイス
ボタンつけには、少し太めの丈夫な糸を、1本どりにして使います。ボタンつけ用の糸も売られています。糸の色は、ボタンと同じ色か近い色にするのが基本です。つける位置がわからないときは、上下のボタンを留めて、正しい位置を確認してください。ボタンを留めたときに、洋服がひきつれないよう、糸足を作るのがポイント。4つ穴も2つ穴も基本は同じなので、ぜひマスターしてください。

2つ穴ボタン

4つ穴ボタンと同じ要領で、糸足をつけて、留めつける。

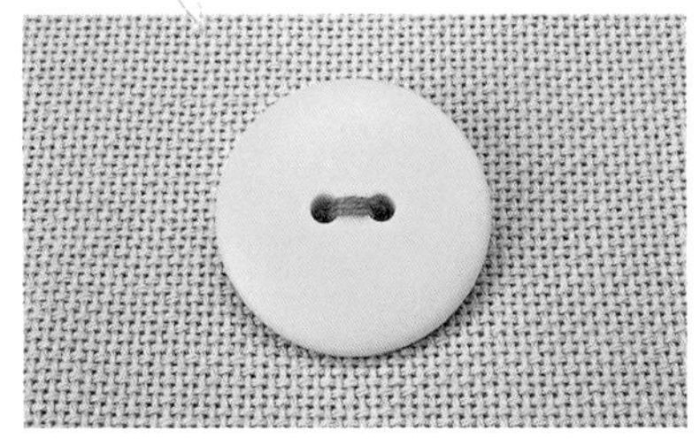

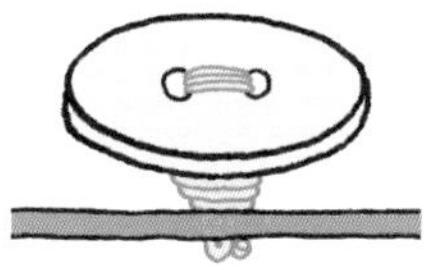

力布つきボタン

えり先などに使われるボタンで、裏側にフェルトなどの力布を当てたもの。力布にまず糸を通してから布の裏側に当て、ボタンと一緒に力布も留める。表にボタン、裏に力布がつく。

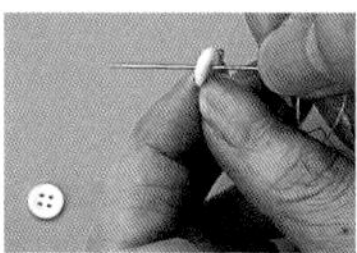

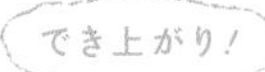

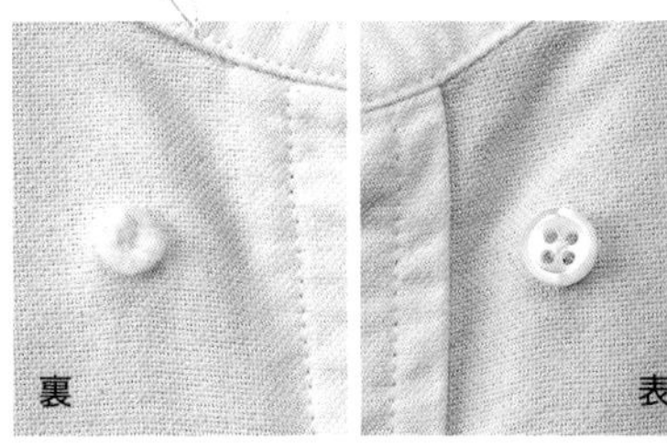

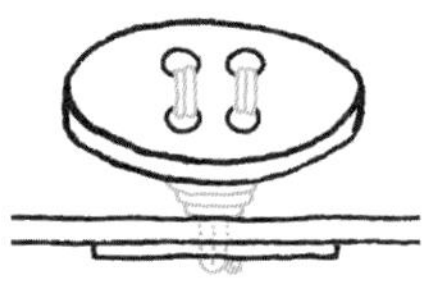

十字に留める バリエ

4つ穴ボタンの場合、十字になるように糸をかけると、ぐっとかわいい印象になる。糸足をつけて留める。

3 糸足を作る

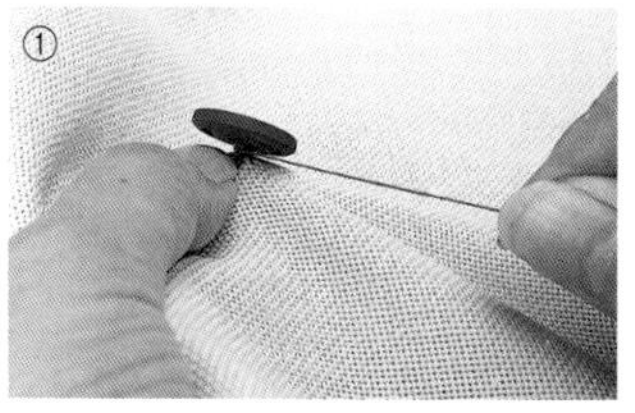

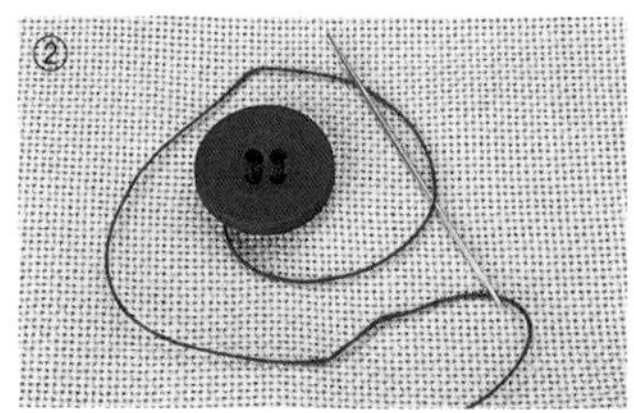

①ボタンと布の浮かせた糸の部分に、上から糸を3～4回巻きつける。
②最後の糸の輪に針を通す。
③きゅっと締める。

4 玉留めを作って留める

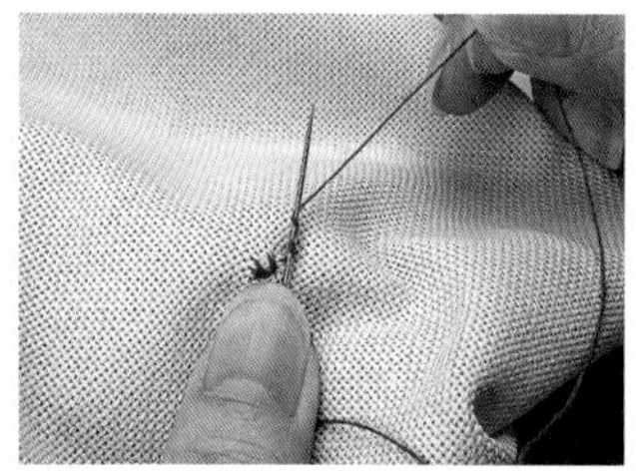

針を布の裏側に出して玉留めを作って留め、表に針を出して、根元から糸を切る。

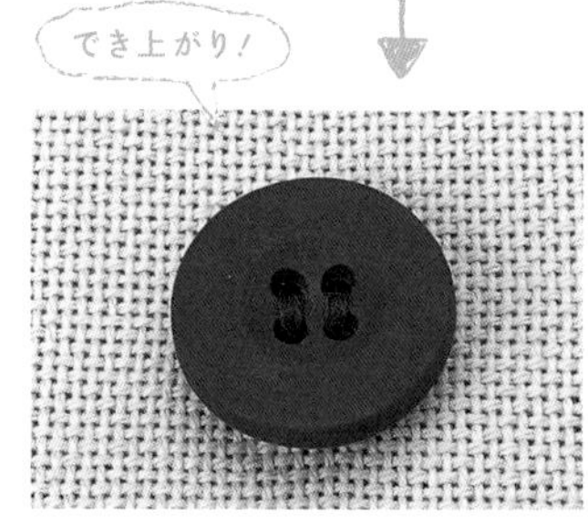

足つきボタン

1 足に糸を通す

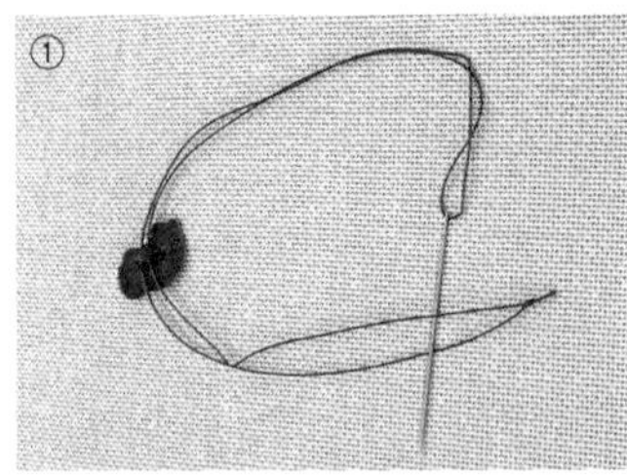

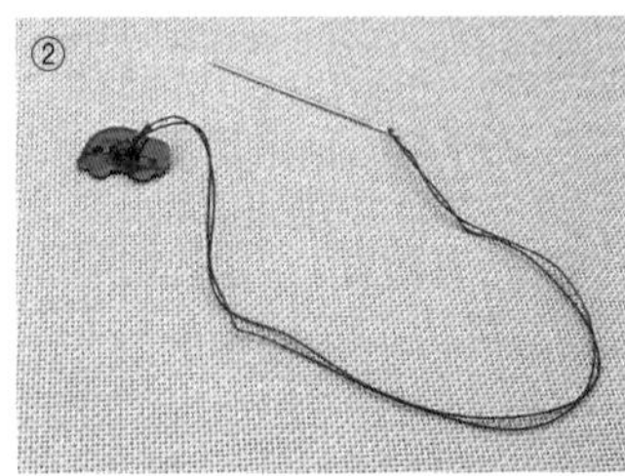

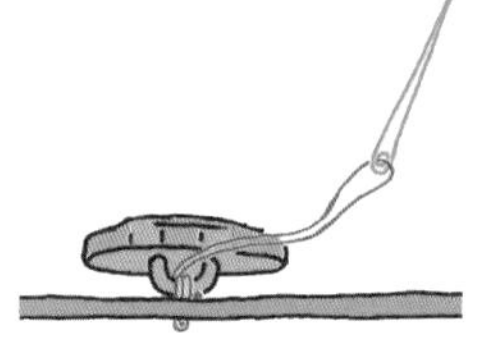

①布につける前に、まずボタンの足に糸を通し、糸の輪に針をくぐらせる。
②ぎゅっと糸を締め、糸の端にボタンを固定しておくと、つけやすい。

2 つける位置をすくう

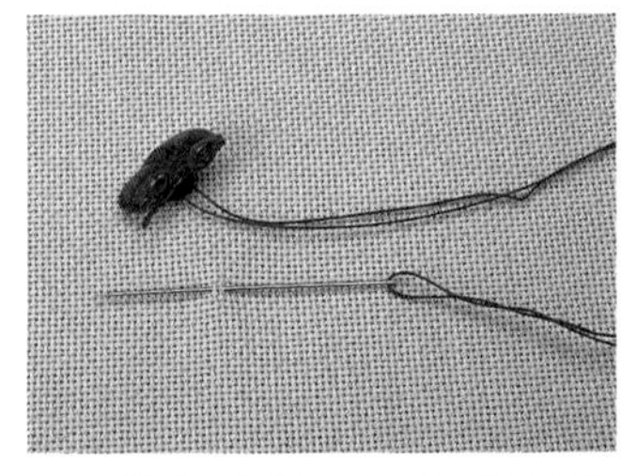

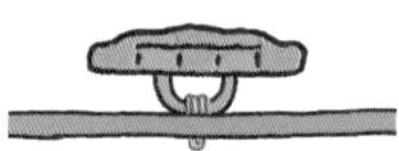

つける位置の中心を、表からひと針すくう。

3 ボタンを布につける

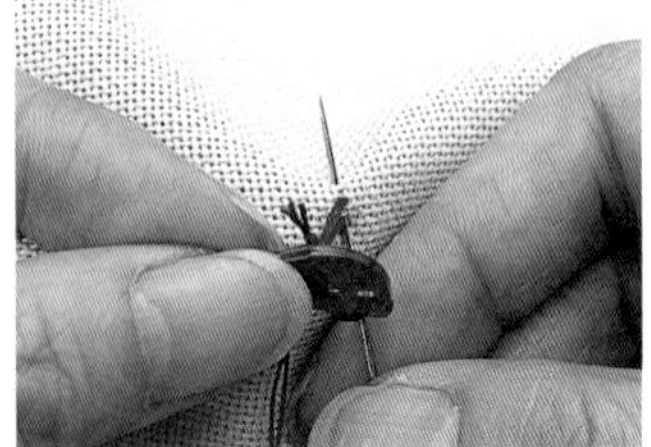

ボタンに足があるので、糸足はつけない。3～4回、足の穴に糸を通し、布がたるまないようにつける。

いろいろなボタンがあります

足つきボタン
洋服や小物のアクセントにもなる、かわいいボタンがいっぱい。飾りとして使っても。

くるみボタン
布で表側がくるまれているタイプで、足つきボタンの仲間。洋服の予備についてくるものは、なくさないようファイルケースなどに整理して保存しましょう。

穴の代わりに、裏に足がついたボタン。金属や貝殻を使ったもの、花や動物をモチーフにしたものなど、種類も豊富です。足があるので糸足は作らず、ボタンが動かないようしっかりつけます。

糸は2本どりにします

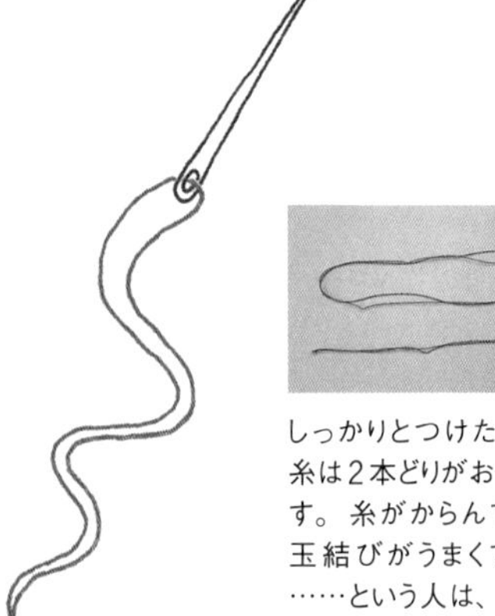

しっかりとつけたいので、糸は2本どりがおすすめです。糸がからんでしまう、玉結びがうまくできない……という人は、1本どりにして、足に糸を通す回数を倍にすればOK。

くるみボタンは自分で作れます

くるみボタンがひとつなくなっただけで、
もうこの服は着られない……。
そんな残念なことにならないよう、ぜひチャレンジを!

◉用意するもの

はぎれ、幅広リボンなど

洋服についている予備の布がなくなってしまった場合は、似たようなはぎれをパッチワーク布のコーナーで探してみては。アクセントになるようなリボンを使っても。

くるみボタンキット

くるみボタンと布地留めがセットになったもの。ボタンの大きさは数種類あるので、手持ちの服に合ったものを選んで。くるみボタン／クロバー

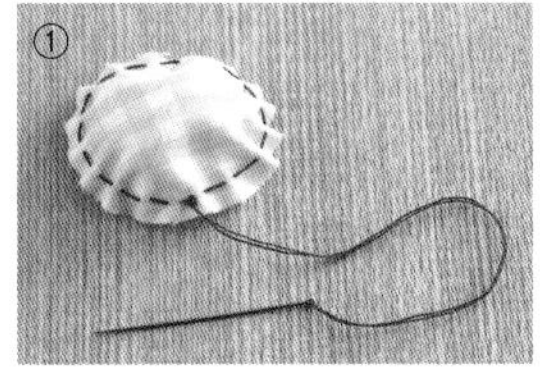

できあがり!

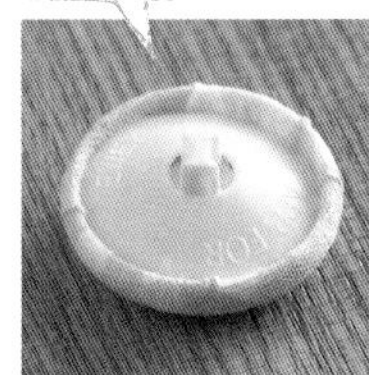

①布をボタンの直径の2倍くらいの円形にカットし、周囲をぐるりと並縫いで縫う。
②布地を裏にし、中央にくるみボタンの本体をのせて糸を引く。
③くるみボタンを包み込むように、糸を絞ったら、玉留めする。
④布地留めを本体にはめ込む。ミシン糸の糸巻きなどを使って、ぎゅっと押し込んで。

4 玉留めを作って留める。

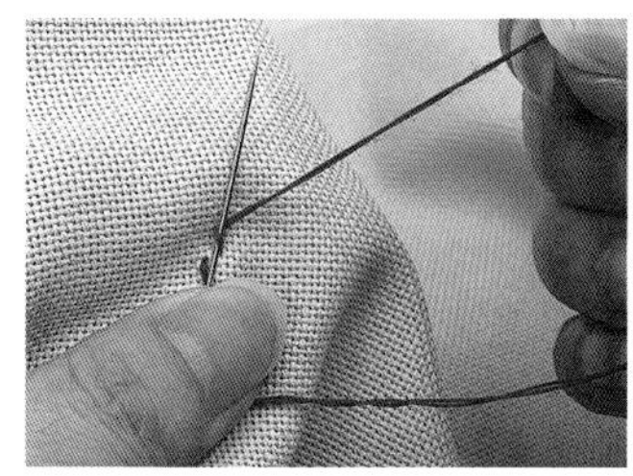

針を布の裏側に出して玉留めを作り、表に針を出して、根元から糸を切る。

でき上がり!

横から見ると…

くるみボタンも
同じようにつけます

こんなとき、どうする？

スナップがとれた！

位置がずれてつけにくいスナップは、
中央の穴にまち針を刺して固定すると上手につけられます。

1 つける位置をすくう

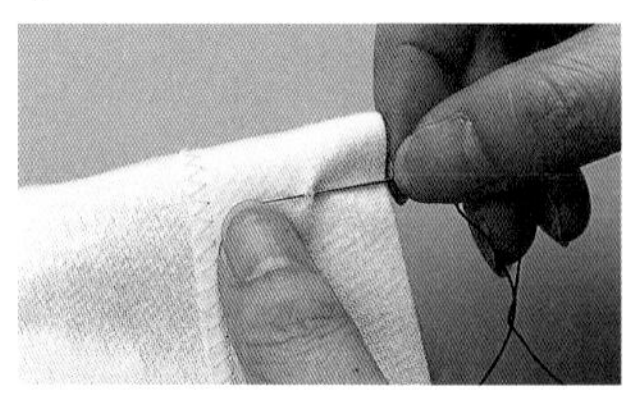

凸スナップ→凹スナップの順につける。上側の布のつける位置の中央を、ひと針すくう。

2 凸スナップをつける

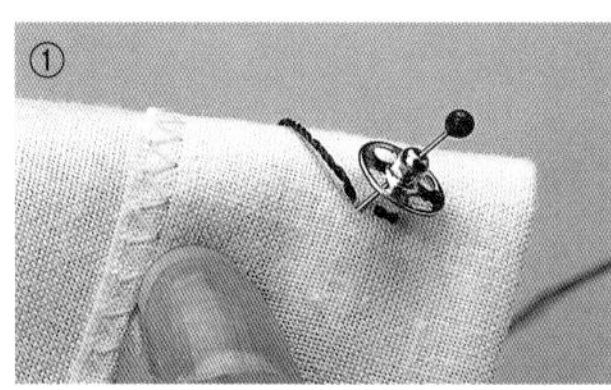

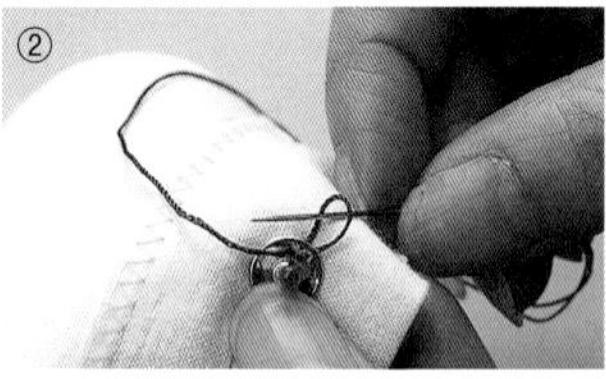

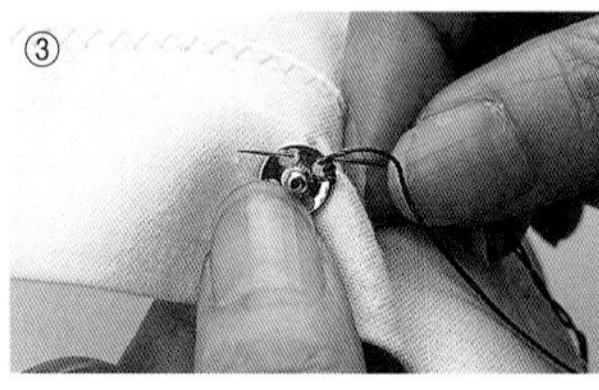

①スナップ中央の穴にまち針を通し、つける位置に刺す。こうするとスナップがずれない。
②スナップの穴に糸を通し、かがり始める。ただ糸を巻きつけてとめるのではなく、1回ずつ糸の輪に針をくぐらせて糸を引く。
③布の表側から、布とスナップの穴に糸を通し、3～4回繰り返して隣の穴へ。ひとつ目の穴を留めたら、中心のまち針は抜く。

3 玉留めを作って留める

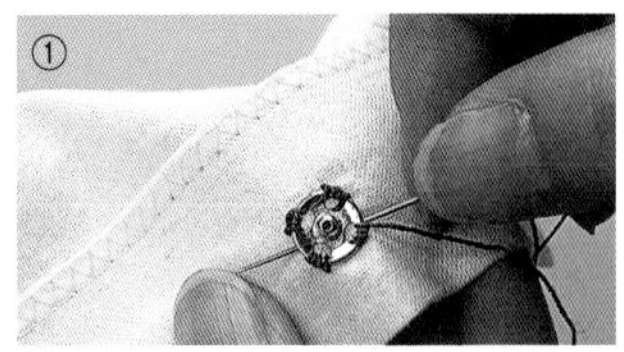

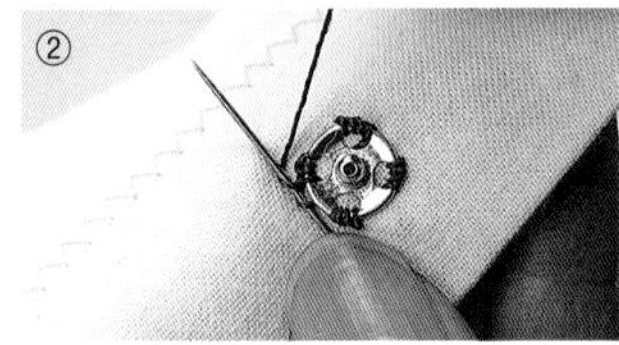

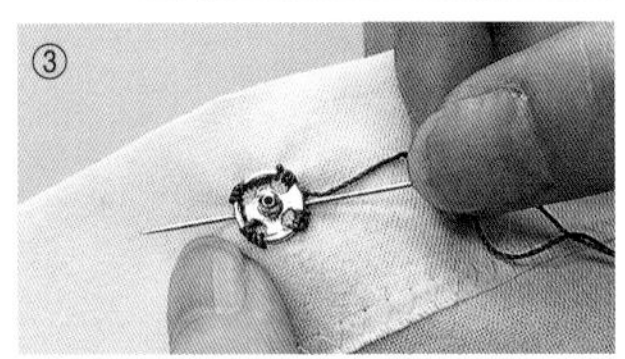

①4つの穴すべてを留めたら、スナップの下を、布1枚だけすくいながら針をくぐらせ、スナップの反対側の端に針先を出す。
②玉留めを作って留める。
③①と同じ要領で反対側に針先を出し、玉留めをスナップの下に引き込んで、糸を切る。

4 凹スナップをつける

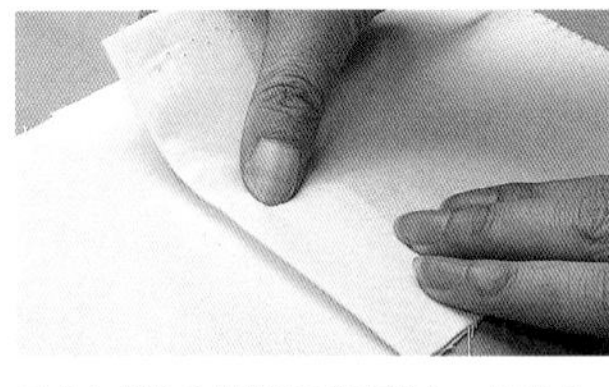

でき上がりの状態に布を重ね、凸スナップをぎゅっと押しつけて、下側の布に跡をつける。跡が消えないうちに、チャコペンシルなどで印をつけておく。凸スナップと同じ要領で留めつける。

でき上がり！

かかる時間

5～8分

難しさ

初級コース

用意するもの

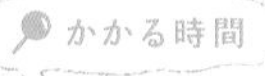

新しいスナップ、手縫い針、手縫い糸、まち針、糸切りばさみ、チャコペンシル（あれば）

ちょこっとアドバイス

スナップは、7～14mm程度までサイズがいろいろあります。色も白、黒、透明タイプなどあるので、洋服に合わせて選びましょう。薄い布には小さめのサイズがおすすめです。子ども用の服や小物などによく使われるので、ぜひマスターしておきましょう。

スナップは凸と凹で1セット
スナップは凸を上側の布の内側に、凹を下側の布の表側につける。凸スナップをつけるときは、糸が表面に出ないよう気をつけて。

こんなとき、どうする？

かぎホックがとれそう！

外出している間にかぎホックがとれてしまったら、大変！
慌てる前に、しっかりとつけなおしておきましょう。

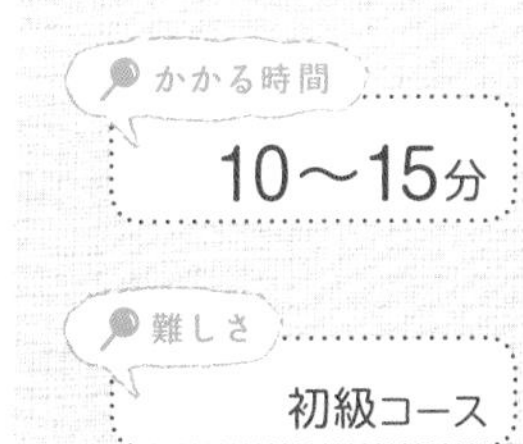

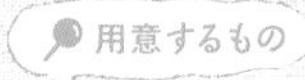

かぎホック、手縫い針、手縫い糸、糸切りばさみ

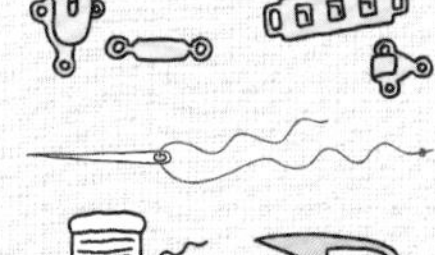

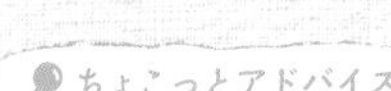

パンツやスカートのウエスト、えりあきなどに使われる、かぎ型のホック。酷使する部分なので、引っ張ってもビクともしないくらい、しっかり縫い留めましょう。ちょっと太っちゃってウエストがきつい！ という人は、P.37を参照して、位置をずらしてしまうのもおすすめです。かぎホックは、かぎの部分を上側の布に、かぎをかける部分を下側の布につけます。

いろいろなタイプがあります
右はウエスト部分などに使われる一般的なかぎホック。左のタイプはえりあきやファスナーの上部に使われる。

1 ホックをはずす

布まで切らないように注意して、糸切りばさみで糸を切る。布に残った糸は、粘着テープなどを使って、きれいに取り除く。

2 端の穴から留める

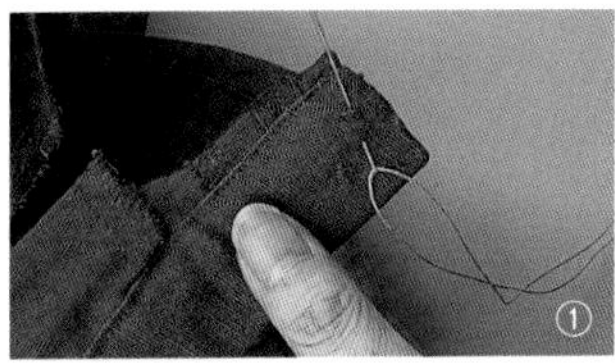
①

②

③

④

①つける位置の中央に針を刺し、ホックの端の穴の位置に針を出す。
②ホックの端の穴に糸を通し、布をすくって穴から針を出す。
③糸の輪に針をくぐらせてから、糸を引く。
④何回かくり返して、穴の周囲をしっかり留める。ほかの穴も同様にして留める。

3 中央の穴を留める

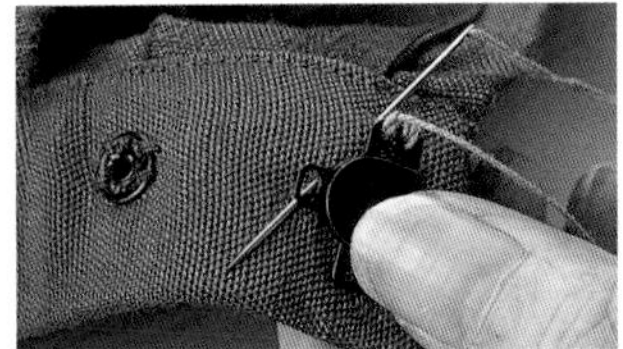

端の穴のきわに針を出し、下の布をすくいながら中央の穴に針を出し、同じ要領で留める。

4 玉留めを作って留める

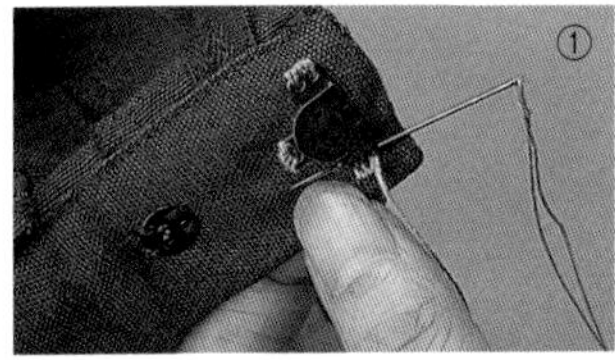
①

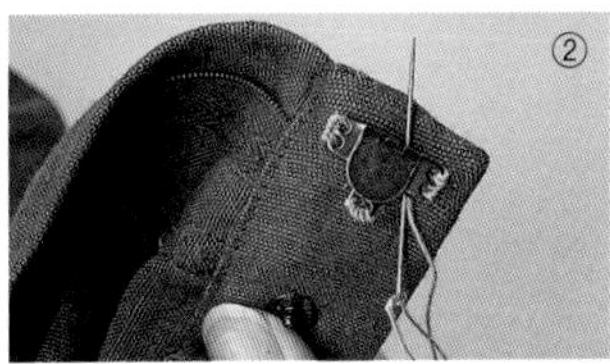
②

①最後の穴のきわから針を入れ、布をすくいながら、少し離れた位置のホックのきわに針を出す。
②玉留めを作り、ホックの反対側のきわに針を出す。糸を引いて玉留めをホックの下に引き込み、糸を切る。

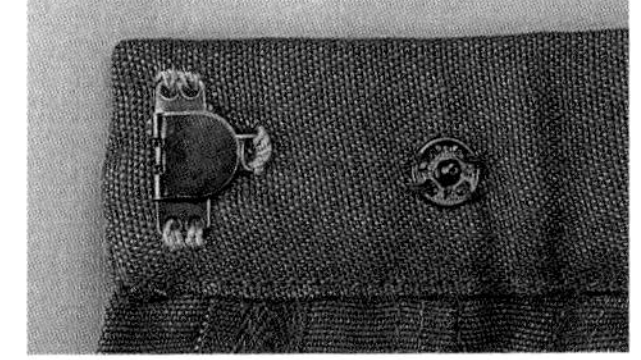

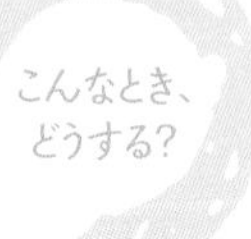

ゴムがのびた!

洗濯を繰り返すうち、どうしても伸びてしまうのがウエストのゴム。
たんすの中を総点検して、いっせいに取り替えてみては?
あっという間にできるし、着心地もよくなりますよ。

1 通し口をあける

ゴム通し口があいていない場合は、ウエスト部分の折り代の縫い目の糸を、糸切りばさみで切ってほどく。

2 ゴムを抜く

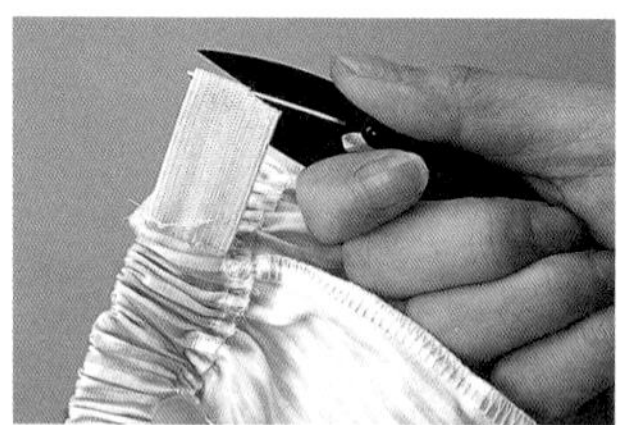

古いゴムを引っぱり出して抜く。糸切りばさみの刃を寝かせて引っ張るとよい。

3 ゴムを通す

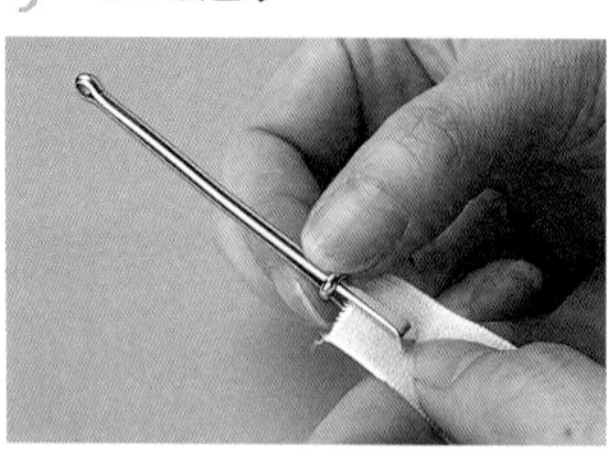

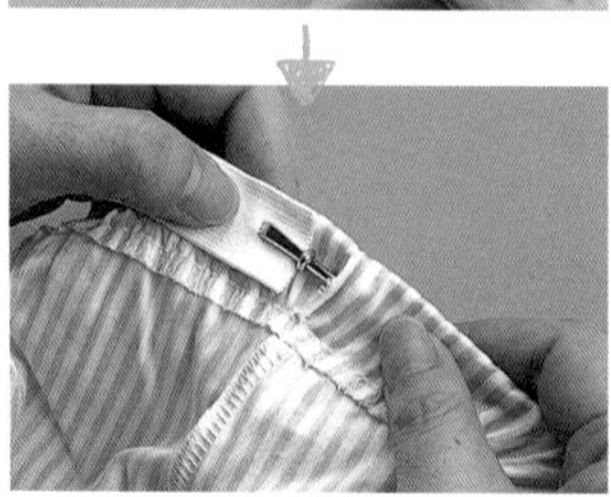

ひも通しに、新しいゴムの端をしっかり固定してウエスト部分に通す。ゴムの長さはウエスト寸法の1割減を目安に加減する。

4 端をかがる

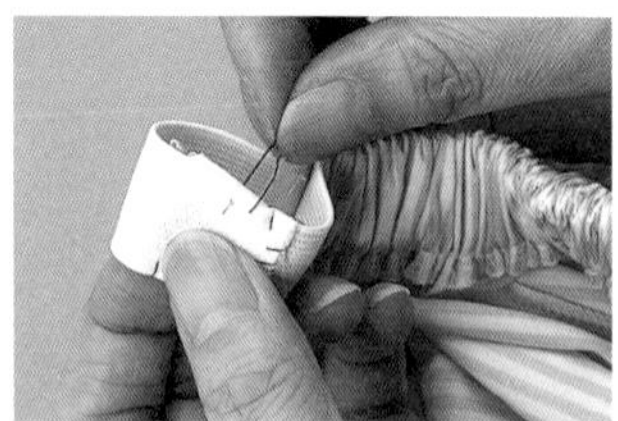

ゴムの端を2～3cm重ねて、縁を四角にかがって留める。

ゴムは結んじゃ、ダメ!
ゴムの端を結んで留めると、ゴロゴロして痛いので、縫って留める。

5 通し口をまつる

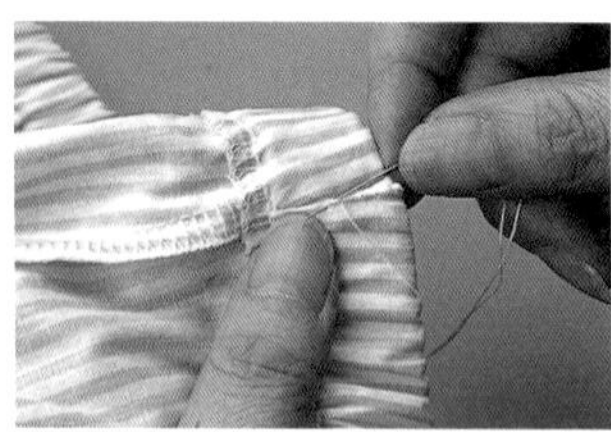

最初にほどいた縫い目を、かがり縫いでとじる。

かかる時間

5～10分

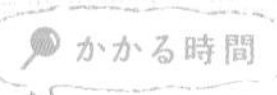

難しさ

初級コース

用意するもの

新しいゴム、手縫い針、手縫い糸、糸切りばさみ、ひも通し

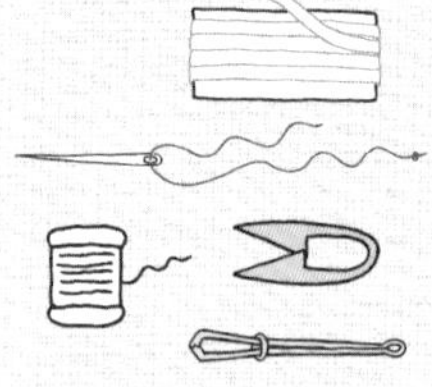

ちょこっとアドバイス

ゴムを取り替えるときは、古いゴムの幅を確認して、同じ幅のものを選びます。強力タイプ、ソフトタイプ、抗菌防臭加工がされたものなど、いろいろな種類があるので、好みや用途に合わせて選んでください。ゴムの結び目は意外とほどけやすいので、重ねて縫うほうがいいでしょう。仕上がりもゴロゴロせずに着心地がよくなります。また、短く残ったゴムは縫い継いで使うこともできます。幅広のゴムはよじれやすいので、ところどころ縫い留めておくとよいでしょう。ゴム通しがあると便利なので、ぜひ1本そろえておきましょう。ない場合は、ヘアピンや安全ピンで代用できます。

Point 1

ゴムの長さは
ウエストに巻いて決める

実際に着てみたら、ゆるかったorきつかった、では困ります。ゴムは長いまま通したあと、試着してちょうどいいところで位置を決め、そこから縫い代分を1cmほどプラスして切りましょう。最初に切ると、ゴムを通す間に端がゴム通し口から中に入り込んでしまうので、注意!

古いゴムと新しいゴムを
安全ピンで留める方法も

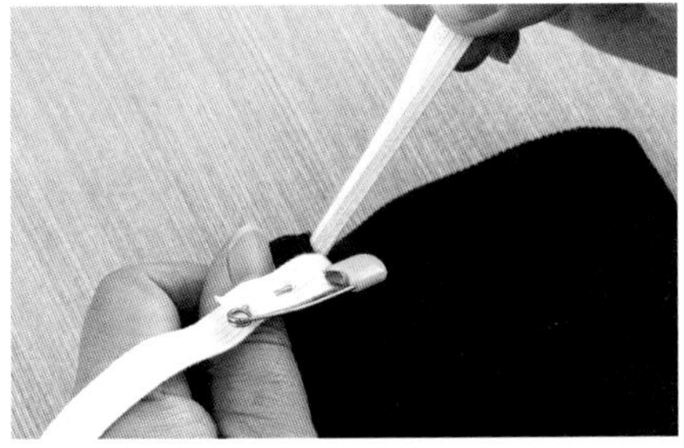

ひも通しがなくても、ラクにすばやく取り替える方法があります。古いゴムを引っ張り出して切り、その端と新しいゴムの端を安全ピンで留めます。反対側を引っ張り出すと、あら不思議! 新しいゴムが通っていることに。この場合はゴムのよじれを直してから縫い留めます。

覚えておこう

ひも通しがあると便利

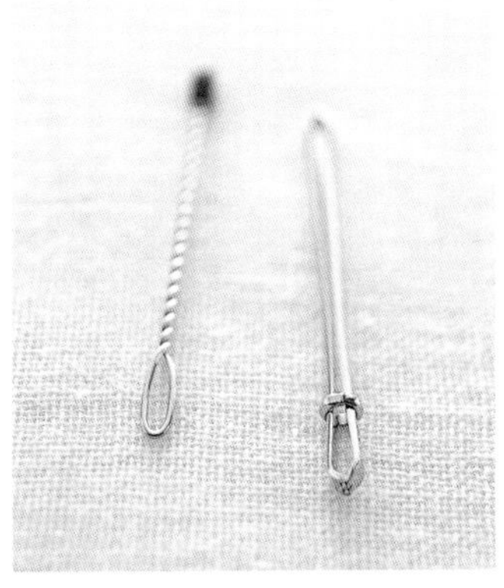

手芸洋品店で扱っているのは、このタイプ。右のはさみ式は幅広のゴムや太いひもを通すときに、左のガラス玉つきは細いゴムやリボンを通すときに使います。ひも通し(2本セット)/クロバー

◉使い方

ゴムの端を少し折って切り込みを入れ、穴をあける。輪にゴムを通してから、穴にガラス玉をくぐらせる。

◉使い方

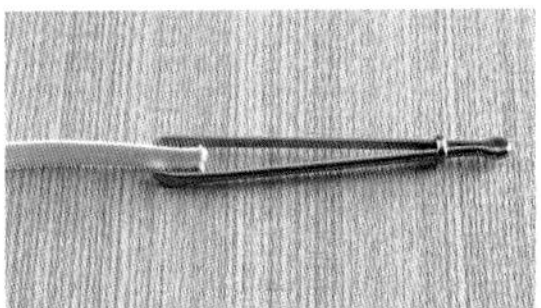

リングをずらし、ピンセットの先のようになっている部分にゴムの端を挟んで、リングを戻して固定する。

いろいろなゴムがあります

ゴムの幅はコール数で表し、数字が小さいほど細いゴムになり、伸びがよくなります。また、強力タイプとソフトタイプでは、ゴムの伸び率が違います。同じコール数でも好みや用途によって、ちょうどいい装着感が違うので、商品の表示で確認してください。上の写真のようにゴムの端を通すだけでゴムをつなげるグッズもあります。ゴム、ゴムつなぎ/クロバー

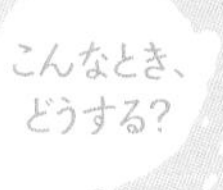

スカートのすそがほつれた！

すそがほつれたスカートを着ているようでは、大人の女性失格です。
基本の縫い方で簡単にできるので、ぜひやってみましょう。

1 糸を選ぶ

生地になるべく近い色を使うのが基本。生地に対して糸を斜めに置き、確認する。柄物の場合は、糸を置いてから目を細めて見ると見えなくなる色が正解。手縫い糸よりミシン糸のほうが縫い目が目立たないので、おすすめ。近い色がない場合は、刺しゅう糸（P.46参照）を1本取りで使っても。

2 ミシン糸は「ろうびき」して使う

ミシン糸は手縫い糸と“より”が違うので（P.13参照）、「ろうびき」してから使う。ろうで糸の表面をコーティングすると、糸がよじれず、きれいに縫える。

①
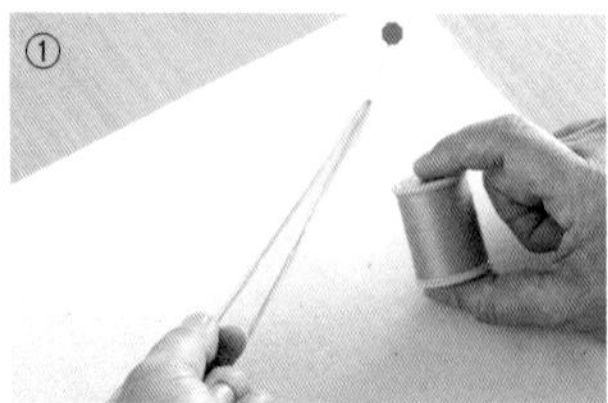

②
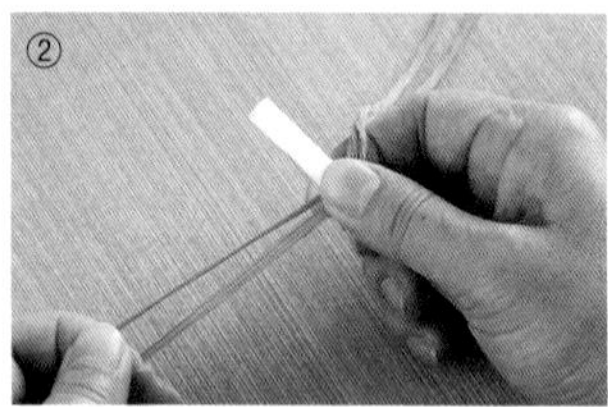

③
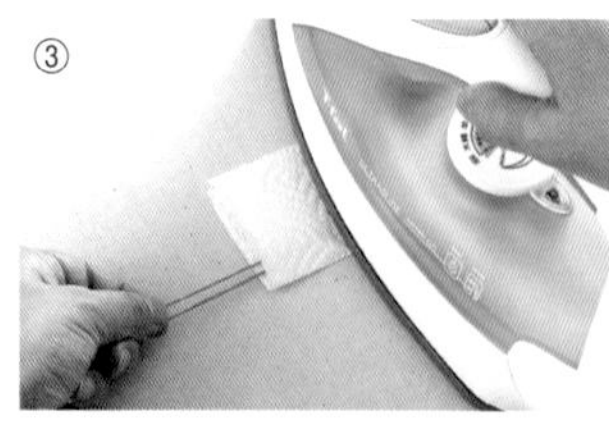

④
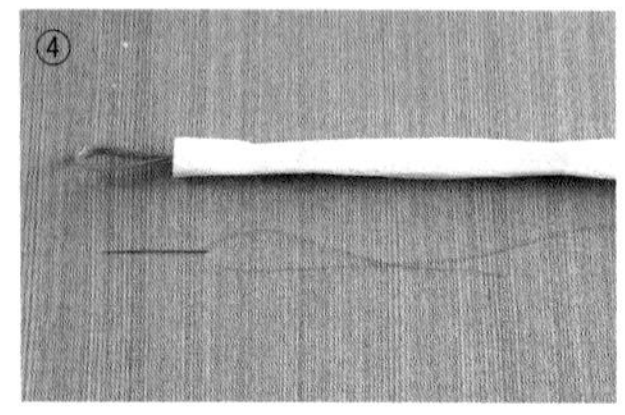

①アイロン台の角にまち針を刺し、まち針と指の間にミシン糸をぐるぐる巻きつけ、ある程度の長さがとれたら糸を切る。
②糸の束をはずし、ろうそくで糸をしごくようにして全体にろうを塗りつける。
③ペーパータオルの間にはさみ、アイロン弱で全体を押さえる。
④ペーパータオルを筒状にしてくるむ。片方の輪の部分をカットし、反対側から糸を引き出して使う。

かかる時間

10分〜
＊ほつれた部分の長さによって変わります。

難しさ

初級コース

用意するもの

手縫い針、ミシン糸（または手縫い糸）、まち針、糸切りばさみ、アイロン、アイロン台

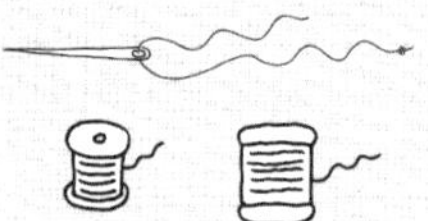

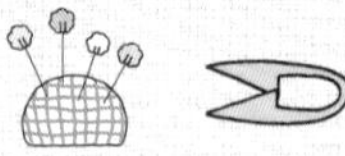

ちょこっとアドバイス

スカートの生地の色に合った糸を選ぶのがポイント。色が合わないと、表から縫い目が目立ってしまいます。生地のはぎれかスカートを売り場に持参して確認するのが安心です。また、糸は手縫い糸よりもミシン糸のほうが細いので、縫い目が目立ちません。針で生地をすくうときは、織糸1本分を目安にします。縫い目は1cm間隔くらいでOK。縫ったあとはアイロンをかけて、縫い目を落ち着かせると、きれいに仕上がります。

一般的なスカート

ほつれた部分を元の位置に合わせ、まち針で留め、流しまつりで縫います(P.19参照)。

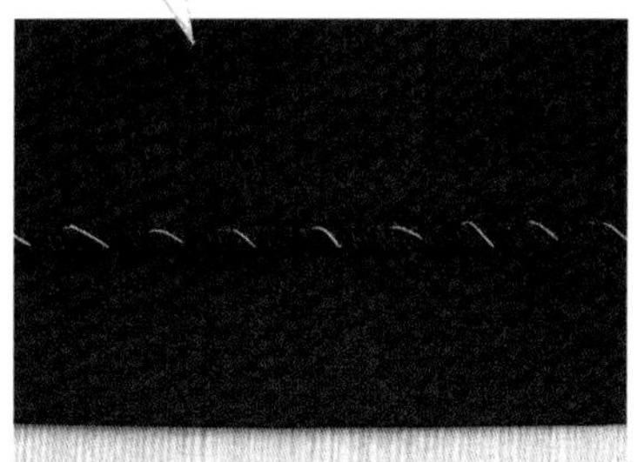

糸を強く引っ張ると生地が引きつれて縫い目が目立つので注意。

縫い始めと縫い終わりは、ほつれていない部分にちょっとかかるくらいに。

すそが曲線の部分

曲線の部分は縫っている間にずれやすいので、端の部分を最初に並縫いで縫って糸を引き、布地の浮きを押さえます。あとは流しまつりで縫えばOK。

ほつれた部分を流しまつりで留める。並縫いした糸は、気にならないならそのままでも。

縫い代の端を並縫いで縫って糸を引き、カーブに合わせて浮きを押さえる。

タイトスカート

歩くたびにすそが脚に接するようなタイプのスカートは、まつった糸がこすれて切れやすくなるので、流しまつりではなく、奥まつり(P.19参照)で縫います。

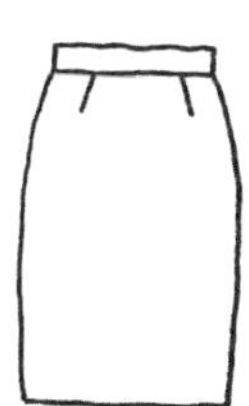

まつった糸は布と布の間にかくれるので、丈夫で長もちする。

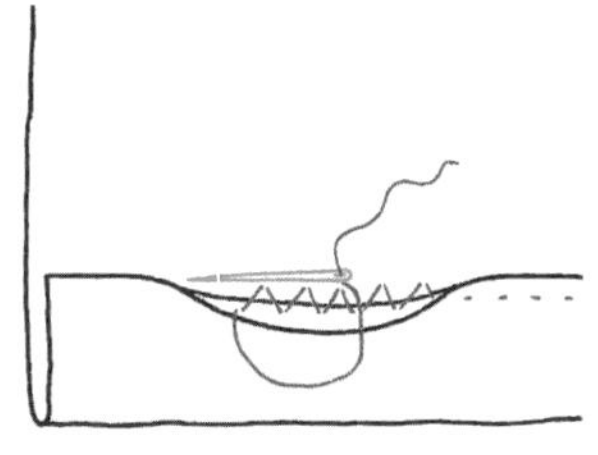

こんなとき、どうする？

スリットが破けた！

ちょっと自分ではできなさそう……、とあきらめていませんか？
基本の縫い方で大丈夫。広がってしまったボックススリットも、
プロセス4の方法でバッチリ元通り。

サイドスリット

スリットの縫い止まりの部分がほつれてしまったスカート。
切れた糸は「返し縫いをしないで糸を留める（P.99）」方法で結んでおきます。

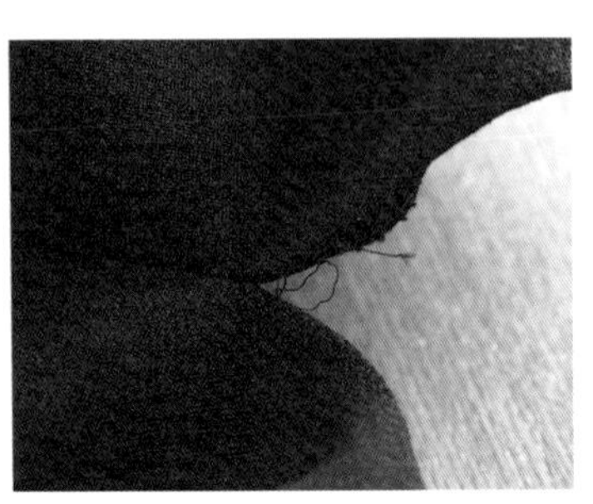

かかる時間

10〜15分

難しさ

初級〜中級コース

用意するもの

手縫い針、ミシン糸（または手縫い糸）、まち針、糸切りばさみ、アイロン、アイロン台

ちょこっとアドバイス

糸は生地になるべく近い色を選びます。P.32を参照し、糸を準備してください。スリットの縫い方は、スリットの形状によって異なります。一度破れてしまった部分は弱いので、補修しても、また破れてしまいがち。サイドスリットの場合はほつれた部分を繕った後、力布を当てて補強します。ボックススリットの場合は破れた部分を縫い終わったら、表からスリット止まりの部分を縫い留め、しっかりと補強するのがポイントです。縫ったあとはアイロンをかけて、縫い目を落ち着かせます。

1 ほつれた部分を並縫いで縫う

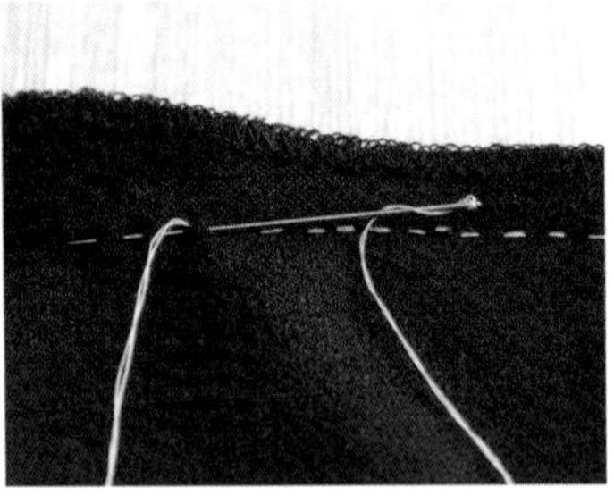

スカートを裏返し、縫い代を合わせてまち針で留める。前の縫い目に沿って、結んだ部分より少し手前の位置から縫い始める。縫い始めは返し縫いで。

2 コの字まつりで縫い留める

スリットの縫い代が縫い留めてあるところにきたら、スカートを表に返し、両端をコの字まつり（P.20参照）で縫う。

3 裏から力布で補強する

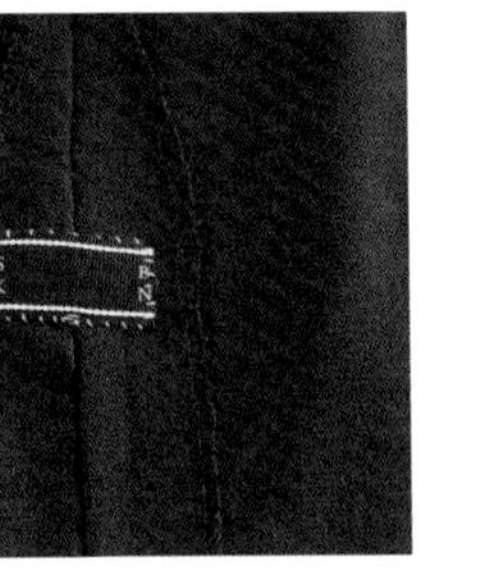

再びスカートを裏返し、スリットの縫い止まりの部分に布を二つ折りしたものかリボンの切れ端などを当て、周囲を縫い代にだけまつり、補強する。

できあがり！

ボックススリット

スリットの周囲の裏地が破れてしまったスカート。
スリットも形くずれして広がっているので、
最初にアイロンをかけて正しい位置に戻しておきます。

1 正しい位置で留める

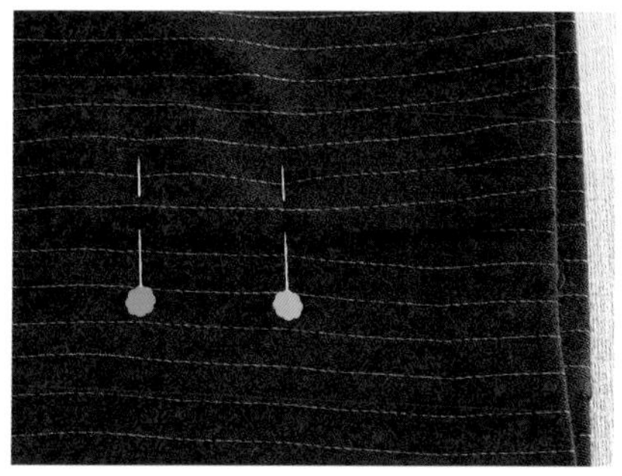

スリットをとじてスチームアイロンをかけ、正しい位置に合わせる。熱が冷めたら、まち針で留める。

2 破れたところを始末する

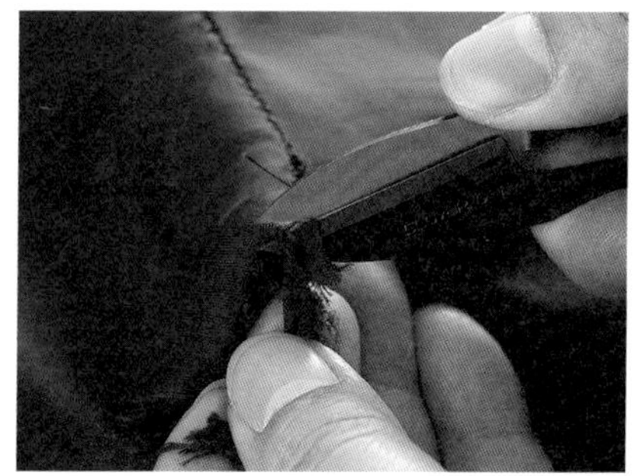

裏返し、裏地の破けたところをはさみでカットする。スリット止まりの糸が切れていたら、表に出ないように縫っておく。

3 裏からまつる

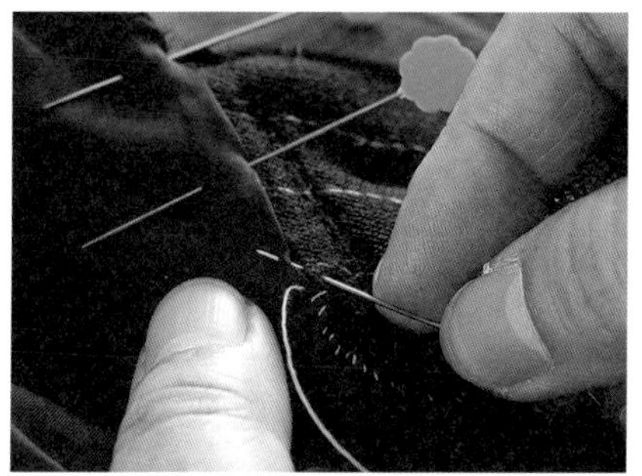

カットした部分の裏地は、端を内側に折り込むようにしてまち針で留め、縁をまつる。布がつれないように。

4 表から縫い留める

表に返し、スリット止まりの部分を表から半返し縫いで留めて補強する。表に出る針目がなるべく小さくなるようにする。

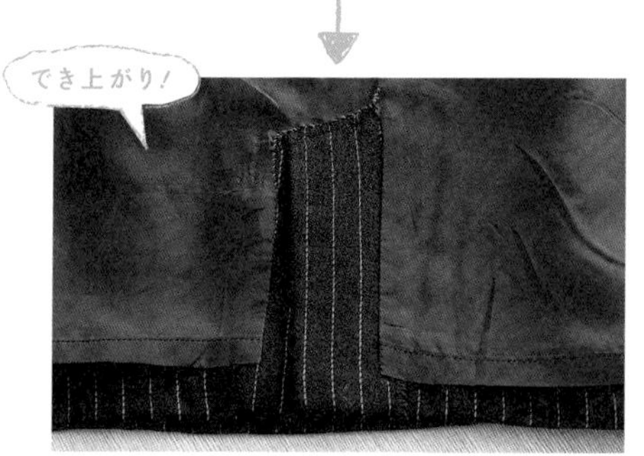

縫い目がほつれた!

お気に入りの洋服ほど、ほつれてしまいがち。
前の縫い目を縫い直すだけなので、恐れずにチャレンジを。

そで下がほつれたニットシャツ

ミシン縫いしてあるそで下部分がほつれたシャツ。切れた糸は輪の部分を引き出し、新しい糸とはた結び（P.21参照）で留めます。

本返し縫いで縫う

裏返して縫い代を合わせ、まち針で留める。ほつれた部分はミシンの縫い目と似ている本返しで縫う。針目は細かめに。縫い終わりは、ほつれていない縫い目に2～3cm重ねて縫う。

でき上がり!

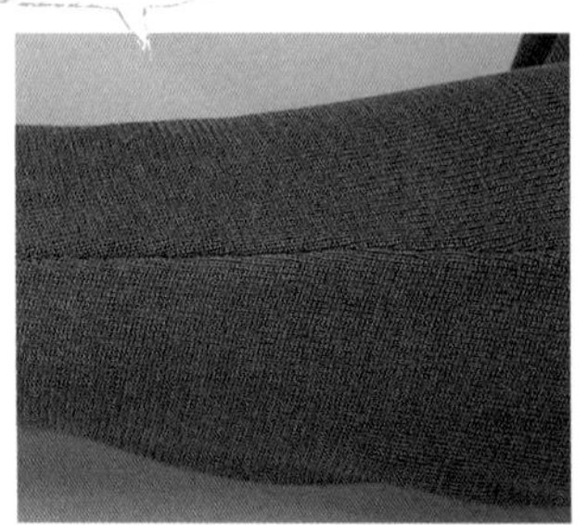

ワイシャツのそでつけは……

ワイシャツの脇下など、そでつけの部分は縫い代がとじられていて（折り伏せ縫い）、縫い目が見えないことが多いもの。この部分がほつれたら、たてまつり（P.19参照）で細かくまつって留めます。針目がなるべく表に出ないよう気をつけて。

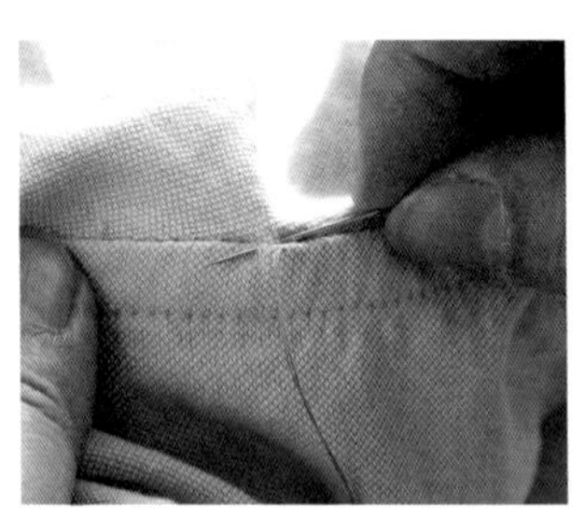

かかる時間

10分～

＊ほつれた部分の長さによって変わります。

難しさ

初級～中級コース

用意するもの

手縫い針、ミシン糸（または手縫い糸）、まち針、糸切りばさみ

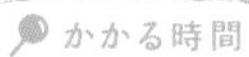

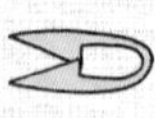

ちょこっとアドバイス

糸は生地になるべく近い色を選びます。P.32を参照し、糸を準備してください。ほつれる前の縫い目のあとを本返しで縫います。まっすぐに縫う自信がない人は、チャコペンシルなどで線を引き、その線の上を縫うようにするとよいでしょう。縫い始めと縫い終わりは、ほつれた部分に重なるようにします。縫い目は元のミシン目と同じくらい細かくできれば、立派です。ほつれた部分が長い場合は、縫ったあとにアイロンをかけて縫い目を落ちつかせると、きれいに仕上がります。

ウエストをゆるくしたい！

こんなとき、どうする？

ホック部分にバネがついていたり、ホックをかける穴が3段階になっている便利なかぎホックがあります。交換してしまいましょう!

ウエストをきつくしたい人は……

1～2cmの調整ですむ人は、かぎホックをかける部分のパーツをずらします。後ろファスナーの場合は正しい位置（まち針の位置）から左脇へ、左ファスナーの場合は背中側へ移動して取りつけます。それ以上ずらすと、着たときにシルエットが崩れてしまいます。

かぎホックを交換する

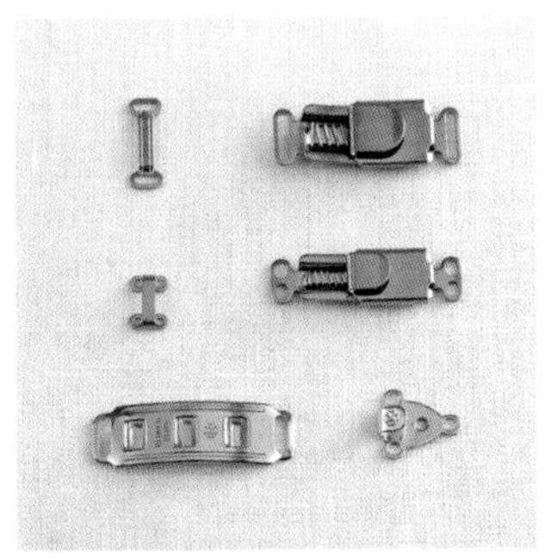

ホック部分が伸びるタイプのかぎホックに交換すると、ウエストサイズが約1.5cmゆるくなる。ホック穴が3段階になっているタイプは、食後だけちょっとゆるめたいという人にもおすすめ。つけ方は、P.29を参照。上から、伸びる前かん（メンズ用）、伸びる前かん（レディス用）、3段前かん／クロバー

着る前の状態

まち針をうったところが、正しい位置。見た目にはわからない。

着たあとの状態

ホックが伸びて、ウエスト部分がゆるくなっている。

かかる時間

10～15分

難しさ

初級コース

用意するもの

伸びるタイプのかぎホック、手縫い針、手縫い糸、まち針、糸切りばさみ

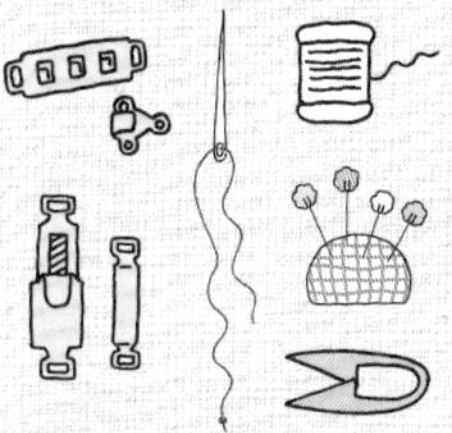

ちょこっとアドバイス

伸びるタイプのかぎホックに交換するだけでウエストサイズが約1.5cmゆるくなります。さらにホックの取りつけ位置をずらせば、もっと調整できますが、ずらせるのはせいぜい2cmまで。これで合計約3.5cmはゆるくなる計算になります。かぎホックの位置を2cm程度しかずらせないのは、ファスナーがしまらなくなったり、着たときのシルエットが崩れたりするからです。もっとゆるくする方法もありますが、初心者にはとても無理。洋服のリフォーム専門店で相談してみましょう。ウエストを大幅に詰めたい人も同じです。

すそ上げをしたい!

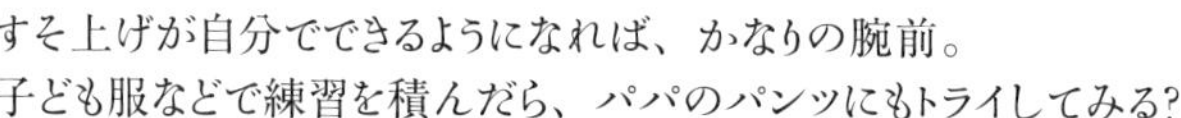
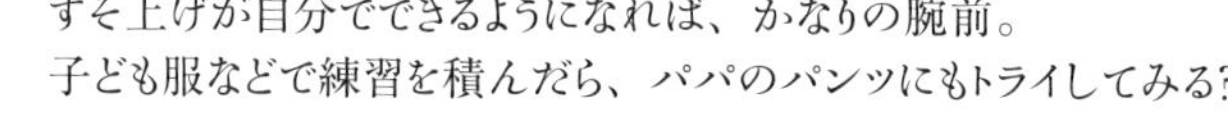

すそ上げが自分でできるようになれば、かなりの腕前。
子ども服などで練習を積んだら、パパのパンツにもトライしてみる?

1 すそをカットする

①

②

①でき上がりの丈のまち針から5cm下にチャコペンシルで印をつける。この5cmは縫い代となる。
②布端から印までの寸法を測り、同じ寸法のところに印をつけて線で結ぶ。この線をはさみで切る。

2 反対側もカット

左右の股下の縫い目をきちんとそろえ、もう一方の丈を決める。切った線に合わせて印をつけて、はさみで切る。

3 すそを三つ折りにする

①

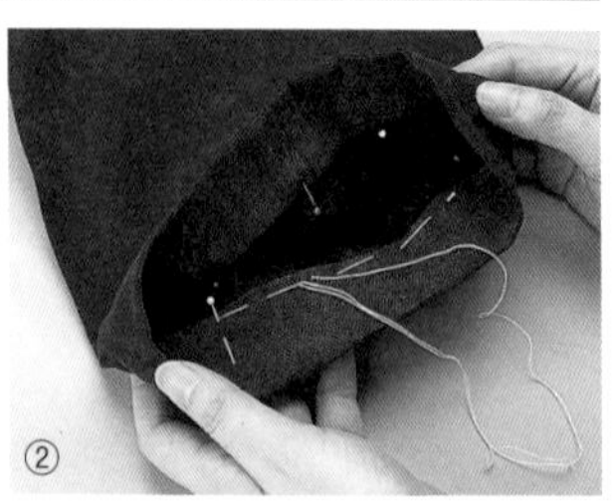
②

③

①布端1cmのところにアイロンをかけて折り目をつける。さらに4cmのところ(でき上がり丈の位置)にアイロンをかけて折る。
②縫い代端をまち針で留めて、しつけ糸でしつけをする。終わったら、まち針をはずす。
③流しまつり(P.19参照)でまつり、しつけ糸をほどく。

かかる時間

30〜40分

難しさ

中〜上級コース

用意するもの

手縫い針、ミシン糸(または手縫い糸)、まち針、糸切りばさみ、裁ちばさみ、しつけ糸、定規、チャコペンシル、アイロン、アイロン台

ちょこっとアドバイス

糸は生地になるべく近い色を選びます。P.32を参照し、糸を準備してください。測ったり、切ったりするときは、平らな台の上で作業すると正確でラクにできます。折り目をつけるときは、アイロンを使います。まつるときは針で織糸1本分をすくい、糸は引っ張りすぎないように。縫い終わったら、アイロンをかけて縫い目を落ち着かせます。

すそ上げのしていないパンツ
試着して、すその位置を決めます。でき上がりの丈の位置にまち針をうっておきましょう。

すそ上げテープを使うとかんたん!

すそ上げテープ

パンツやスカートなど、縫い代の端にアイロンでテープを貼るだけで、すそ上げができるテープです。メンズ用にはスタンダードタイプ(写真奥)を、やわらかい布のスカートには表にひびかない薄地用(写真手前)がおすすめ。色のバリエーションがあるので、表から見ていちばん目立たない色を選びましょう。すそ上げテープ/クロバー

1 すそ上げテープをカット

両方のすそをカットして、縫い代をアイロンで折る。すそ上げテープを縫い代端にぐるりと沿わせ、その寸法より2〜3cm長く切る。

2 アイロンで貼る

縫い代端がテープの接着面の中央にくるようにおき、スチームアイロン(中温)をかけて貼る。テープの端と端は重ねる。生地によっては、当て布をして。

でき上がり!

Before

でき上がり!

After

覚えておこう

しつけ糸はまとめておく

しつけ糸は写真のように「かせ巻き」になっています。糸を1本ずつ抜いて使うと、からまってしまうので、必ず使う前に準備しておきましょう。

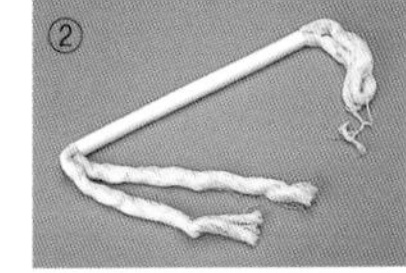
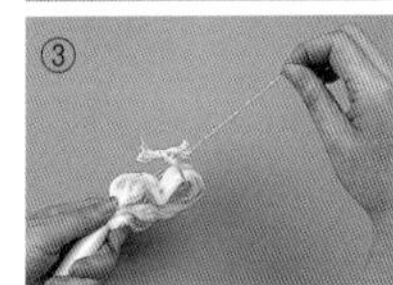

①しつけ糸の束は輪になっているので、1カ所を切る。
②よじれを正し、写真のように紙を巻きつけてまとめる。
③使うときは、輪になっている部分から1本ずつ引き抜く。

スカートの丈を短くしたい！

ここではタイトスカートを2cm短くしています。フレアスカートでも、要領は同じです。長くしたい場合は、逆に縫い代を出せばOKです。

1 糸ループを切る

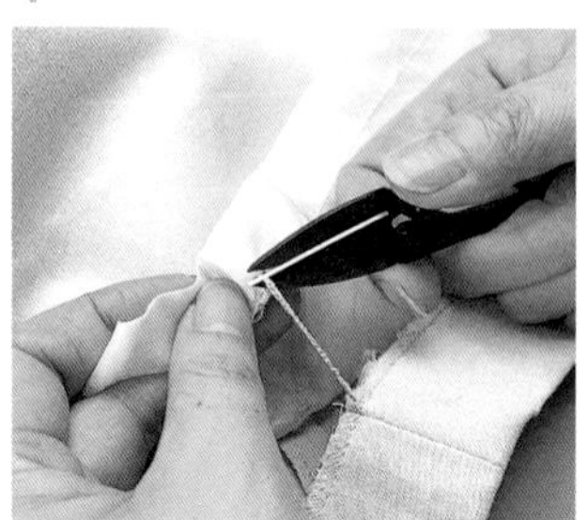

スカートを裏返し、両脇についている糸ループをていねいに切り取る。

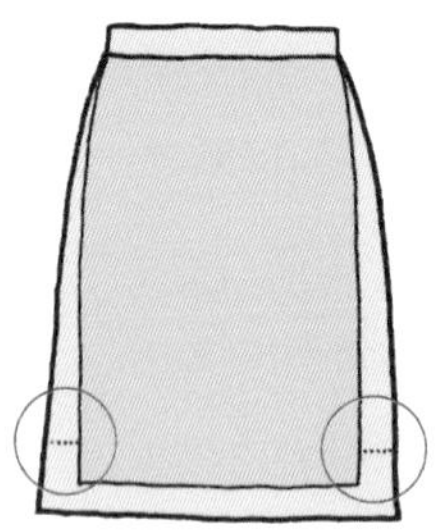

糸ループは糸を編んでひも状にしたもので、スカートの表布と裏布がズレないように留めるためのもの。

2 すそをほどく

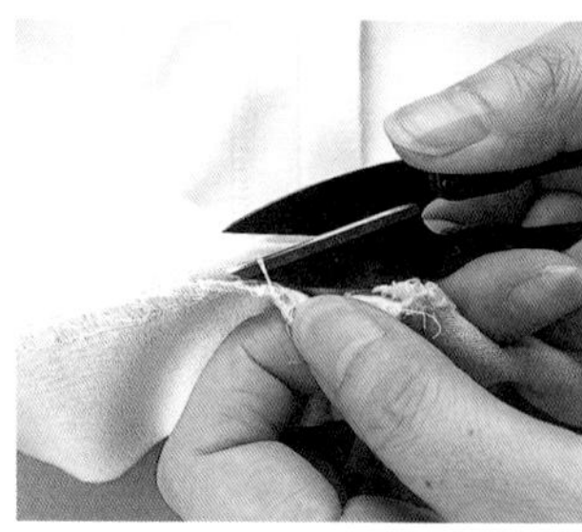

すそをまつっている糸の縫い目を糸切りばさみで切り、全体をほどく。ほどいたあとは、粘着テープなどで糸くずをきれいに取って。

3 新しい縫い代線をかく

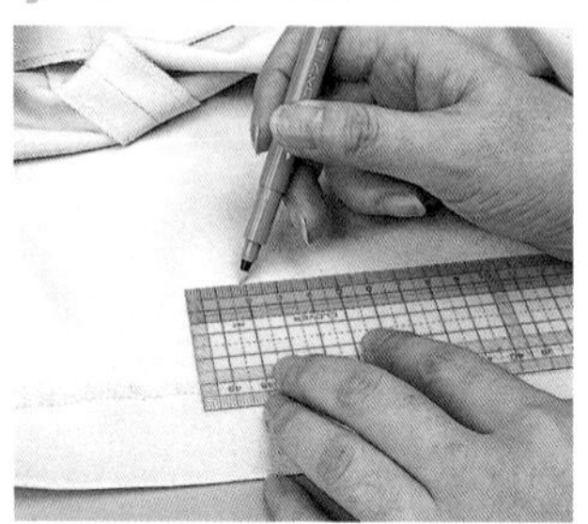

縫い代の端から短くしたい長さ（ここでは2cm）の2倍の寸法を測ってチャコペンシルで印をつけ、印と印を結んで定規で線を引く。

裏返す！

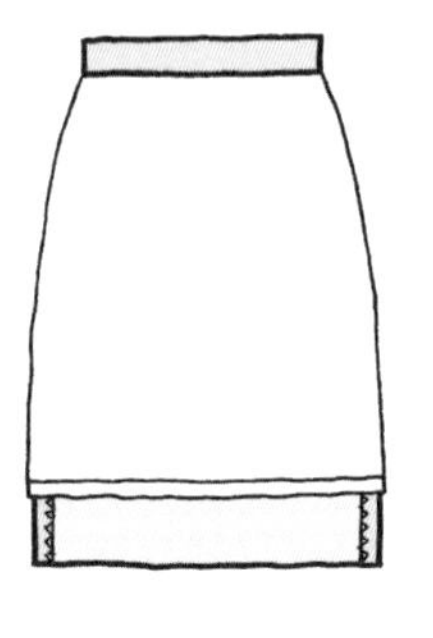

4 すそ線を消す

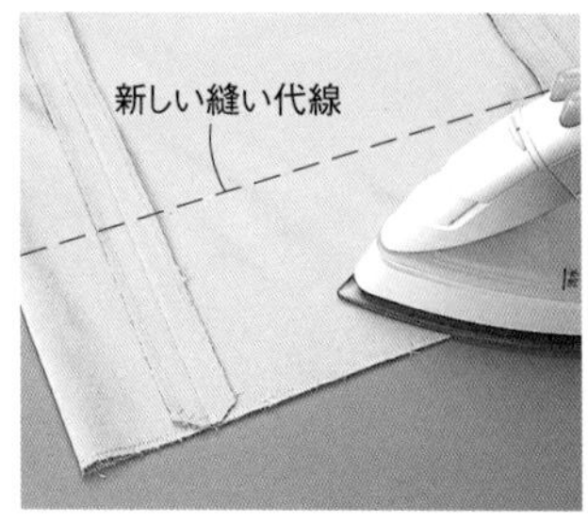

スチームアイロンを押さえるようにかけて、元の折り山線を消す。

かかる時間
60分〜

難しさ
上級コース

用意するもの

手縫い針、ミシン糸（または手縫い糸）、まち針、糸切りばさみ、定規、チャコペンシル、しつけ糸、熱接着両面テープ（あれば）、アイロン、アイロン台

ちょこっとアドバイス

ひざ下丈のスカートをひざ上丈にする、など大幅に短くする場合は、パンツのすそ上げ（P.38参照）のように、でき上がり丈の位置プラス縫い代5cmをとって、すそをカットします。プリーツスカート、すそにレースがついているスカートなど、複雑なものはプロに任せてしまいましょう。糸は生地になるべく近い色を選びます。P.32を参照し、糸を準備してください。測ったり、切ったりする作業が正確にラクにできるよう、平らな台の上で行ってください。

5 すそを上げる

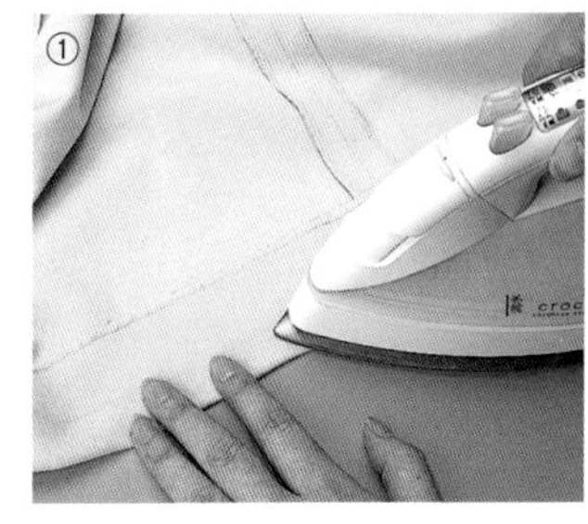

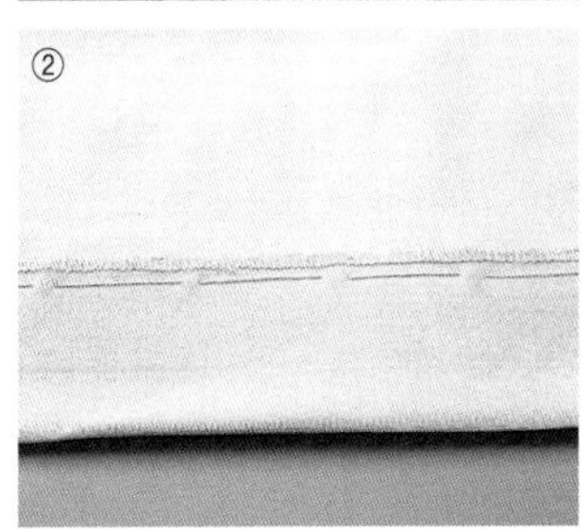

①布端を新しい縫い代線に合わせるように上げ、アイロンをかけて新しいすそ線を折る。
②しつけをする。しつけ糸がない場合は、まち針で留める。

6 すそをまつる

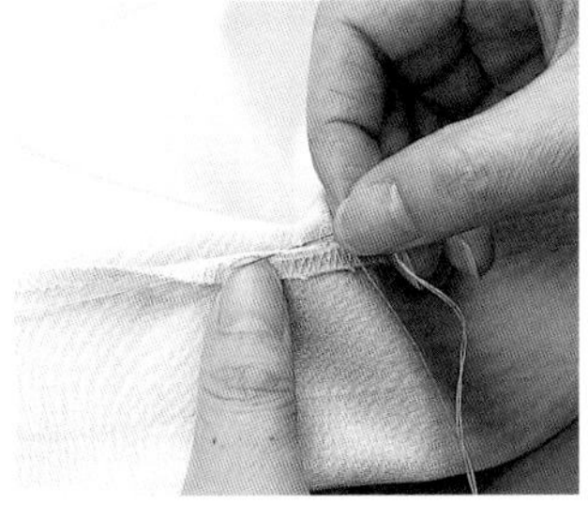

縫い代の端を折り返しながら、奥まつりでまつる（P.19参照）。

7 裏布を短くする

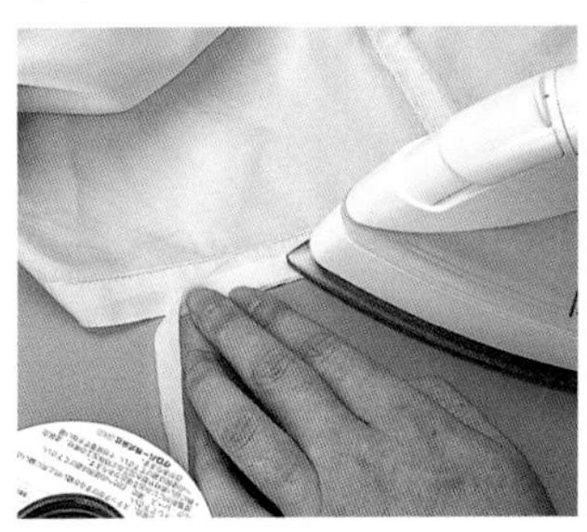

裏布のすそは縫い目をほどかないで、そのまま短くする寸法だけ（ここでは2cm）折り上げて、まつり縫いでまつる。写真のように熱接着両面テープを使って折り上げると、しつけの手間が省けて手早くできる。

8 糸ループをつける

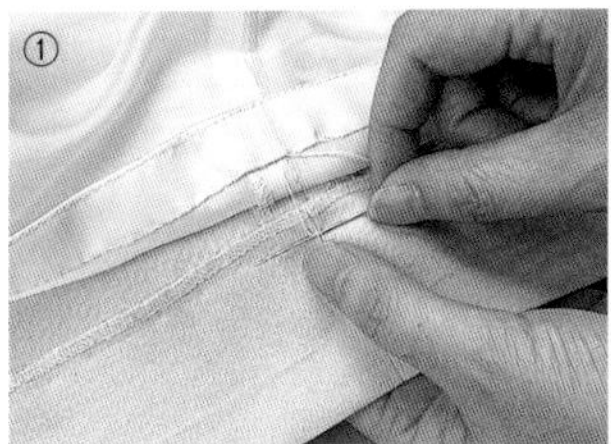

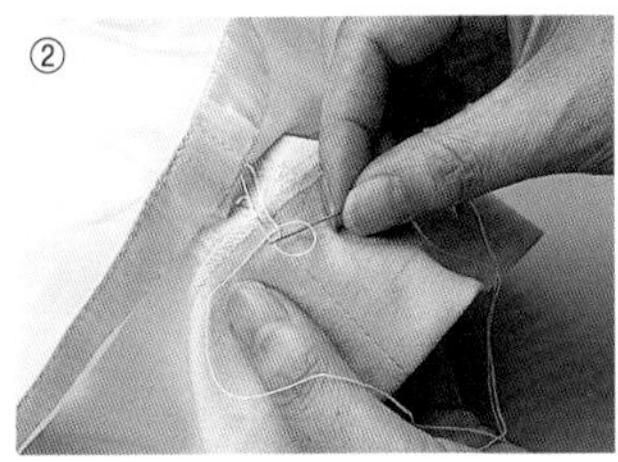

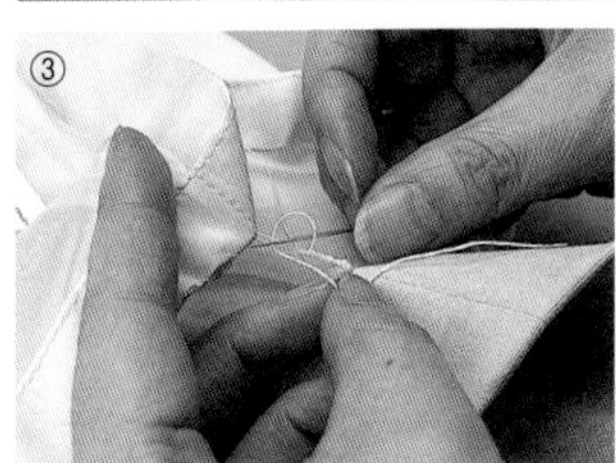

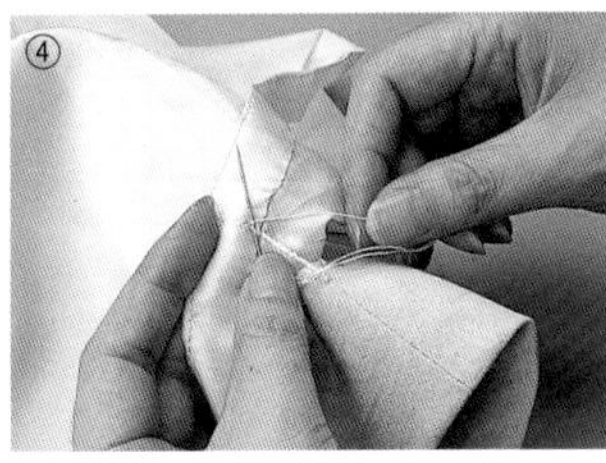

①新しい糸ループを、スカートの両脇の縫い目の内側につける。ボタンつけ用などの太めの糸を使い、1本どりで、まず表布と裏布の縫い代を小さく交互にすくって、芯になる糸を2～3本渡す。芯糸の長さは、2～3cmにする。
②芯糸に糸をかけて輪に針を通す。ぎゅっと糸を引き、輪をしめる。
③芯糸の端まで同様にくり返す。
④最後は布をひと針すくい、玉留めを作って留める。反対側も同様に。

After　できあがり！

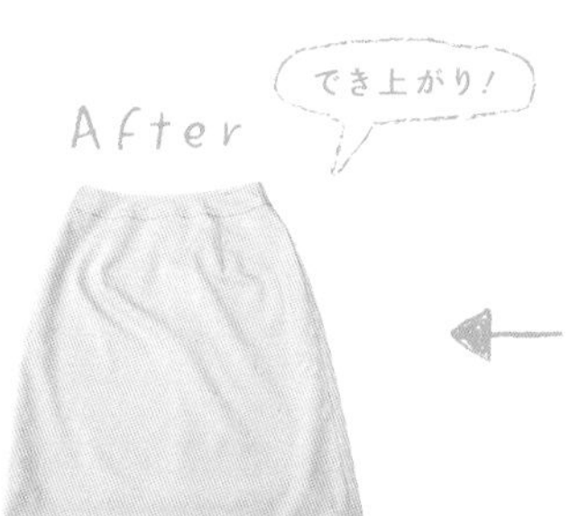

Before

お助けアイテム

熱接着両面テープ

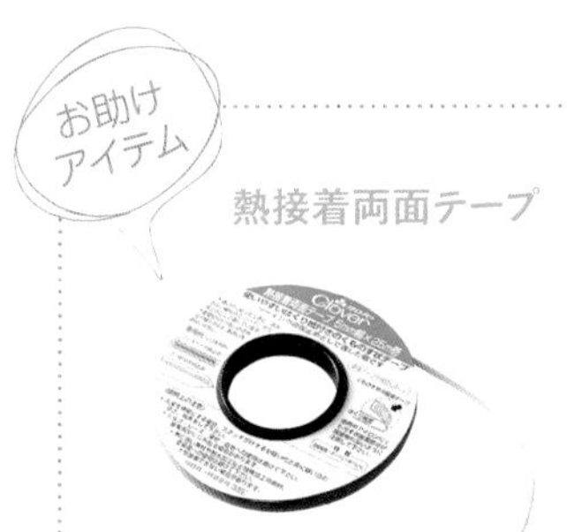

アイロンでかんたんに接着できる、くもの巣状の両面テープ。布を仮留めするときに使う。しつけの代わりに使うと便利。幅が細いタイプが使いやすい。熱接着両面テープ（5mm）／クロバー

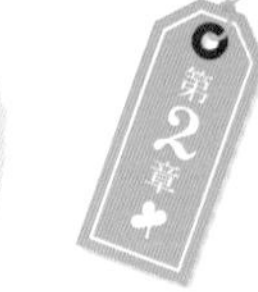

こんなとき、どうする？

穴があいた！

穴を繕ってまで大切に着る時代ではないかもしれませんが、制服やユニフォームなどは、卒業間近だったりすると捨てるのはちょっともったいない。針も糸も不要です。試してみませんか？

穴があいたジャージ

転んでこすってしまったひざ部分。生地の傷みがそれほど目立たない場合は、裏から補修布を貼るだけでOKです。

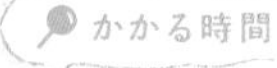

かかる時間

15分～

難しさ

初級コース

用意するもの

補修用の布、裁ちばさみ、オーブン用ペーパー、アイロン、アイロン台

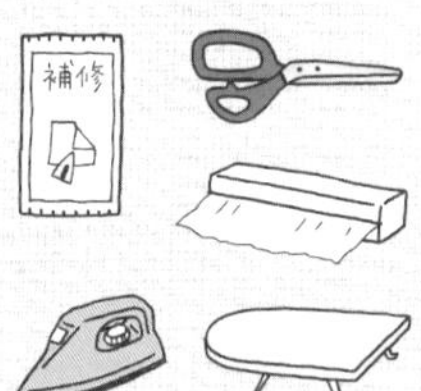

ちょこっとアドバイス

補修布は、生地の質や色によって選んでください。綿用、ジャージ用、デニム用、ナイロン用、くつ下用など、さまざまな種類があります。補修布は端からカットして使います。タバコの焼け焦げ穴は、周囲の黒くなった部分を切り取って補修しましょう。穴のほか、かぎ裂きの補修（裏から貼る）もできます。

1 穴の縁をきれいにする

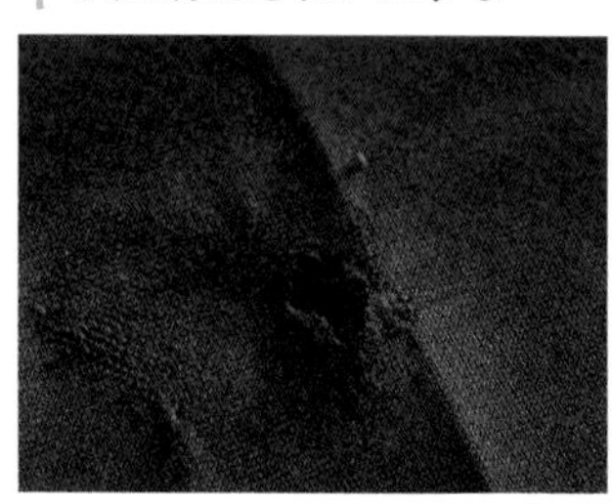

穴があいた部分は、縁のほつれた部分をはさみできれいにカットする。できるだけ小さい範囲ですむように。

2 補修布をカット

切り取った部分より少し大きいサイズに切った補修布（写真右）が表用。こすった部分全体をカバーする大きさに切ったもの（写真左）が裏用になる。角を丸くカットするとはがれにくい。

3 裏から補修布を貼る

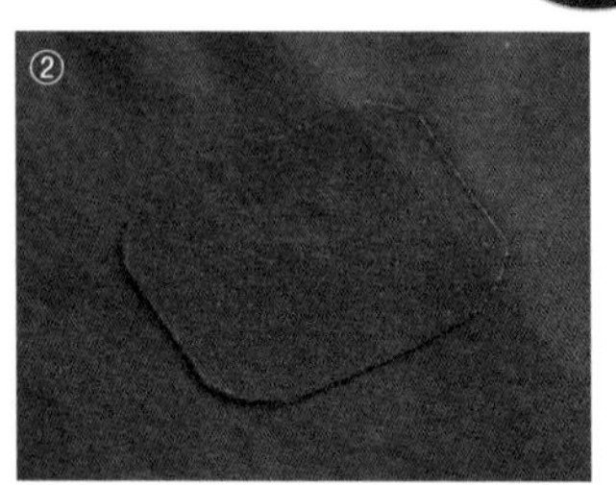

①ジャージを裏返し、カットした穴の部分にオーブン用ペーパーを挟む。
②裏用の補修布をこすった部分全体に当て、アイロンをかけて接着する。

4 表から補修布を貼る

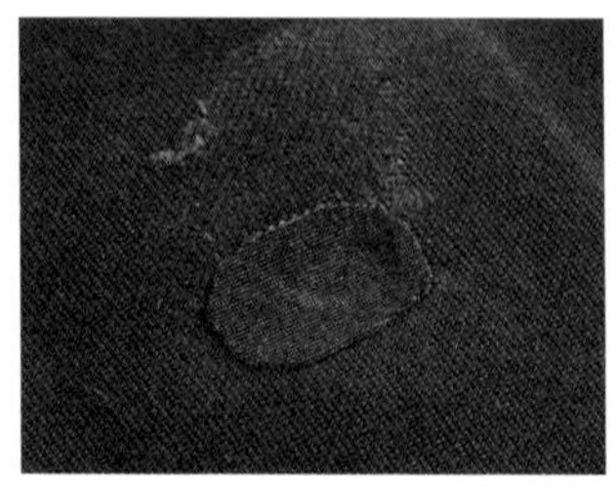

ジャージを表に返してオーブン用ペーパーをはずし、カットした穴に表用の補修布を当て、アイロンをかけて接着する。

写真右・綿の補修布セット（カラフル・ベーシック）。綿の衣類の補修に便利な各6色入り。写真中央・ジャージの補修布（紺・黒）。丈夫で伸縮性のよい布が使用されている。写真左・ナイロンの補修シート（グレー）。粘着式ナイロン布製シート。持ち物の目印つけにも使える。／クロバー

子ども服なら、リメイクも楽しい

転んでひざに穴をあけたり、引っ掛けてかぎ裂きを作ったり……。
捨ててしまう前に、もう一度、楽しんでみませんか?

アップリケや綿テープ、かわいいプリント柄のはぎれを利用すればリメイクもかんたん。アップリケはアイロンで貼りつけるだけ、綿テープやはぎれは切って縫いつけて。

脇のスリット部分が破けたTシャツ。好みの綿テープをカットして、破けた部分に当て縫いつける。

穴があいたひざの部分に、好みのプリント柄を切り取って縫いつける。布端は内側に折り込み、まち針で留めてから、たてまつりでまつる。穴の場所以外にもバランスを考えてつけると楽しい。

名前をつけなきゃ!

名前つけは数が多いとひと苦労ですが、
子どもがいる家庭なら避けては通れない道なので、がんばって。

ゼッケンをつける

体操着や水着などにつけるゼッケン。
つけてみたら、斜めになっていた! では困ります。
やり直しをしないためにも、定規を用意して。

1 中心を決める

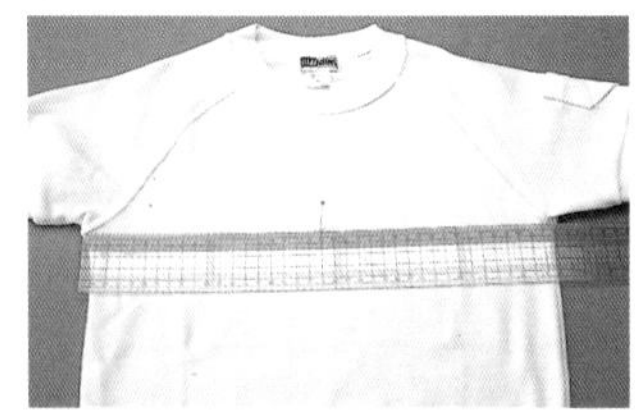

身幅を測り、中心にまち針を留めておく。両脇の下を測ると、ちょうどよい位置になる。

2 ゼッケンを作る

①ゼッケンの大きさを決め、四方に1～1.5cmの縫い代を加えた寸法で布にチャコペンシルで線を引く。
②布をカットして名前を書き、縫い代を爪でしごくようにして裏面に折る。

3 熱接着両面テープを貼る

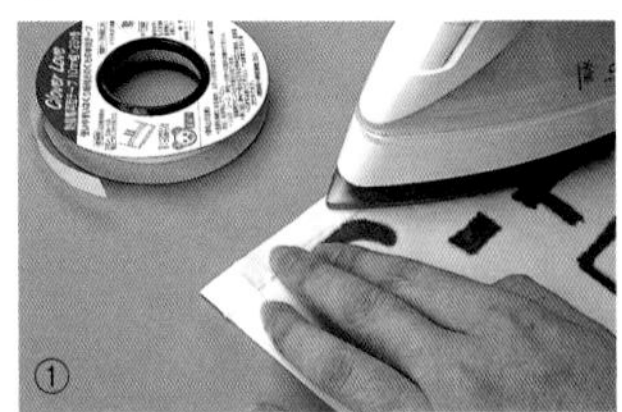

①辺の長さに合わせてテープをカットする。紙の面を上にして縫い代の上にのせ、アイロンをかけて接着する。
②4辺全部にテープを貼ったら、テープの紙をはがす。
③ゼッケンの中心をまち針の位置に合わせて置き、アイロンをかけて接着する。

4 まつる

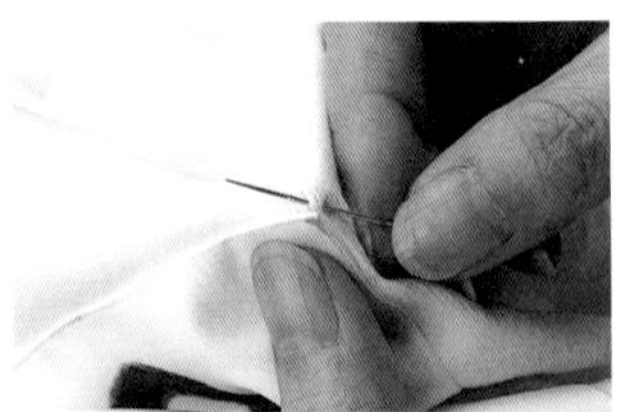

ゼッケンの周囲をたてまつり(P.19参照)でぐるっとまつる。

でき上がり!

かかる時間

10分～
*つけ方によって変わります。

難しさ

中級コース

用意するもの

ゼッケン用の布や名前シールなど、手縫い針、手縫い糸、まち針、糸切りばさみ、定規、チャコペンシル、アイロン、アイロン台など

ちょこっとアドバイス

アイロンで接着できる熱接着両面テープで仮留めしてからまつるとかんたん。

名前シールをつける

「子どもの持ちものにはすべて名前を書く」のは基本ですが、
衣類に直接マジックで書くのは、ちょっと……。
そんな人には名前シールがおすすめです。

Tシャツ類は後ろ身ごろのすそ裏に

後ろ身ごろのすそ裏につける。すそをめくって、すぐ見える位置に。

パンツやスカートはウエストの近くに

両サイドのウエストのベルト部分に貼る。無地のところがおすすめ。

表につけず、衣類の裏につけましょう

子どもを狙った犯罪も多いので、知らない人から名前を呼ばれることがないよう、「名前シールは見えないところにつける」が鉄則です。ただし、わかりにくい場所につけたのでは意味がありません。「裏のわかりやすいところ」につけます。

名前シールは両端だけにアイロンをかけましょう。リサイクルに出すときに、はがしやすいので便利です。

また、字が読めない小さな子どもなら、キャラクターやマークを決め、「自分のもの」だということがわかるようにしてあげても。つける場所を決めておくのが、おすすめです。

いろいろな名前シールがあります

カットして使うシンプルな無地タイプ、キャラクターやイラストがプリントされたもの、ひらがなやアルファベットタイプのものなど、いろいろな種類が市販されています。つける場所や用途に合わせて選んでください。

刺しゅうで名前をつける

ハンカチや袋ものなどに名前やイニシャルを刺しゅうすると、
市販のものでも手作り感が増して、ぐっとかわいくなります。
布はやわらかいものを、刺しゅう糸と刺しゅう針は
糸の太さに合わせて使います。

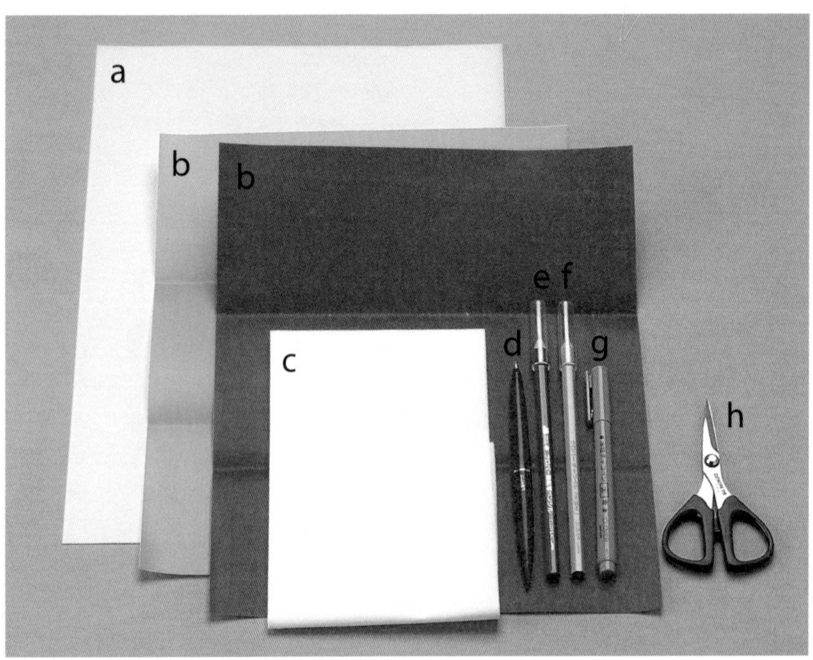

◉必要な道具

- a ハトロン紙
- b チャコペーパー
- c 熱接着両面シート
- d 手芸用鉄筆（トレーサー）
- e 熱転写ペンシル
- f 水溶性チャコペンシル
- g 水性チャコペンシル
- h 小さめのはさみ

b・f・gを使い、aに文字やイニシャルを写す。チャコには紙、鉛筆、ペンタイプがあるが、水で消えるタイプが使いやすい。dがなければボールペンで代用を。eは写した線がアイロンで転写できるペン。cは刺しゅうした布を貼りつけるときに使う。

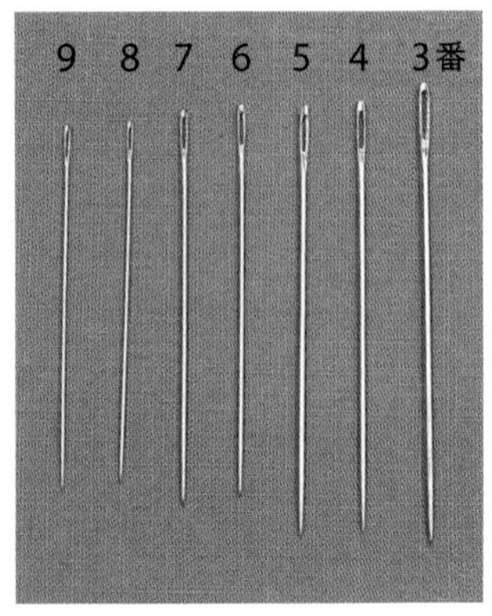

刺しゅう針

刺しゅう糸を3本どりにする場合は、針は6番か7番を使うとよい。1本どりには9番の針、6本どりには3番の針が一般的。

刺しゅう糸

初心者に使いやすいのは25番。6本の糸をより合わせてあり、そのまま使ったり、分けて2本どり、3本どりとして使う。初心者は3本どりがおすすめ。

糸の扱い

むやみに引っ張ると刺しゅう糸が絡まったり、よりがもどったりします。ていねいに扱って。

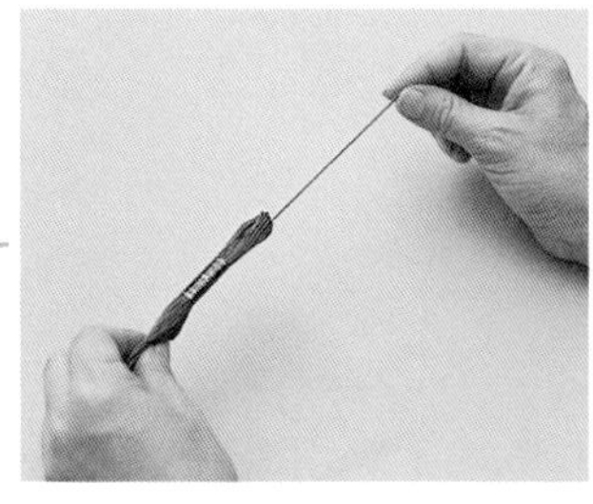

糸端を引き出す

刺しゅう糸は束ねたままで、糸端を持ってゆっくり引き出す。40〜50cm長さで切る。

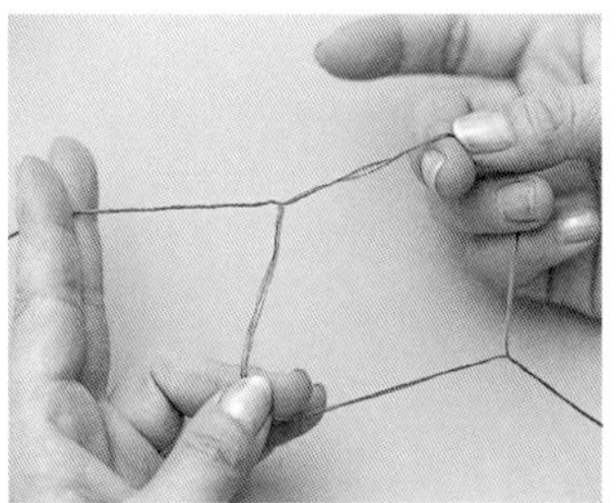

必要な本数に分ける

切った刺しゅう糸の真ん中を持って、両手でよりをひらき、必要な本数に分ける。糸の本数によって、写真のように糸の太さが異なる。

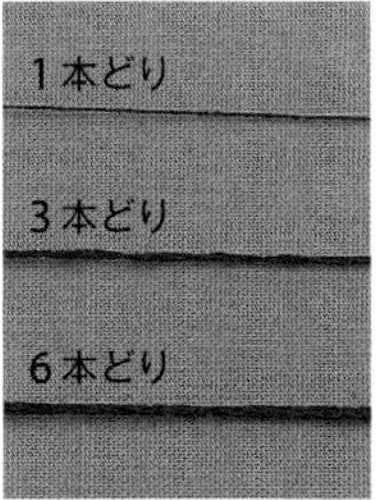

糸の通し方

糸をなめるのは逆効果。針で糸をできるだけ平らにしてから、通します。

糸を平らにする

糸端で小さな輪を作り、針にかけて引っ張って糸を平らにする。

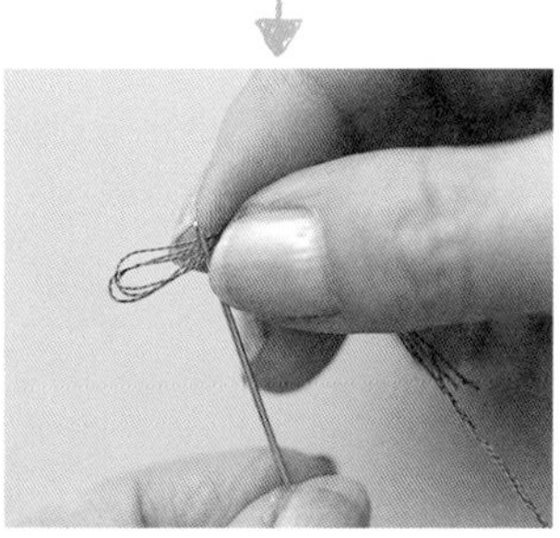

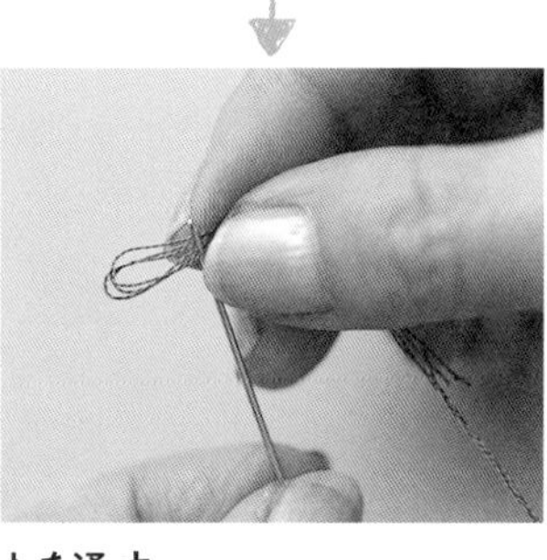

わを通す

針の穴に輪をそのまま通し、糸端を少し引く。

玉結び

刺しゅうでは本来、玉結びはしませんが、慣れるまでは裏側に玉結びをしても。表側にひびかないように小さめに。

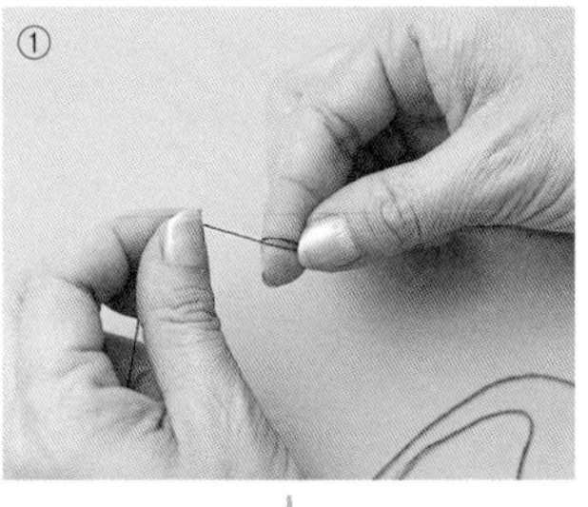

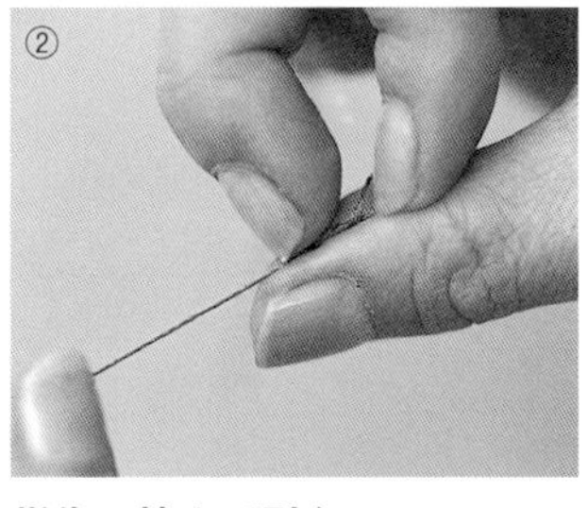

指先に挟んで引く

①刺しゅう糸を親指と人さし指の指先に挟んで2回巻きつける。
②人さし指をずらしながら中指で糸を押さえて、左手で糸を引いて玉結びを作る。

DAISUKE

アルファベットを チェーンステッチで

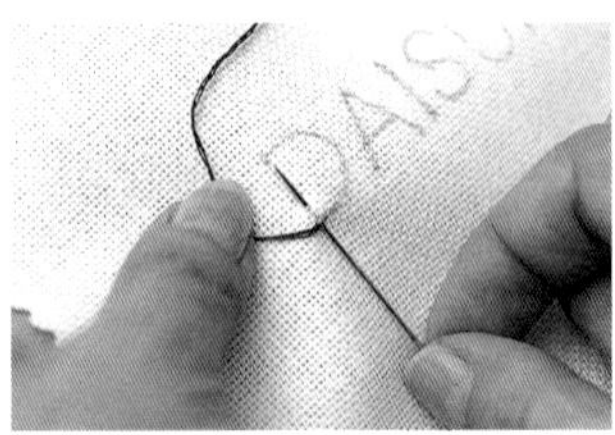

1 ①から針を出し、①の横の②に針を刺して、③から針を出し、糸をかける。

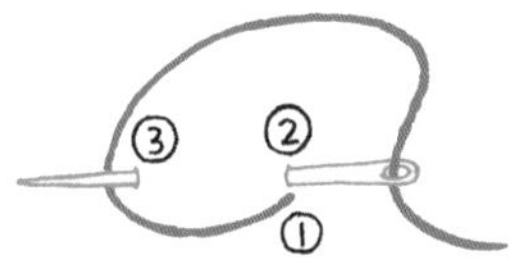

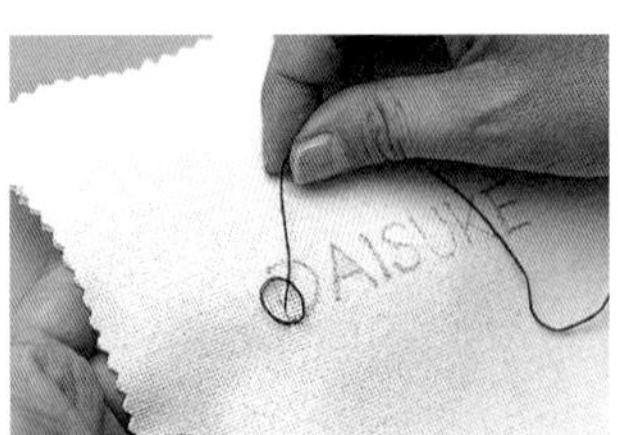

2 針を引き抜いて、ゆっくりと糸を引き出し、輪を作る。

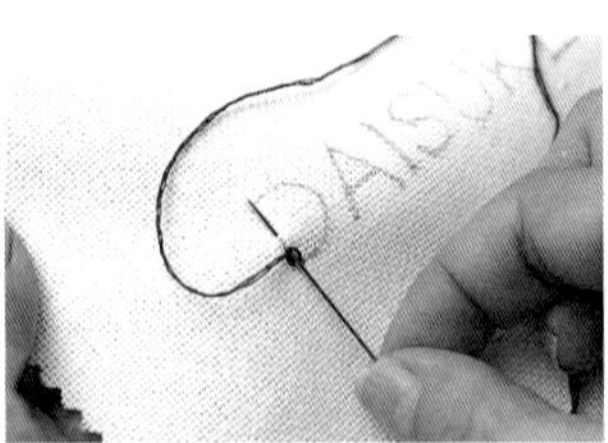

3 輪の中央の③の横の④に針を刺し、⑤から針を出して糸をゆっくり引く。これを繰り返す。

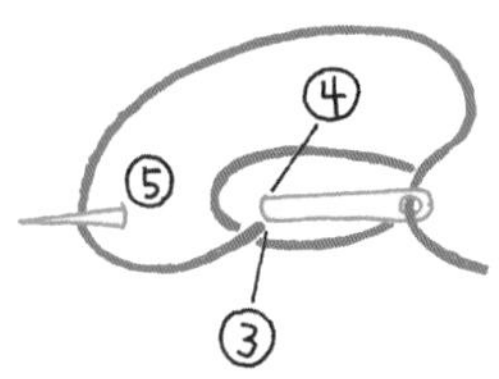

あさい ゆみ

ひらがなを アウトラインステッチで

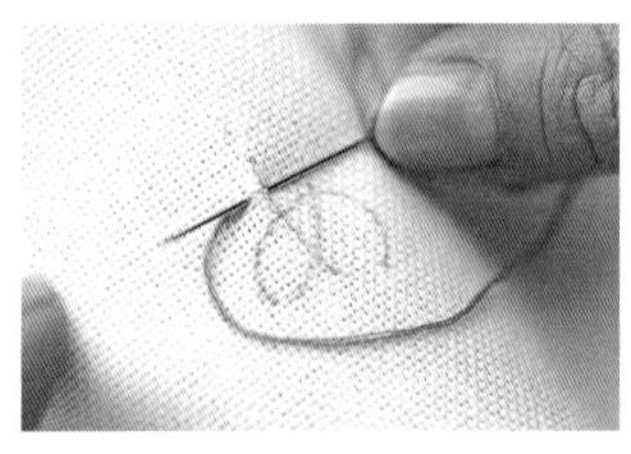

1 始点①の裏側から針を出し、②から針を刺して針先を③から出す。続けて④から針を刺して⑤から針先を出す。これを繰り返す。

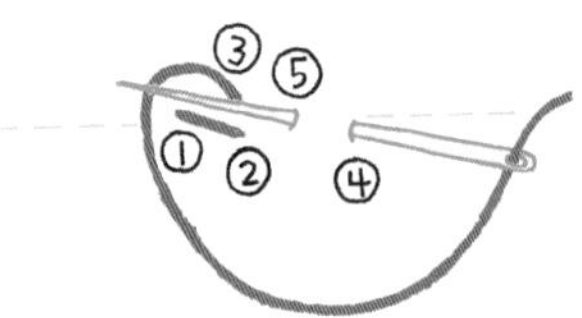

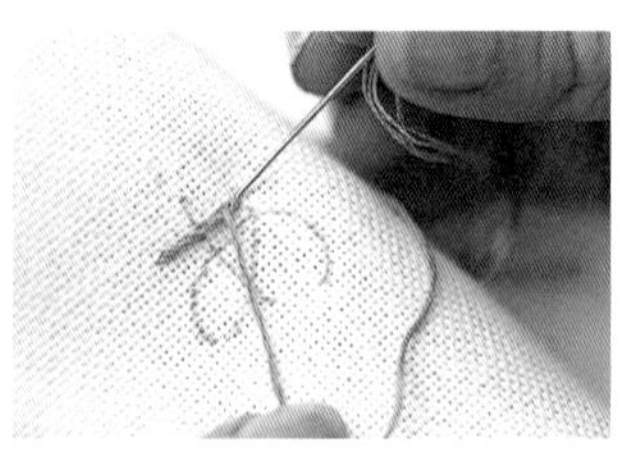

2 文字の場合、1画ごとに糸は切らずに続け、ひと文字刺し終わったところで玉留めをして糸を切る（イラストは裏から見た状態）。

Start!

まずは、文字や イニシャルを写します。

雑誌などから文字を選んで見本にするか、フリーハンドで書いても。

◉薄手の生地の場合

見本を切り取って間隔よく並べて紙に貼る。生地を上にのせて、うっすらと見えている見本を、水で消えるタイプのチャコペンシルでなぞる。

◉厚手の生地の場合

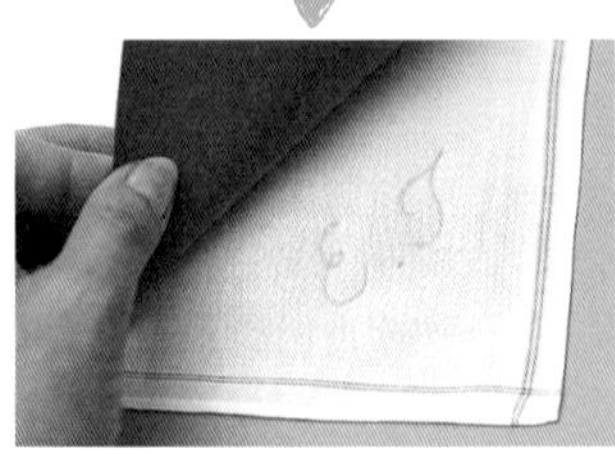

ハトロン紙か薄めの紙に、見本を写す。生地を表にして置き、両面タイプのチャコペーパーを重ねる。写した紙を置いて、手芸用鉄筆かボールペンなどでなぞる。めくると生地に文字や図案が写っている。チャコペーパーは水で消えるものがおすすめ。

覚えておこう

刺し方

糸を強く引きすぎてしまうと、刺しゅう部分の布がたるんで、きれいに仕上がりません。刺したら糸はゆっくり引きます。

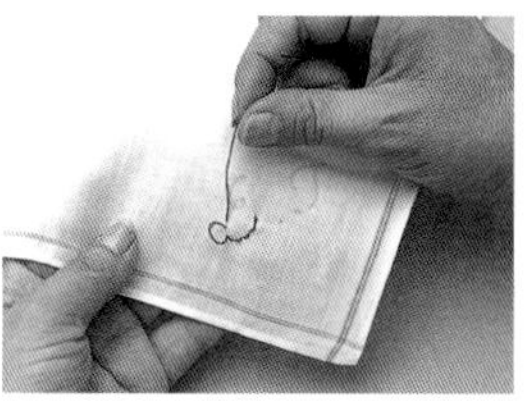

生地のハリ具合を確認
生地の裏側に手を当て、生地のハリ具合を確認しながら、刺しゅう糸をゆっくり引く。

刺し終わりの処理

生地の表にひびかないように、裏側の糸に通して玉留めを作らないのが基本ですが、難しい場合はできるだけ小さい玉留めで。

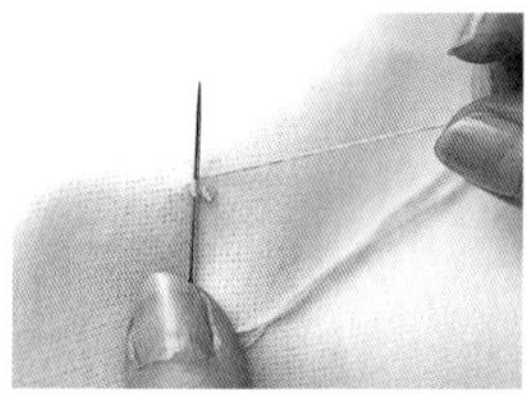

玉留めする
裏側の刺し終わりに針を当て、糸をしっかり2回巻いてその部分を押さえ、針を針先から引き抜く。

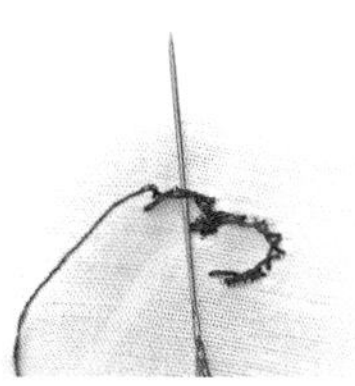

糸にくぐらせる
刺しゅうの裏側の糸に2cm程度くぐらせて、糸端を切る。

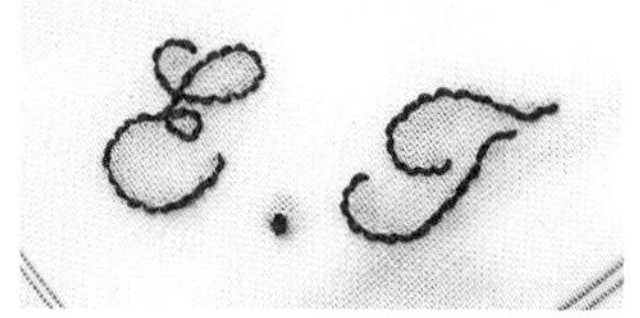

イニシャルをバックステッチで

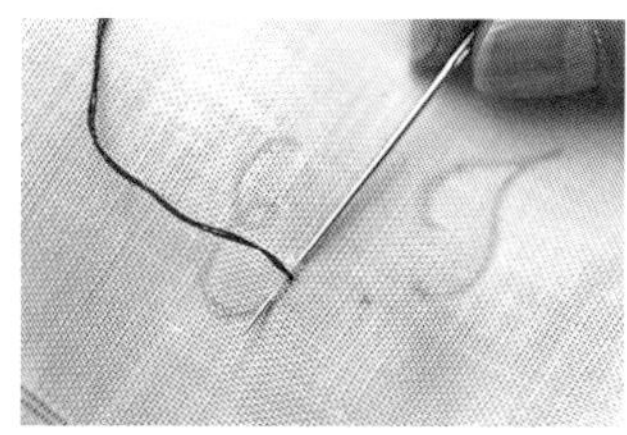

1 ①から針を出し、少し戻って②に針を刺し、③から針を出し、糸を引き抜く。

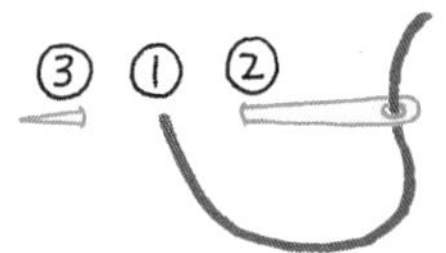

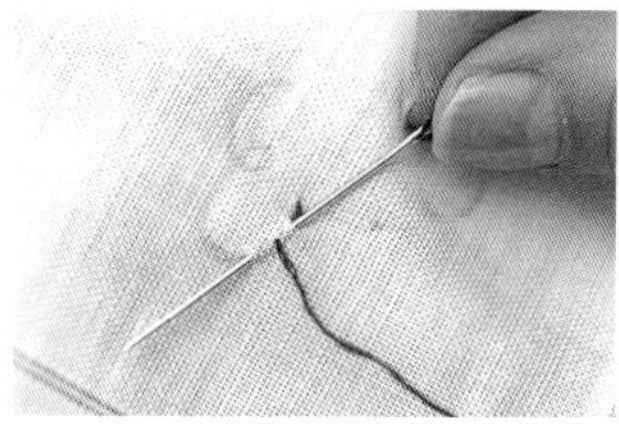

2 少し戻って①の横の④に針を刺し、⑤から針先を出して引き抜く。これを繰り返す。

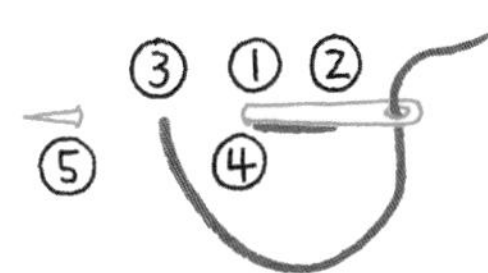

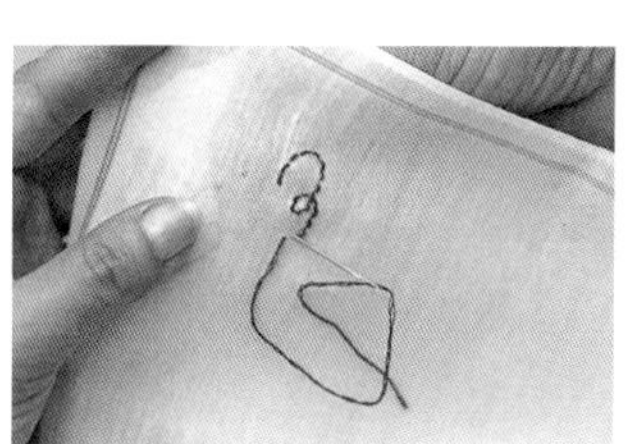

3 刺し終わりは、文字の終点までできてから、少し戻ったところに針を刺して、裏側で留める。

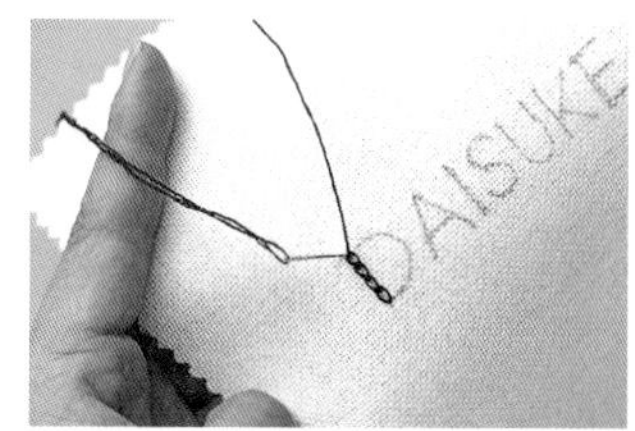

4 角は、輪の丸みのすぐ外側に針を刺して糸を引き、輪を固定する。

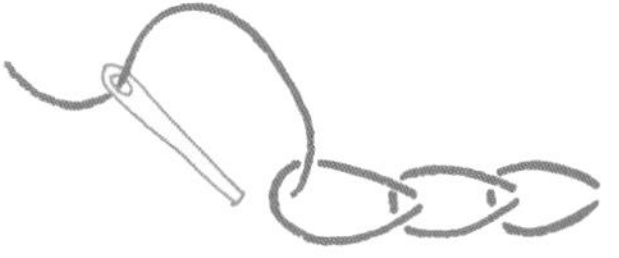

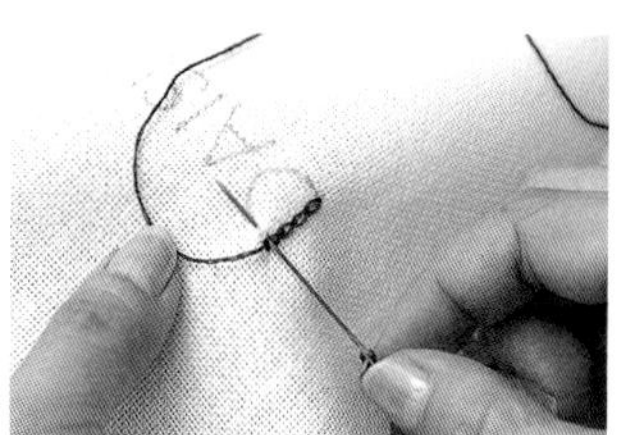

5 方向をかえて輪の中から針を出して、同様にチェーンステッチをする。

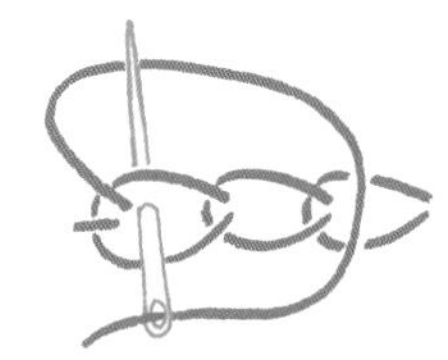

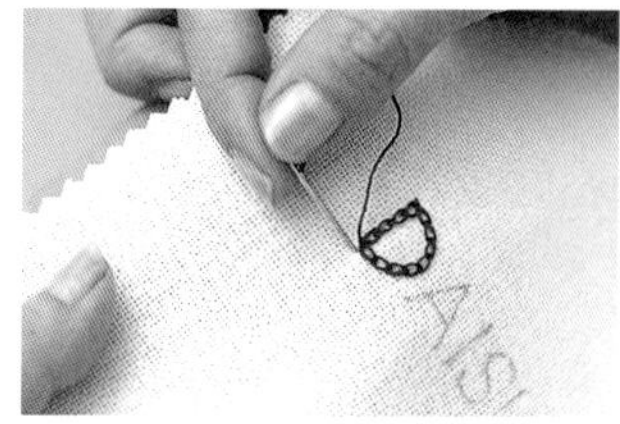

6 刺し終わりは、輪の丸みのすぐ外側に針を刺して裏側で留める。

ステップアップの秘けつ 2

アイロンを使いこなす

衣類を縫うにしても、何かを作るにしても、
こまめにアイロンをかけながら作業をすすめるのが、美しい仕上がりのコツです。
かけるときは、アイロンをすべらせるのではなく、押さえるようにします。

【アイロン台】

さいほうに使う場合は、シンプルな四角いアイロン台のほうが使い勝手がよく便利です。軽くて、しまいやすく、取り出しやすいものを選びましょう。机の上にのせて作業できるよう、足はないほうがかえって便利。表面が汚れないようカバーをかけて使い、コゲ跡やシミが目立ってきたら取り替えます。アイロン台／参考商品

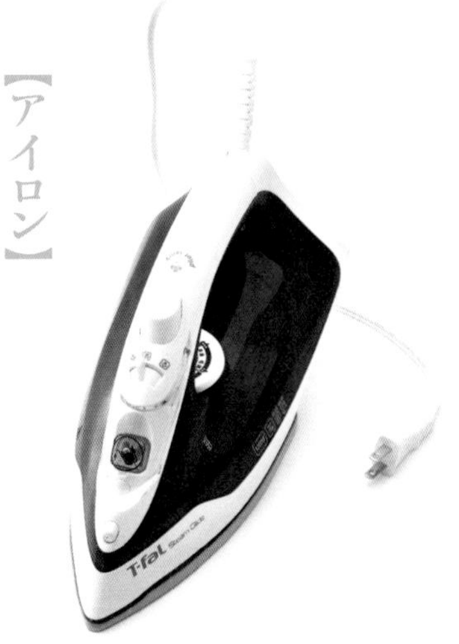

【アイロン】

これから買う人におすすめしたいのが、強力なスチームとドライの切り替えが、すばやく手軽にできるタイプのアイロン。縫い代を割るなど手元の細かい作業のときは、ドライの状態で使うとスチームでやけどをすることなく安全です。ティファール スチームアイロン　スチームグライド グリーン FV2889J0／グループセブ ジャパン

◉使い方

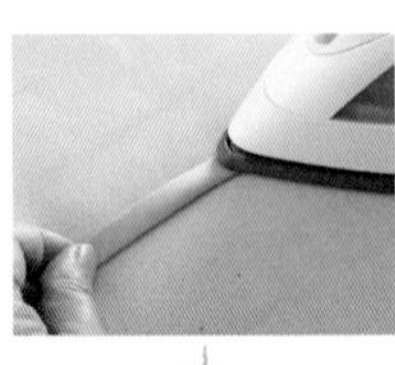

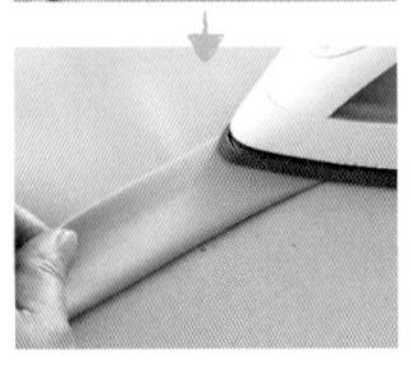

三つ折りにする

衣類のすそや袋口など、三つ折りにして仕上げる部分は、アイロンをかけてから縫うと縫いやすく、すっきり見える。

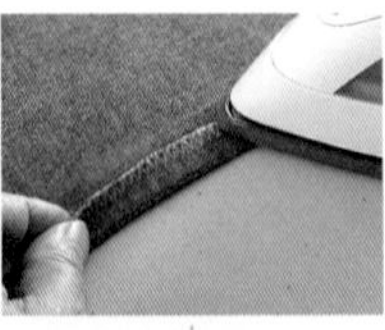

縫い代を倒す

縫い代を2枚合わせたまま、縫い目のところから一方方向に折ってアイロンをかける。布を開き、倒したままの縫い代に再びアイロンをかける。薄手の布の場合などに。

縫い代を割る

縫い目の方向にアイロンの先端を合わせ、左右に割るようにアイロンをかける。洋服の縫い目、小物、袋物にいちばん多く使われる。

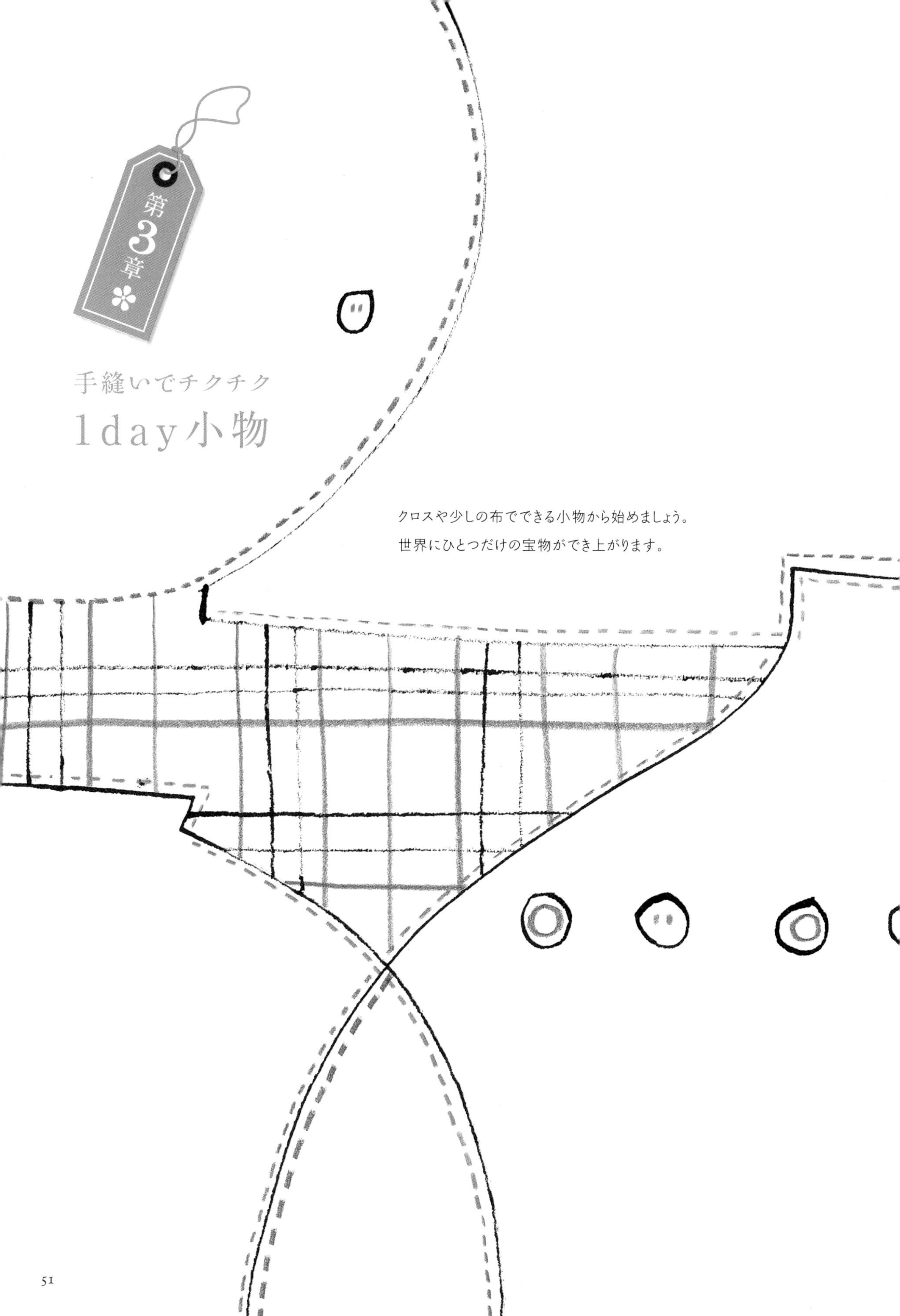

第3章

手縫いでチクチク 1day小物

クロスや少しの布でできる小物から始めましょう。
世界にひとつだけの宝物ができ上がります。

切らずに20分!
キッチンクロスで作る　かんたんエプロン

コットンやリネンのすてきなキッチンクロスが手に入ったら、手早く仕上がるエプロンを作ってみましょう。
布を切る手間や、難しい縫い方が必要ないので、すぐ作って、すぐ使えるのが魅力。
もともと洗濯には強い生地なので、エプロンには最適です。

◉デザイン&制作…金森美也子

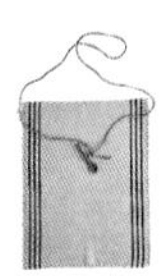

麻ひもで結ぶサロンエプロン

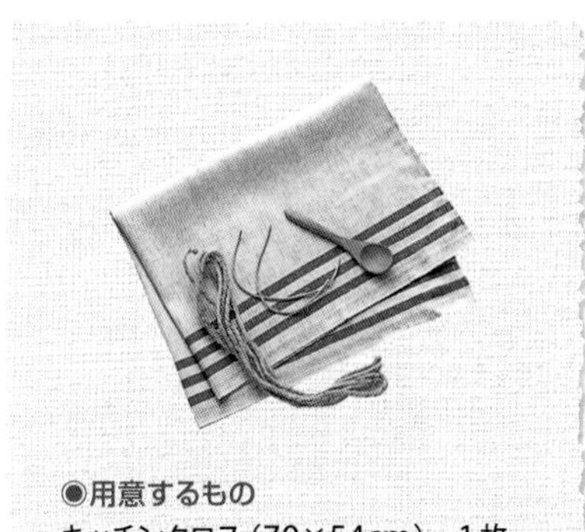

◉用意するもの
キッチンクロス（70×54cm） 1枚
麻ひも 270cm
革ひも 4.5cmを2本
木のスプーン（飾り用） 1個
手縫い糸、手縫い針、木工用ボンド、はさみ、定規

1 ループを作る

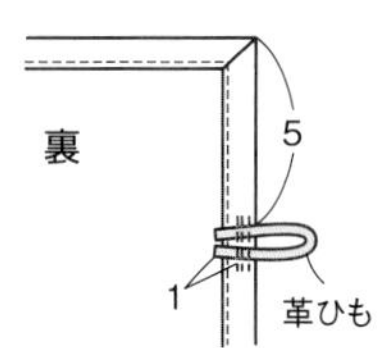

長さ4.5cmの革ひもを二つ折りにして、両脇に2〜3度、返し縫いでしっかり留めつける。

2 ひもを用意する

麻ひもの片方に木のスプーンをくくりつけ、結び目がほどけないように木工用ボンドをつけておく。もう一方の端は結ぶ。

ループにひもを通せば、でき上がり。

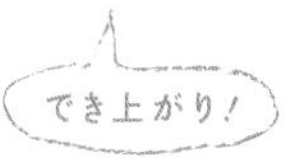

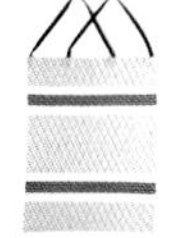

2枚をはぎ合わせて作るロングエプロン

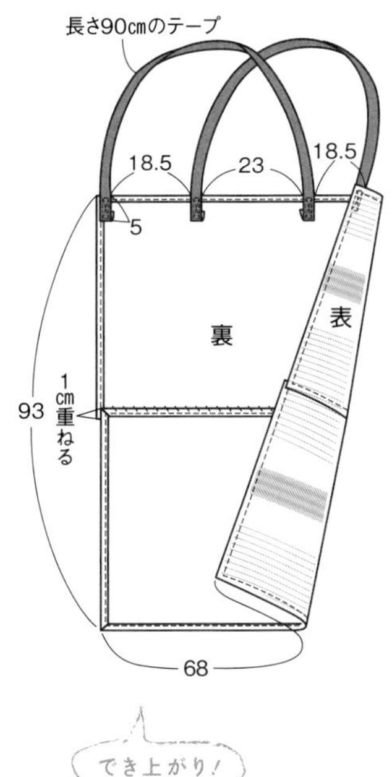

1 布を縫い合わせる

キッチンクロスを縦に2枚並べ、端を1cm重ねてまち針で留める。表側と裏側をまつり縫いで縫い合わせる。

2 肩ひもをつける

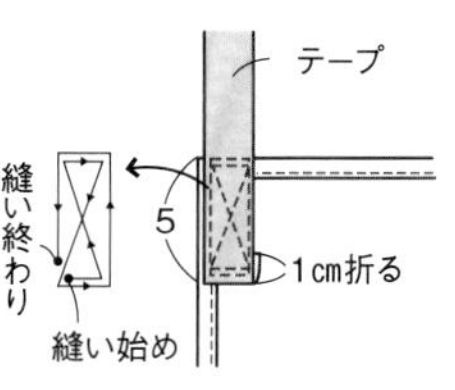

テープは端を1cm内側に折って、でき上がり図の寸法の位置に縫いつける。布が重なる部分は厚みがあるので、1針ずつ、垂直に針を刺して縫う。

◉用意するもの
キッチンクロス（68×47cm） 2枚
テープ 2cm幅90cmを2本
手縫い糸、手縫い針、まち針、はさみ、定規

Point
このテープはアクリル製（木綿風）なので、ほつれる端は折って使いますが、ポリプロピレン製（荷造りテープ風）なら、端を火であぶればそのまま縫いつけてOK。

タオルとはぎれで作る
おめかし雑巾

お掃除には欠かせない雑巾ですが、ちょっと脇役のイメージ。
でも、きれいなはぎれをプラスしてあげると、
お掃除を楽しくしてくれるアイテムに変身!
「もったいない」なんて、言わないで。

●デザイン&制作…青木恵理子

◉**用意するもの**
フェイスタオル（約34×80cm）　1枚
はぎれ　好みの柄を適宜
手縫い糸、手縫い針、まち針、はさみ、定規、チャコペンシル

Point
タオルは1枚をそのままたたんで使ってもかまいませんが、ここでは軽い仕上がりの雑巾にするため、長さ60cmを三つ折りにして縫っています。

タオルの裁ち方

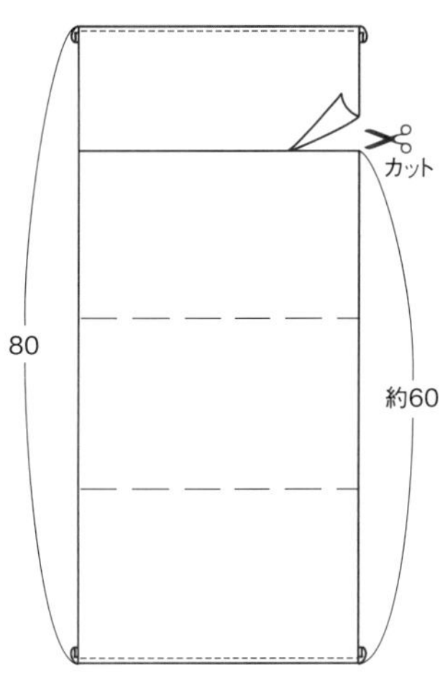

1 タオルをたたむ

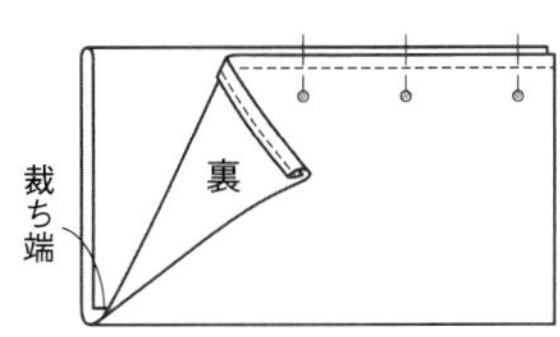

裁ち端が内側になるように三つ折りにし、まち針で端を留める。

2 周りを縫う

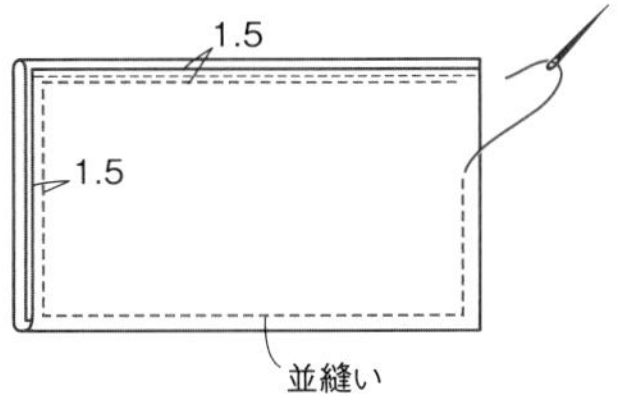

1.5cm内側を、並縫いでぐるりと縫う。

3 はぎれを置いてみる

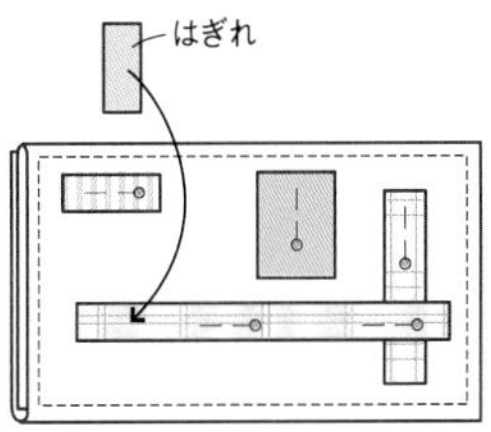

切りっぱなしのはぎれを自由にタオルに置いて、まち針で留める。

4 はぎれを縫いつける

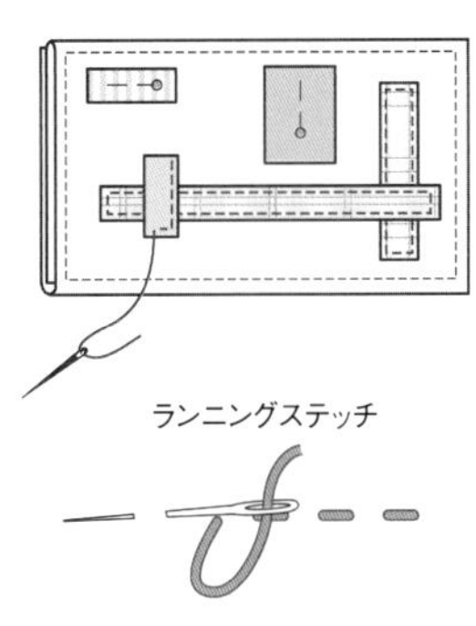

はぎれの配置が決まったら、ランニングステッチでタオルの下まで糸を通して縫いつける。

○や□のモチーフに、いろいろなステッチを加えて

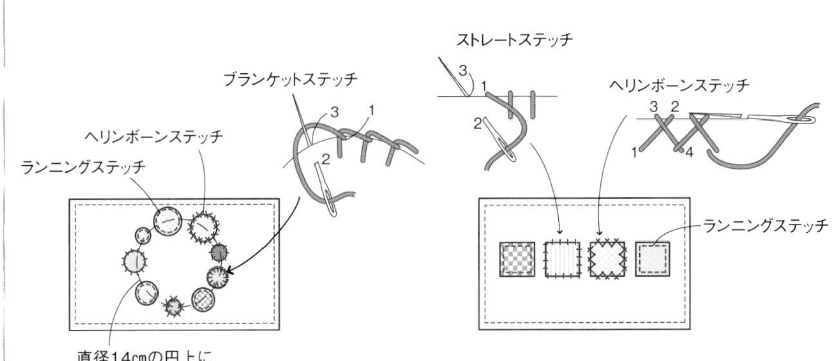

はぎれの形をあれこれ迷ってしまう人には、○や□、△といった幾何学模様がおすすめ。単純な形ですが、色や柄、ステッチを変えれば、すてきな仕上がりになります。○や□の形は、化粧瓶の底やキャップなど、身近なものを使って写し取るのもいいでしょう。

四角に縫うだけの カフェカーテン

窓辺をおしゃれに彩るカフェカーテン。お気に入りの布で、手早くできちゃいます。
周りを縫って、伸縮ポールに通すだけなので、とってもかんたんです。

◉デザイン&制作…高橋恵美子

◉用意するもの

布（コットン）
　窓枠サイズに合わせて適宜
伸縮ポール　1本
手縫い糸、手縫い針、はさみ、定規、アイロン、チャコペンシル

カーテンの長さは、窓の高さの半分くらいにするとバランスよく仕上がります。横寸法は、窓の幅の1.2～1.5倍の長さに縫い代分をプラスした寸法にしますが、布幅をそのまま使ってもいいでしょう。

作る前の準備

窓枠を測る

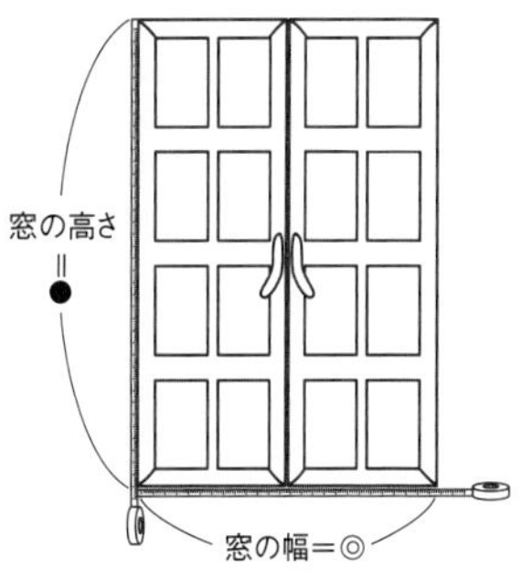

布の裁ち方

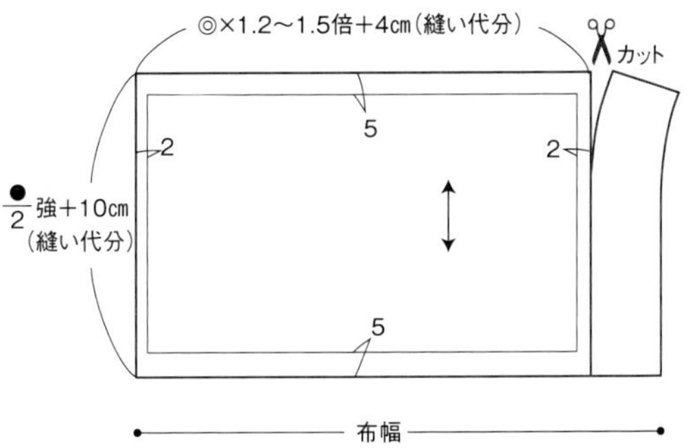

1 両脇を縫う

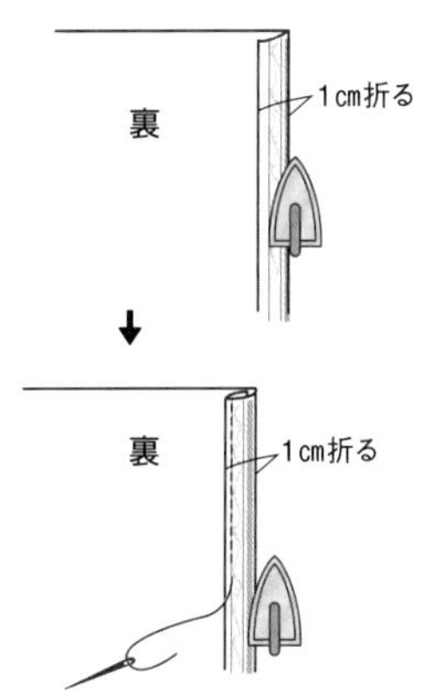

アイロンをかけて1cmずつ折り、三つ折りにする。折り端は並縫いで縫う。

2 上端を縫う

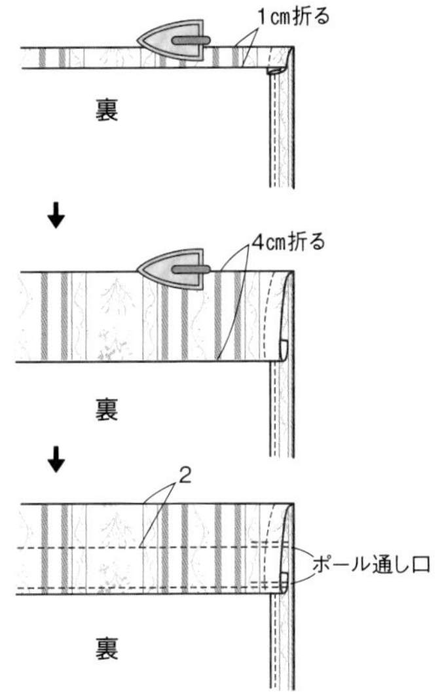

上端の縫い代をアイロンで1cm折り、さらに折り端をアイロンで4cm折る。折り端は並縫いで縫う。ポールが通せるように、上端から2cmの位置をもう一本、並縫いで縫う。縫い始めと縫い終わりは、二度縫いにする。

3 下端を縫う

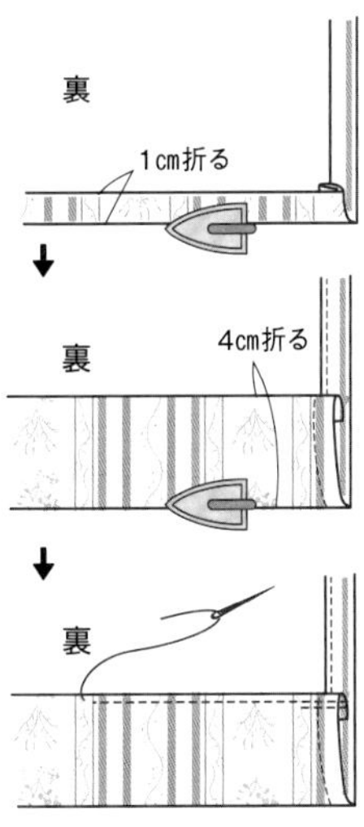

上端と同じようにアイロンで折り、折り端を並縫いで縫う。縫い始めと縫い終わりは、二度縫いにする。

できあがり！

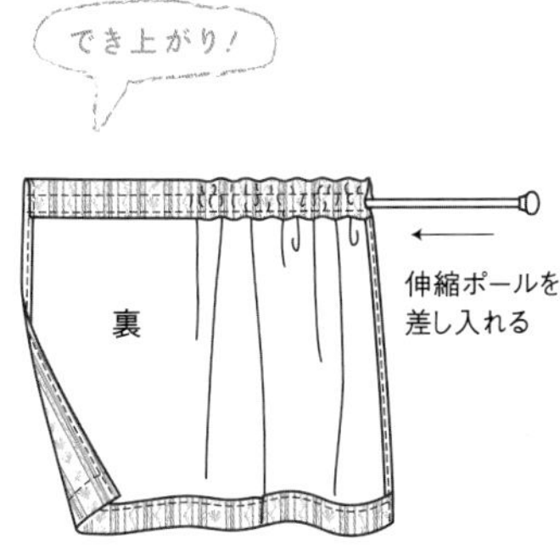

タオルにコットンをプラス
バスミトンとタオル

シンプルなタオルに
コットンの布をプラスして、
自分だけのバスグッズを作りましょう。
ゲスト用にひとそろい用意しておくのも、
おすすめです。

◉デザイン&制作…青木恵理子

バスミトンA

◉用意するもの
フェイスタオル（約34×80cm） 1枚
コットンプリント（ループ用） 5×10cm
手縫い糸、手縫い針、まち針、はさみ、
定規、アイロン、チャコペンシル

タオルの裁ち方

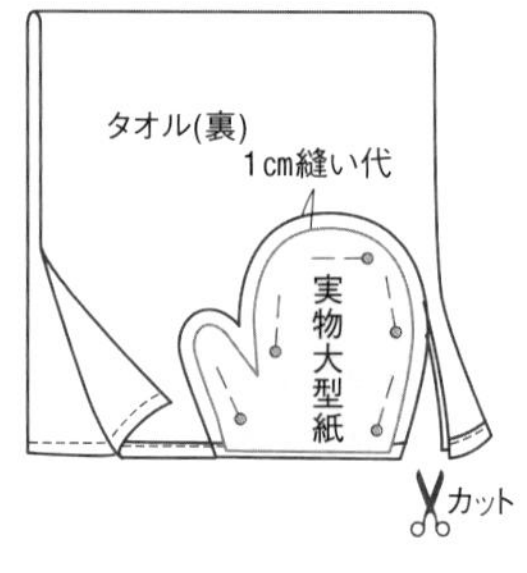

タオルを二つ折りにして、実物大型紙の手首側がタオルの端にくるように置いて、まち針で留める。縫い代を1cmつけて、2枚一緒にカットする。

1 ループを作る

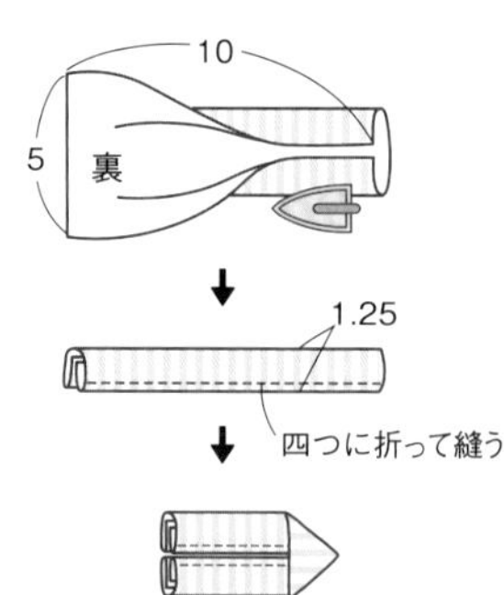

アイロンをかけて四つに折り、折り端を並縫いで縫ったら、図のようにでき上がりの形にする。

2 ループを仮留めする

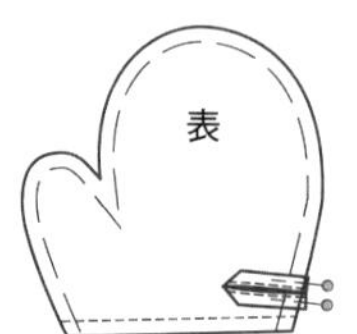

1枚のミトンの表に、ループを図のようにまち針で留めておく。

3 中表に合わせて縫う

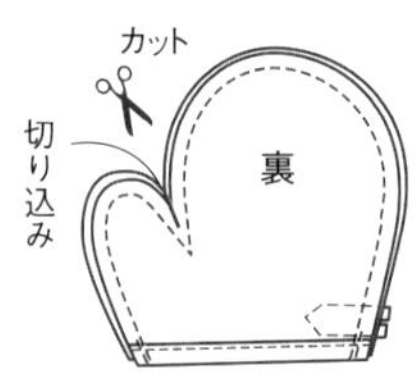

2枚のミトンを中表に合わせて、ループを挟んだまま、周りの1cm内側を並縫いで縫う。縫い始めと縫い終わりは、二度縫いにする。親指との間の縫い代には、切り込みを入れる。

タオル

◉用意するもの
フェイスタオル（約34×80cm） 1枚
コットンプリント（パイピング布A用）
5×80cmを2枚
コットンプリント（パイピング布B用）
5×36cmを2枚
コットンプリント（テープ布用）
5×34cmを1枚
手縫い糸、手縫い針、まち針、はさみ、定規、アイロン、チャコペンシル

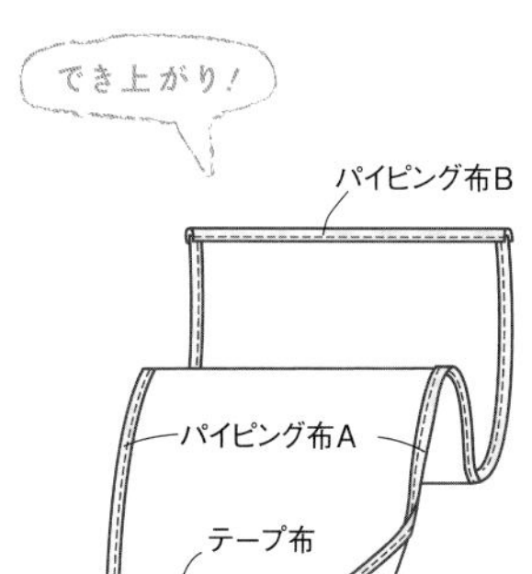

1 パイピング布AとBを作る

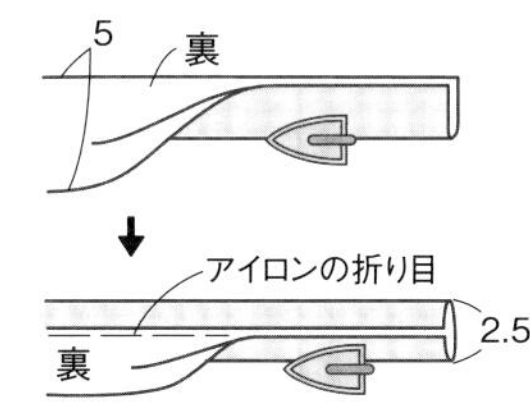

パイピング布AとBは、アイロンをかけて図のように両端を中心に合わせてから半分にし、四つに折る。

2 テープ布を作る

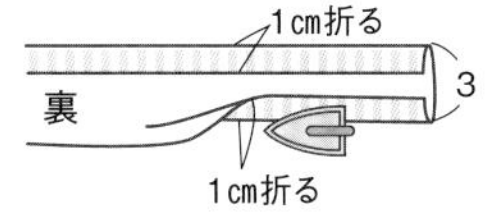

両端を1cmずつ、アイロンをかけて折る。

3 テープ布をつける

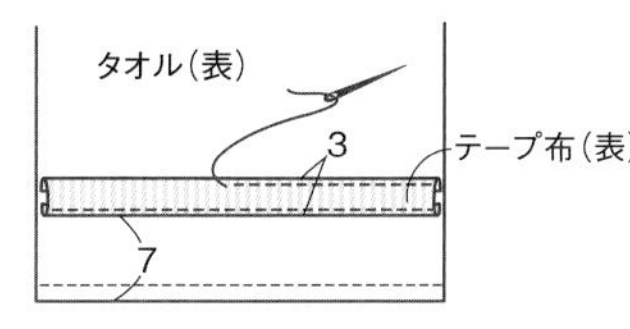

テープ布をタオルに重ねて、両端を並縫いで縫いつける。

4 両脇にパイピング布Aをつける

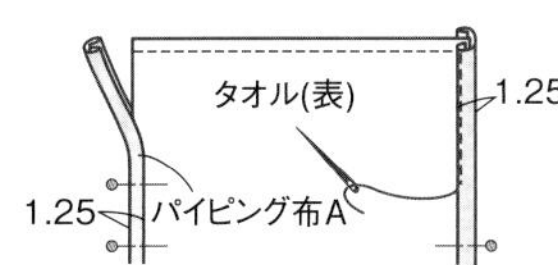

パイピング布Aでタオルの脇を挟むようにし、まち針で留めてから並縫いで縫いつける。

5 上端と下端にパイピング布Bをつける

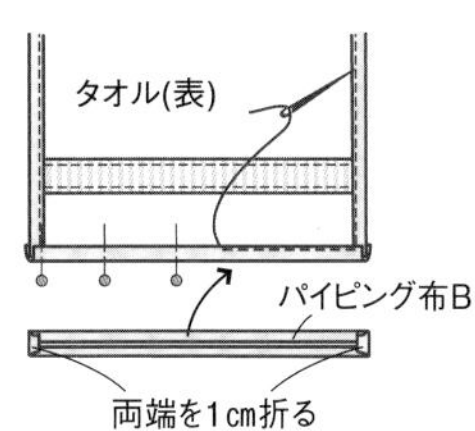

パイピング布Bの両端を1cmずつ折り、タオルの下端を挟むようにして、まち針で留めてから並縫いで縫いつける。縫い始めと縫い終わりは、二度縫いにする。上端も同様に。

バスミトンB

◉用意するもの
フェイスタオル（約34×80cm） 1枚
コットンプリント（テープ布用） 5×34cm
コットンプリント（ループ用） 5×10cm
手縫い糸、手縫い針、まち針、はさみ、定規、アイロン、チャコペンシル

タオルの裁ち方

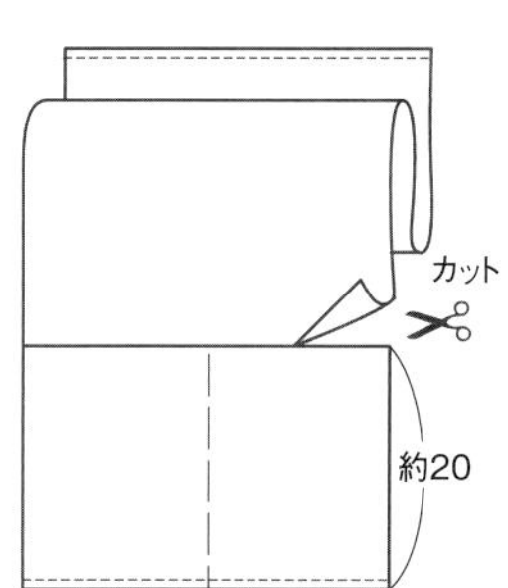

1 ループを作る（バスミトンA参照）

アイロンをかけて四つに折り、折り端を並縫いで縫う。

2 テープ布を作る（タオル参照）

両端をそれぞれ1cmずつ、アイロンをかけて折る。

3 テープ布をつける（タオル参照）

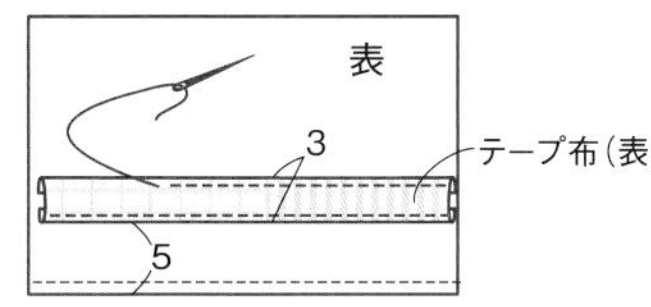

テープ布をタオルに重ねて縫いつける。

4 ループを仮留めする

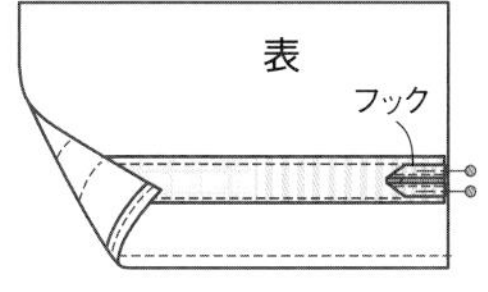

タオルの脇にループをまち針で留めておく。

5 中表にして縫う

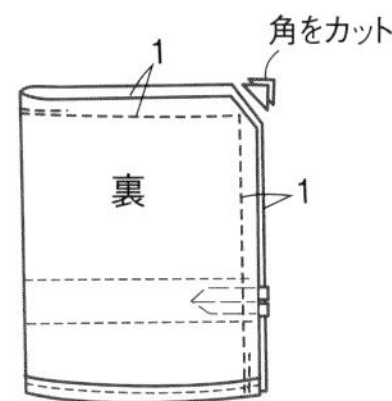

中表に折り、図のように角を1カ所カットし、上端と脇の1cm内側を並縫いで縫う。縫い始めと縫い終わりは、二度縫いにする。

かごと手ぬぐいで作る 和の袋

市販の小さなかごに、カラフルな手ぬぐいを
縫い合わせて作る、きんちゃく袋です。
浴衣でのお出かけに、ぴったり。

◉用意するもの
籐(とう)素材のかご　1個
手ぬぐい(35×90cm)　1枚
ひも　かごの外周＋15cmを2本
手縫い糸、手縫い針、まち針、はさみ、定規、アイロン、チャコペンシル、ひも通し

Point
かごの形は、四角でもだ円でもかまいませんが、かごの外周が75cm以内、高さが4〜14cmくらいを目安に選ぶとよいでしょう。袋の中身が落ちないように、かごの編み目は細かいものにします。

◉デザイン&制作…ワタナベ・コウ

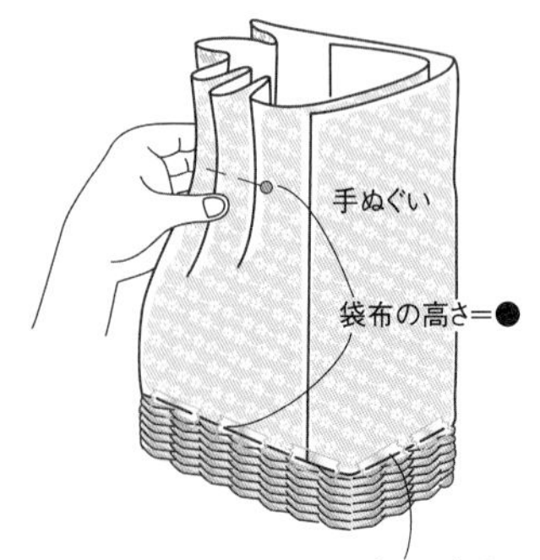

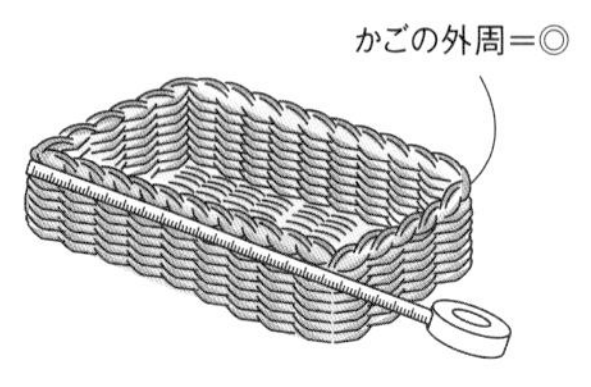

作る前の準備

かごに合った袋布を作るため、最初にかごの外周（◎）を測ります。袋布の高さ（●）は、かごの周りに手ぬぐいをぐるりと巻きつけて仮留めし、好みの高さに目印のまち針を留めて測ります。

手ぬぐいの裁ち方

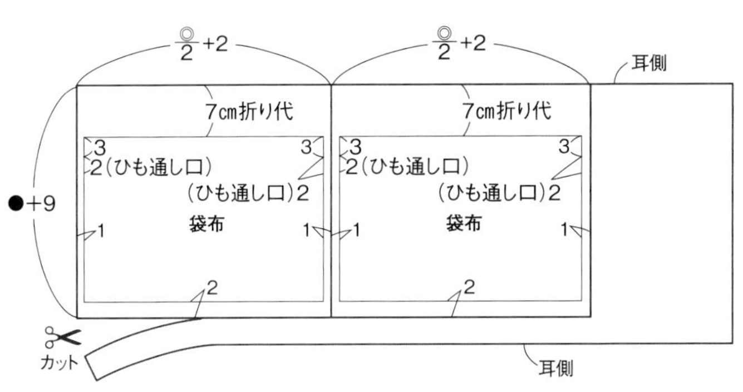

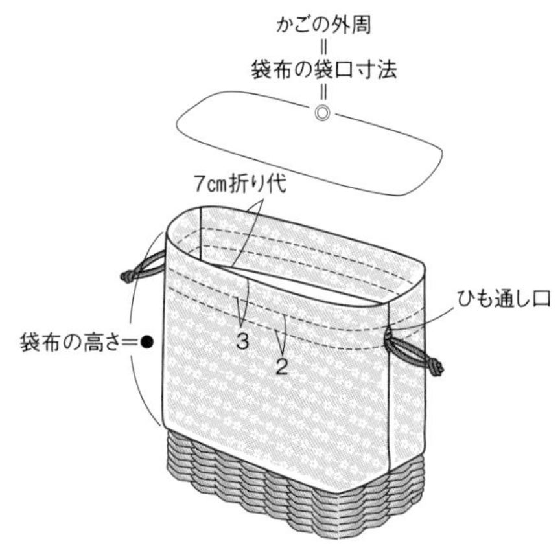

1 両脇を縫う

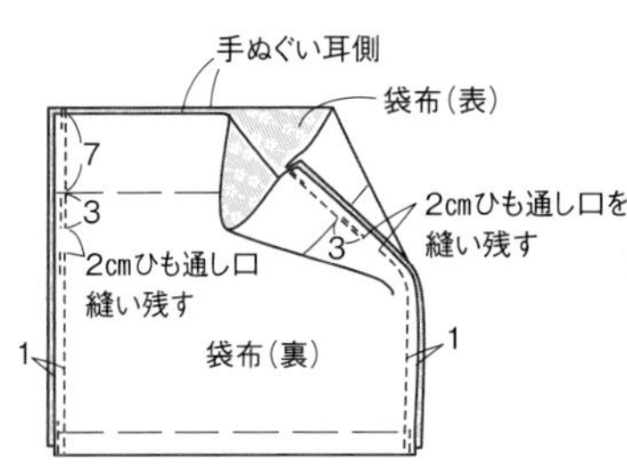

袋布２枚を中表に合わせ、ひも通し口を残して脇を並縫いで縫う。縫い始めと縫い終わりは、二度縫いにする。

2 縫い代を始末する

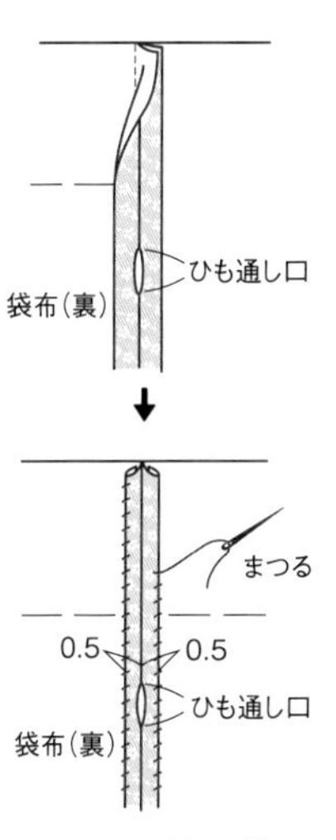

縫い代はアイロンで割り、端を0.5cm折り込んでまつり縫いする。

3 袋口を縫う

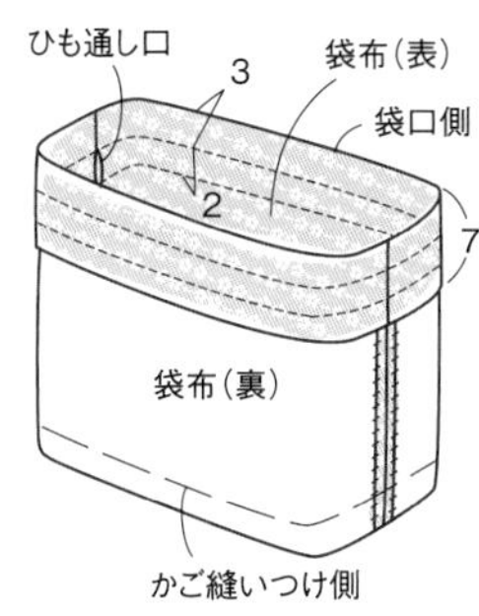

袋口の折り代7cmを折り返し、図のようにぐるりと２本、並縫いで縫う。

4 かごに袋布を縫いつける

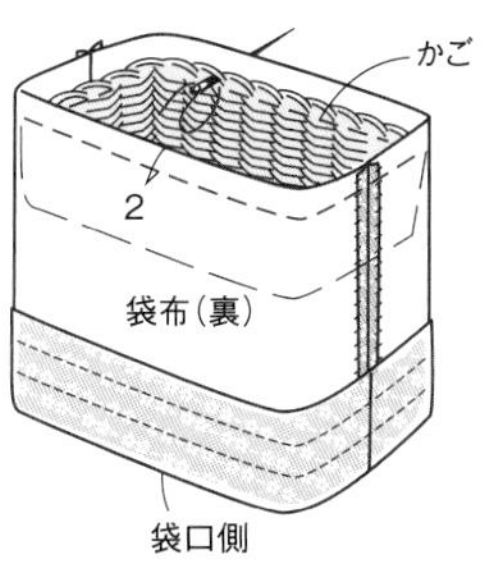

かごと袋布を中表に合わせて、かごの内側から編み目に針を刺し、ところどころ返し縫いをしながら、袋布を縫いつける。

5 ひもを通す

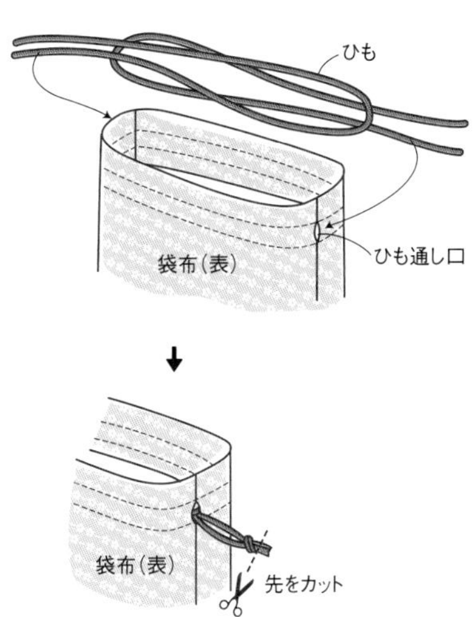

表に返して、左右のひも通し口から１本ずつひもを図のように通し、端をひと結びして、先をカットする。

お出かけに便利な ペットボトルホルダー&ポーチ

どちらもひもを通したきんちゃく型なので、
作り方はかんたん。
ソフトな風合いがやさしいタオルを
利用して作ります。

◉デザイン&制作…青木恵理子

1 アップリケをする

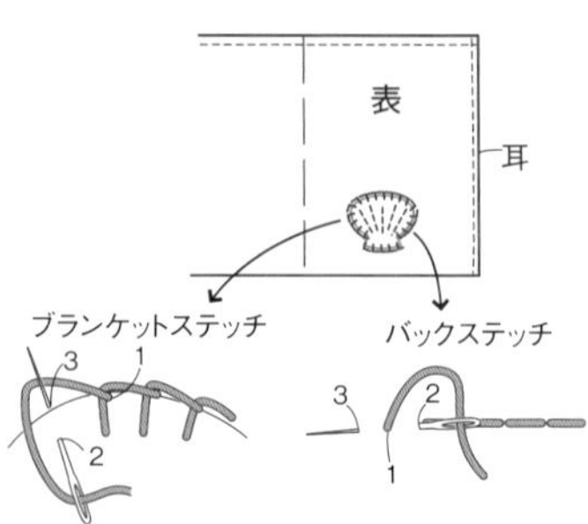

型紙を使ってフェルトから切り抜いたアップリケを25番刺しゅう糸を3本どり(P.47参照)にして、ブランケットステッチでタオルに縫いつける。アップリケの中は、バックステッチで刺しゅうする。

タオルの裁ち方

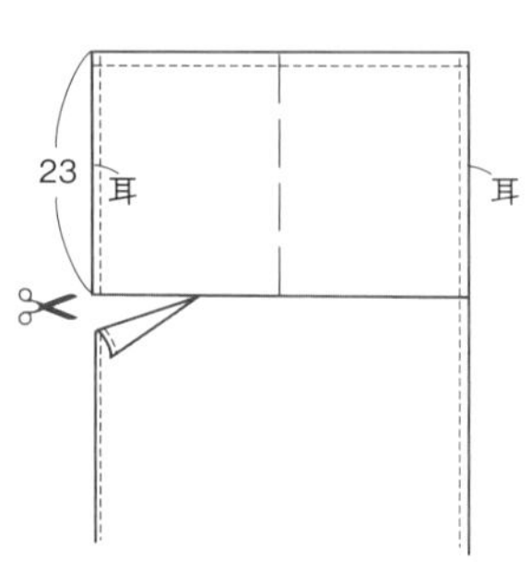

ポーチ

◉用意するもの
フェイスタオル(約34×80cm) 1枚
コットンプリント(ひも用) 4×52cm
フェルト(白) 6×8cm
25番刺しゅう糸 ベージュ
手縫い糸、手縫い針、はさみ、定規、アイロン、チャコペンシル、ひも通し

Point
ひもは両端、上下を1cmずつアイロンで折り、さらに二つ折りにして並縫いをして作ります。でき上がり寸法は幅1cm、長さ50cm。アップリケの刺しゅう糸は、好みの色でも。

ペットボトルホルダー

◉用意するもの
フェイスタオル（約34×80cm）　1枚
綿ロープ（ひも用）　40cm
手縫い糸、手縫い針、はさみ、定規、アイロン、チャコペンシル、ひも通し

Point
縫い目がほつれないように、縫い始めと縫い終わりは二度縫いにします。縫い代は切りっぱなしですが、ほつれが気になるようならジグザグミシン（P.101参照）をかけて。

タオルの裁ち方

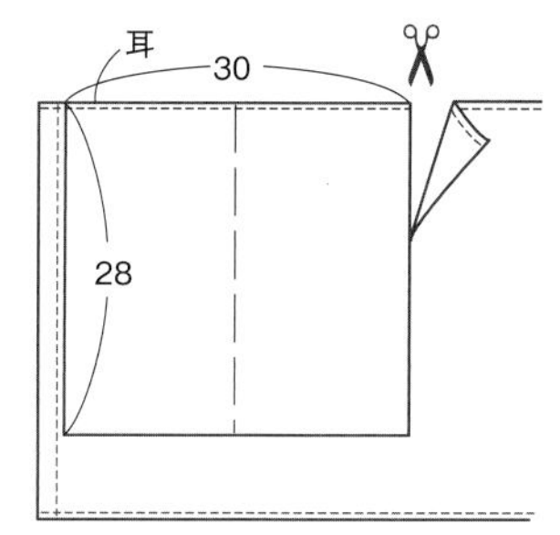

1 脇と底を縫う

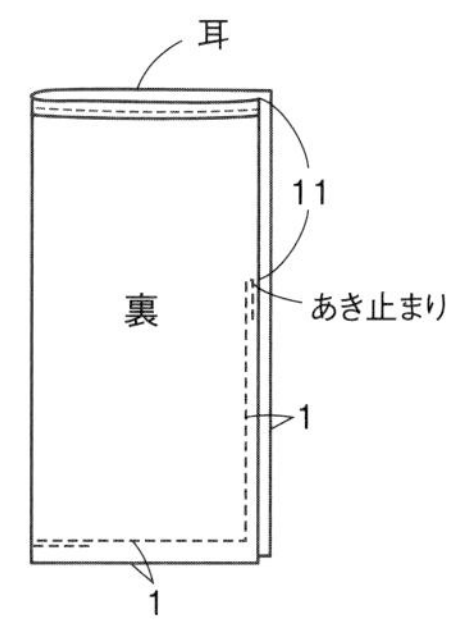

中表に折って、上端から11cm下のあき止まりから脇と底を続けて並縫いで縫う。

2 あきを縫う

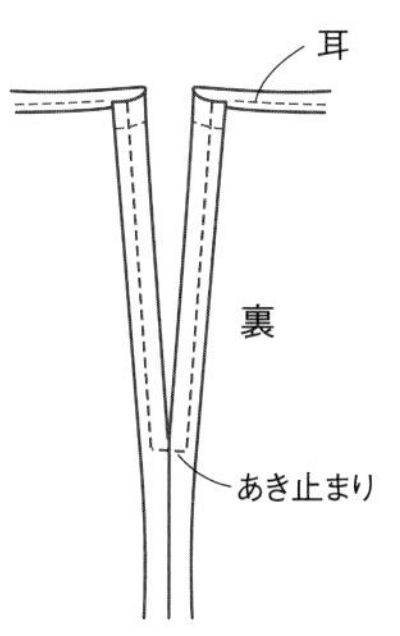

あき部分の縫い代をアイロンで割って、並縫いで縫う。

3 袋口を縫う

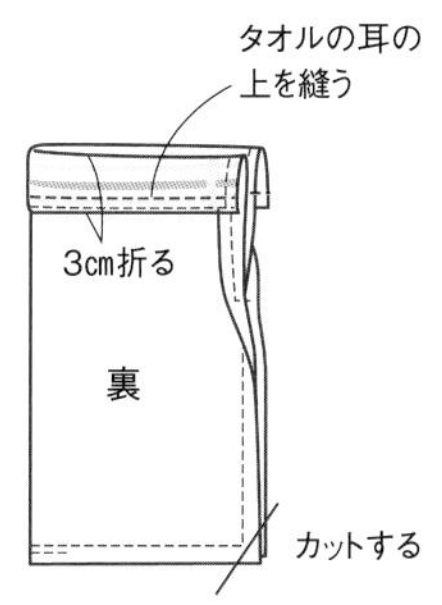

図のように角を1カ所カットし、上端を3cm折って、折り端を並縫いで縫う。

表に返してひもを通せば、でき上がり！

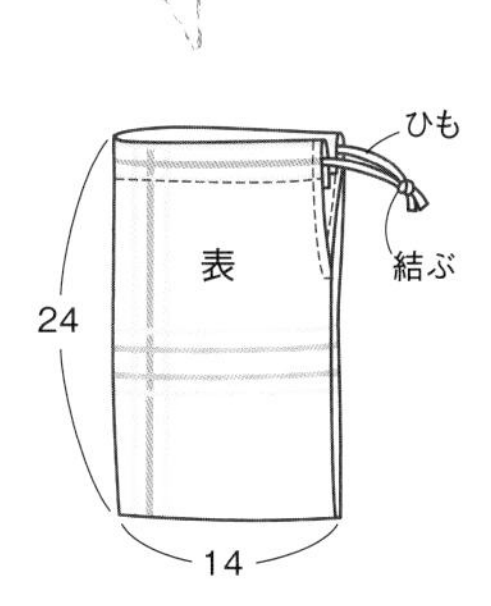

2 袋口を縫う

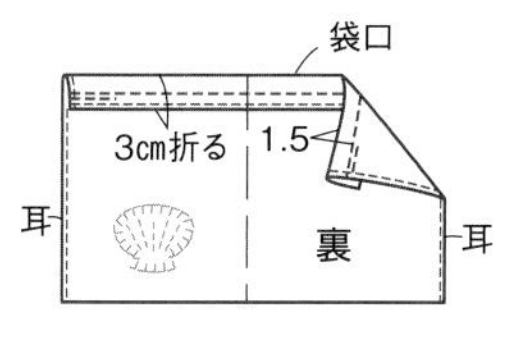

上端を3cm折って、袋口から1.5cmのところを並縫いで縫う。縫い始めと縫い終わりは二度縫いにする（以下同様に）。

3 底を縫う

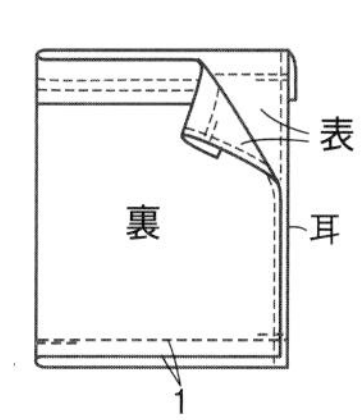

中表に折り、底に縫い代1cmをつけて、並縫いで縫う。

4 脇を縫って、ひもを通す

表に返して、袋口の6cm下から脇を並縫いで縫い、袋口にひもを通す。

型紙

※200％に拡大して使用してください。

キッチンクロスで作る ねずみのサシェ

コロッとした姿に、大きな耳と長いしっぽがキュートなねずみのサシェ。
中にポプリをいっぱい詰め込んで、移り香を楽しみます。
クローゼットやたんすの引出しなどにしのばせて。

◉デザイン&制作…根本きこ

◉用意するもの
キッチンクロス　1枚（サイズは適宜）
ポプリ　適宜
麻ひも（しっぽ用）　17cm
ストッキング　適宜
ボタン（目用）　直径0.7cmを2個
ポンポン（鼻用）　直径1cmを1個
手縫い糸、縫い針、まち針、はさみ、定規、チャコペンシル、木工用ボンド

Point
ポプリは詰めすぎると、返し口をかがりにくくなるので、胴体の八分目くらいを目安に詰めます。顔の表情は目、耳、鼻のつけ位置で変わるので、好みで調整してください。

キッチンクロスの裁ち方

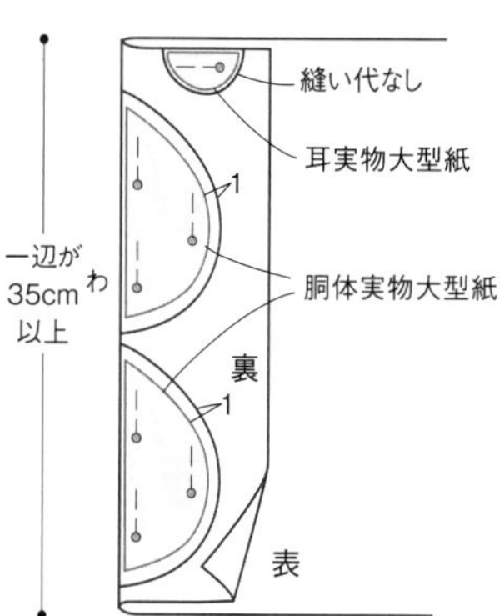

キッチンクロスを中表に折り、実物大型紙の胴体をわ側に、耳をクロスの端にそれぞれ合わせて、まち針で留める。型紙のアウトラインをしるしたら、耳はそのラインを、胴体は周りに1cmの縫い代をつけて重ねて裁つ。

1 胴体を縫う

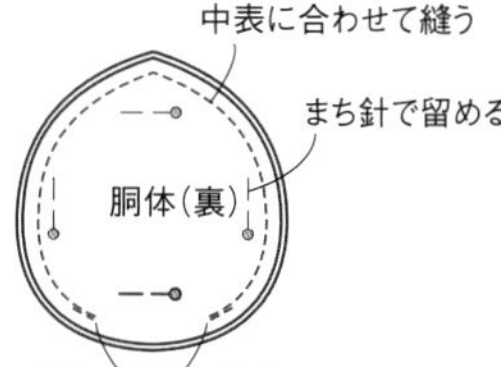

胴体の2枚を中表にしてまち針で留め、返し口を残して縫い合わせる。返し口から表に返す。

2 ポプリを詰める

返し口から中にストッキングを入れ、5cm程度出る長さで切る。ストッキングにポプリを詰める。

3 ストッキングの切り口を結ぶ

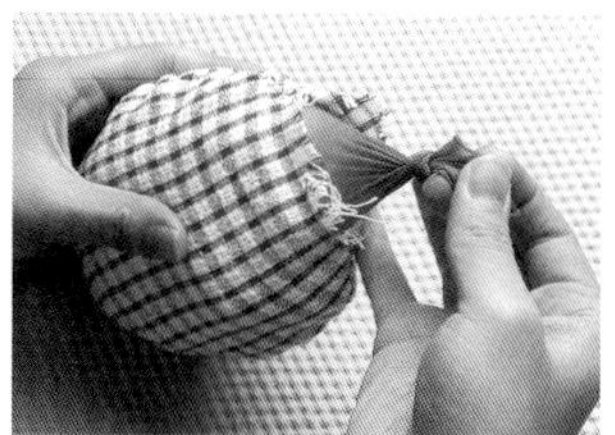

ポプリを八分目くらいまで詰めたら、ストッキングの切り口を結ぶ。結び目は中に入れ込む。

4 返し口をとじながら、しっぽをつける

麻ひもの端を結ぶ。返し口に結んでいないほうを入れて、ギャザーを寄せながら、返し口をとじ、麻ひもを縫い込むようにしてかがっていく。

5 耳を作る

耳の底辺を2回たたんで、糸で縫い留める。はぎれなどを使って、胴体と色や柄の違う耳にしてもキュート。

6 目と耳をつける

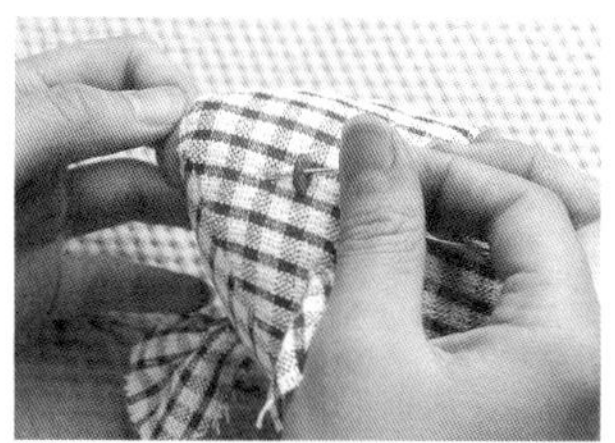

顔のバランスをみながら、目のボタンと耳を縫いつける。

7 鼻をつける

木工用ボンドで鼻用のポンポンをつける。ポンポンは市販の「ポンポンメーカー」を使うと簡単に作れる。

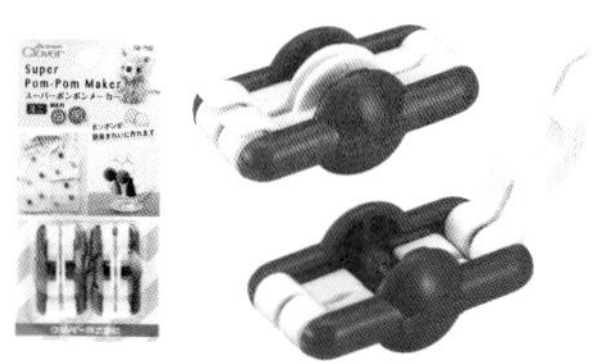

直径約20mm、25mmのミニサイズのポンポンが簡単に作れる。スーパーポンポンメーカー・ミニ／クロバー

50cmのフリースで マフラー・バッグ・リュックサック

たった50cmの布で3つの
アイテムが作れるのも、
フリース素材だから。
端の始末もいりません。

◉デザイン&制作…水崎真奈美

◉用意するもの
フリース素材 150cm幅50cm
ボタンつけ糸（ステッチ用）
手縫い糸、手縫い針、まち針、はさみ、定規、チャコペンシル

Point
50cmの布を各アイテムに切り分ける前に、布の耳はカットしておきます。バッグとリュックサックの実物大型紙には縫い代分が入っているので、布は型紙どおりに裁ちます。

布の裁ち方

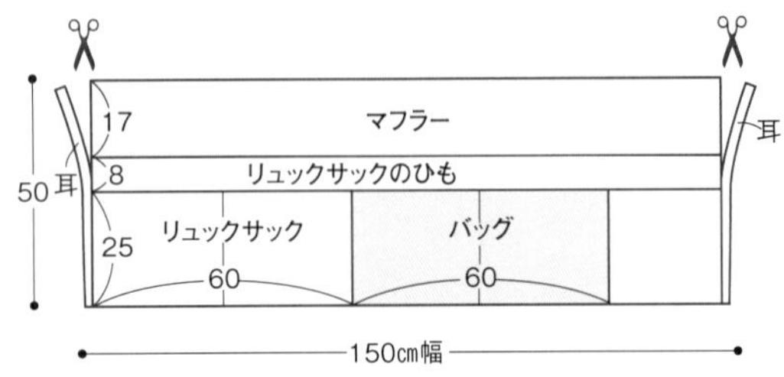

マフラー

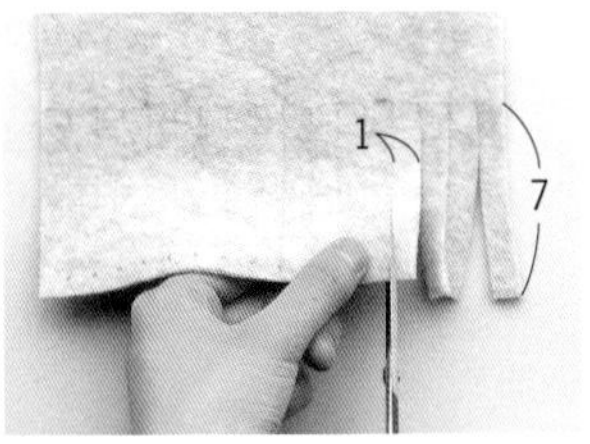

17cm幅の布の両端に切り込みを入れてフリンジを作る。フリンジは7cmの長さで1cm間隔にはさみを入れる。

4 周りを縫う

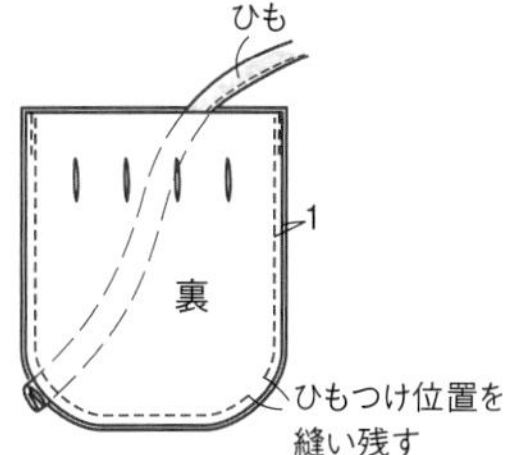

袋布を中表に合わせて、ひもを左側のひもつけ位置の間に挟み、縫い代を1cmつけて外周りを縫う。右側のひもつけ位置は、最後にひもを挟み込むので縫い残す。

5 表に返して、ひもを通す

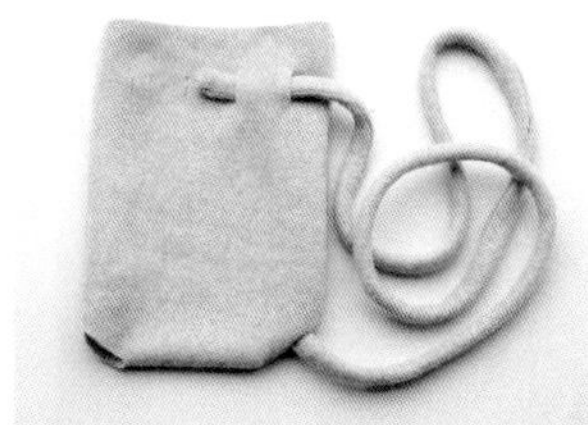

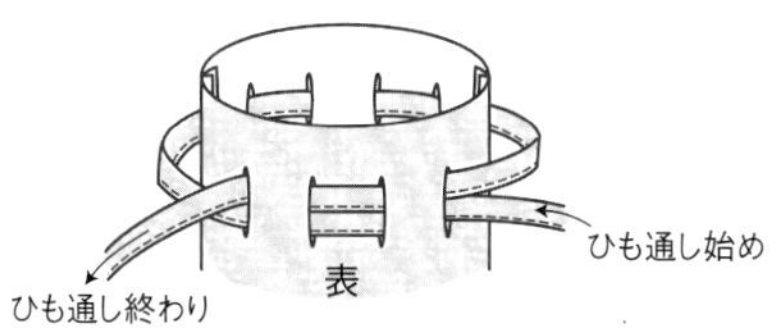

表に返したら、ひもの端をひも通し穴に交互に通して1周させる。

6 ひもを縫いつける

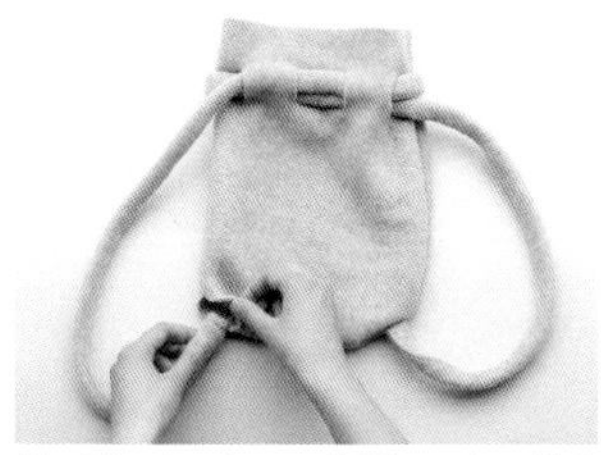

縫い残したひもつけ位置にひもの端を差し込み、袋布を裏返す。縫い残した部分を縫って、ひもを留める。

リュックサック

1 実物大型紙で布を裁つ

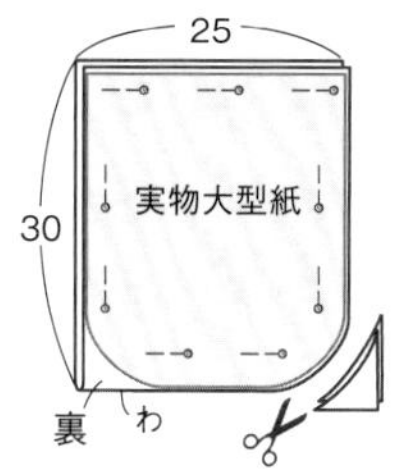

25cm幅の布を中表に折り、バッグと同じ要領で底の丸みのみカットする。

2 ひも通し穴を作る

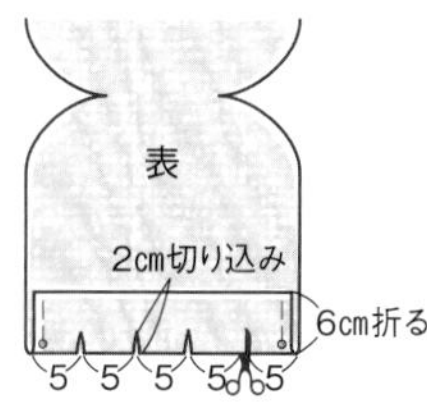

袋口を6cm折ってまち針で留め、わ側に5cm間隔で2cmの切り込みを入れる。もう一方も同様に。

3 ひもを作る

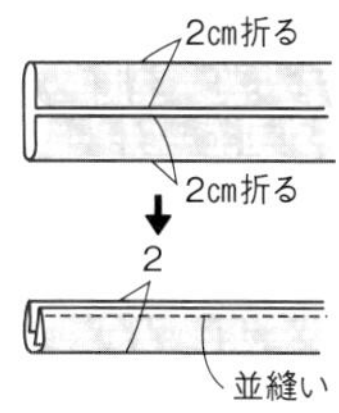

8cm幅のひもの両端を2cm折り、さらに二つ折りにして折り端を並縫いする。

バッグ

1 実物大型紙で布を裁つ

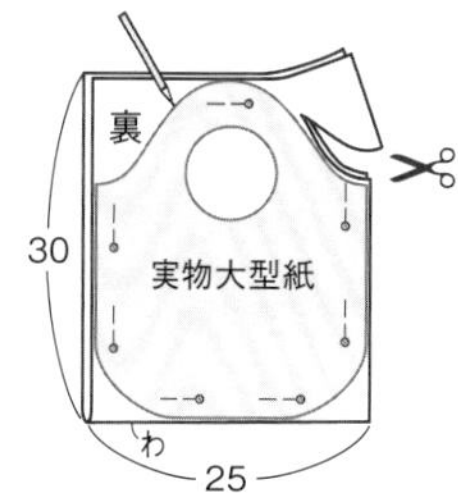

25cm幅の布を中表に折り、型紙をまち針で留めてチャコペンシルで印をつける。次に型紙をはずして、印にそって外周りをカットする。

2 持ち手をくりぬく

持ち手の円形部分を1枚ずつ、ていねいにカットする。

3 周りを縫う

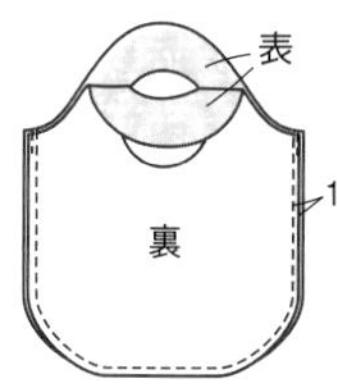

袋布を中表に合わせ、縫い代を1cmつけて外周りを縫う。縫い始めと縫い終わりは二度縫いに。

4 表に返して、ステッチをする

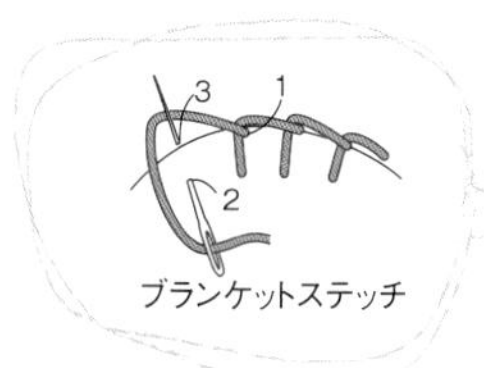

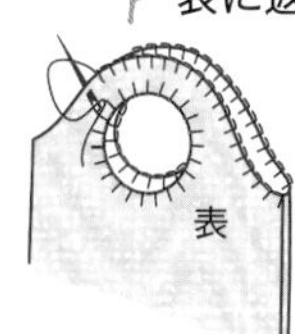

袋布を表に返し、持ち手部分にブランケットステッチをする。写真はボタンつけ糸を使っているが、刺しゅう糸や細い毛糸でもよい。

子どもと一緒に作る
かわいいランチ袋

毎日のランチタイムが楽しくなるようなランチ袋。
袋の作り方さえマスターすれば、子どもの絵や
好きなプリント柄を使ってアレンジは自在。
子どもと一緒に遊び感覚で作ってみましょう。

●デザイン&制作…RARI YOSHIO

基本のランチ袋の作り方

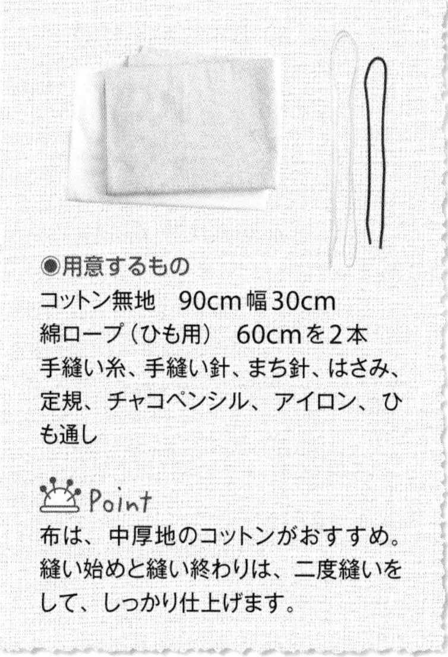

◉用意するもの
コットン無地　90cm幅30cm
綿ロープ（ひも用）　60cmを2本
手縫い糸、手縫い針、まち針、はさみ、定規、チャコペンシル、アイロン、ひも通し

Point
布は、中厚地のコットンがおすすめ。縫い始めと縫い終わりは、二度縫いをして、しっかり仕上げます。

布の裁ち方

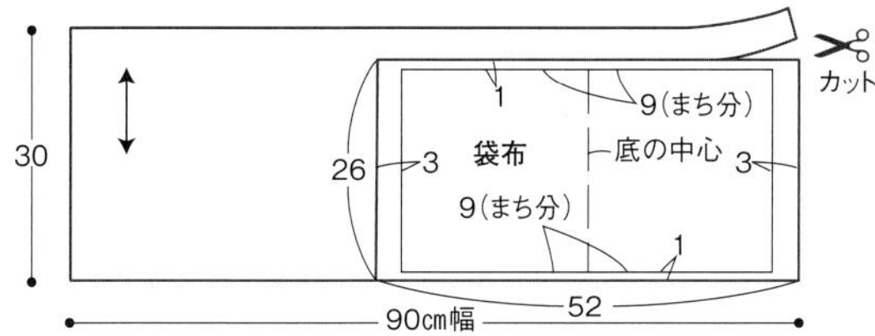

1 両端を縫う

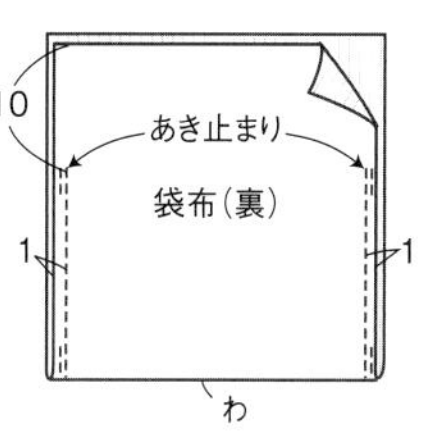

袋布を中表に折り、縫い代を1cmつけて、上端から10cm下のあき止まりから底までを縫う。

2 縫い代を割る

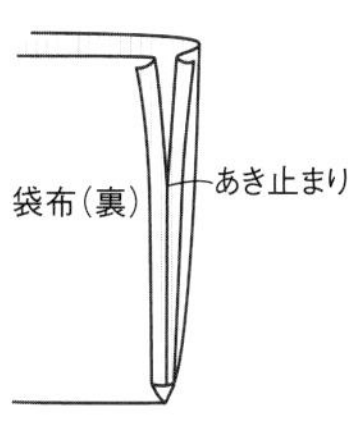

アイロンで両脇の縫い代を割る。

3 まちを作って、表に返す

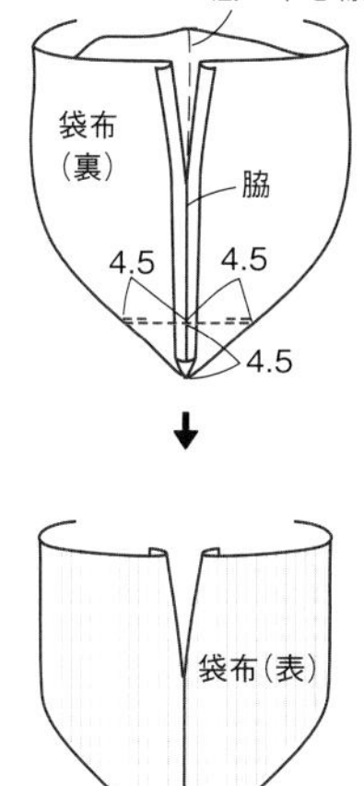

袋の角は脇線と底の中心線がそろうように三角に開き、三角の先から4.5cm奥を9cm縫う。もう一方の角も同じように縫い、表に返す。

4 あきを縫う

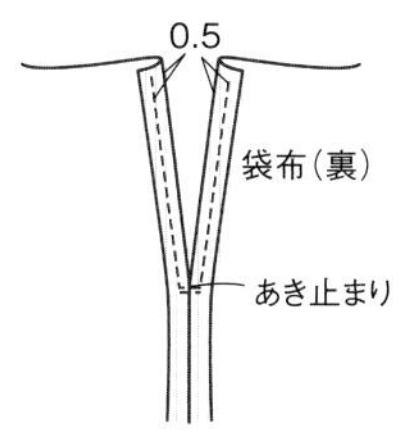

あきの部分は、0.5cm内側を縫っておく。もう一方も同様に。

5 袋口を縫う

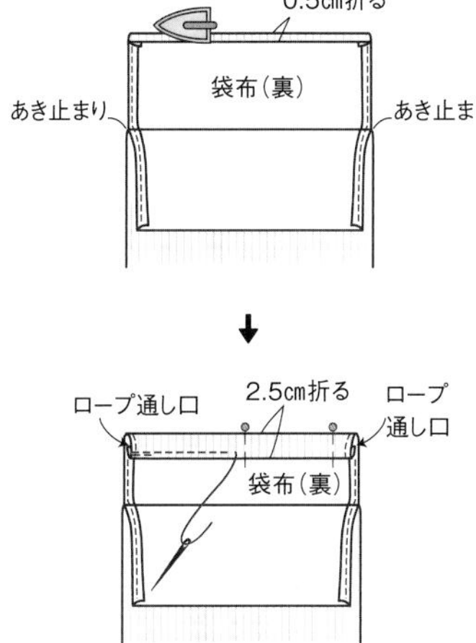

袋布の上端をアイロンで0.5cm折り、さらに2.5cm折ってまち針で留め、折り端を並縫いする。もう一方の袋口も同じように縫う。

6 ロープを通す

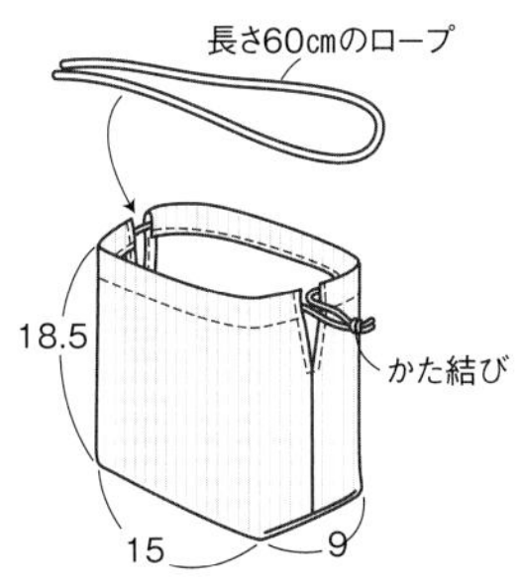

長さ60cmのロープを左右の通し口から1本ずつ通し、それぞれ両側でかた結びをする。

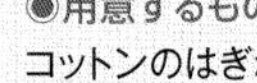

◉用意するもの
コットンのはぎれ　適宜
手縫い糸、手縫い針、まち針、はさみ

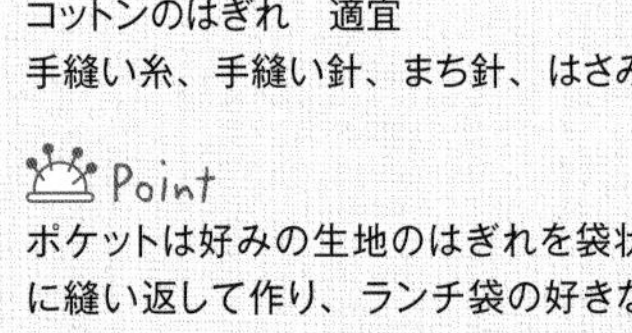

Point
ポケットは好みの生地のはぎれを袋状に縫い返して作り、ランチ袋の好きな位置にまつり縫いでつけます。ポケットのサイズは中身に合わせてお好みで。

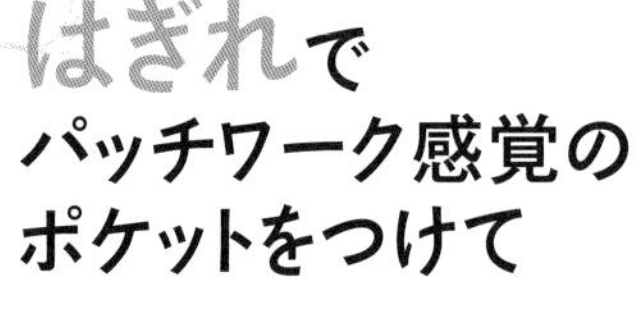

はぎれでパッチワーク感覚のポケットをつけて

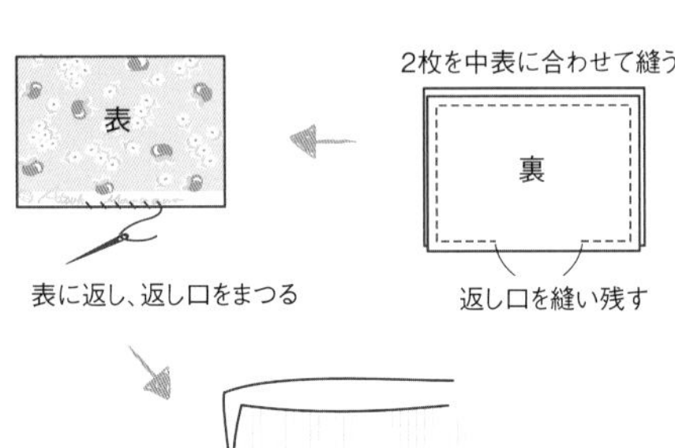

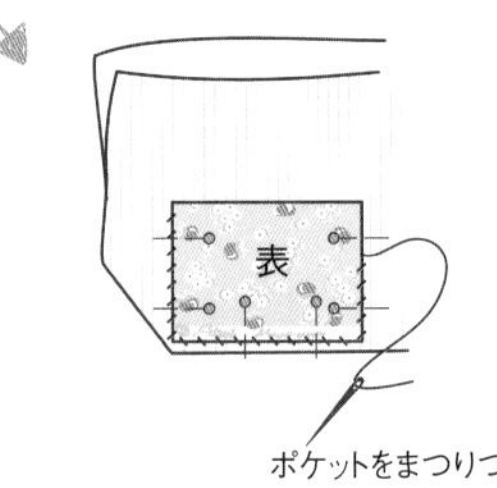

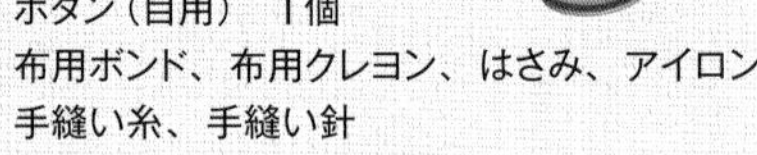

◉用意するもの
フェルト　各色適宜
ボタン（目用）　1個
布用ボンド、布用クレヨン、はさみ、アイロン
手縫い糸、手縫い針

Point
図柄は、絵本などの中からチョイス。少しラフに形取るのがポイントです。フェルトは洗えるタイプを選び、布用ボンドで貼ったあと、アイロンがけをするとよりきれいに仕上がります。

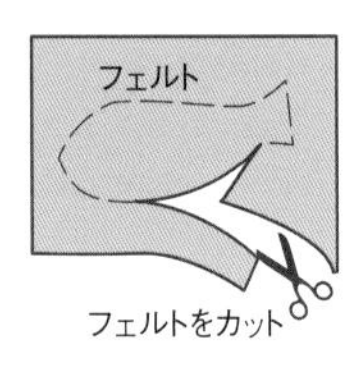

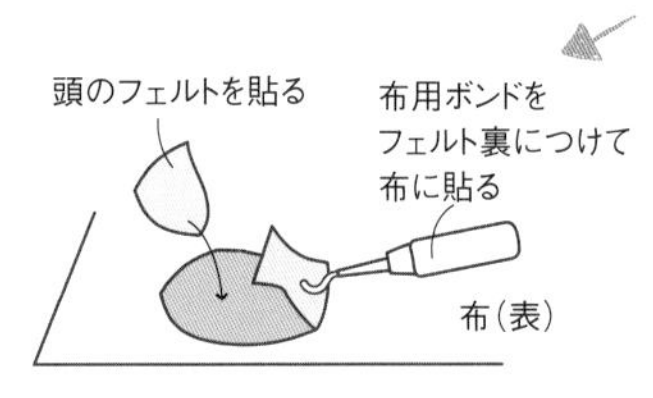

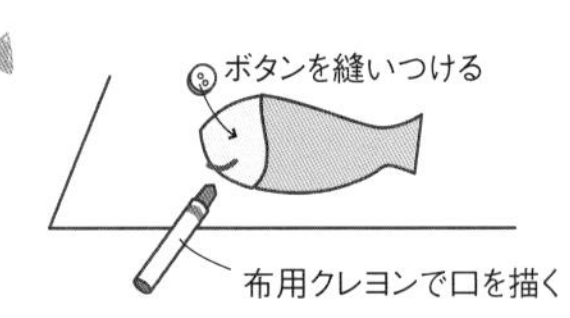

切り取るだけのフェルトで簡単アップリケ

スタンプを押して、マイブランド風に

●用意するもの
既製のスタンプ
布用スタンプパッド
薄紙、アイロン

Point
洗濯による色落ちを防ぐため、スタンプを押して乾いたあとに、アイロンがけをしておきます。

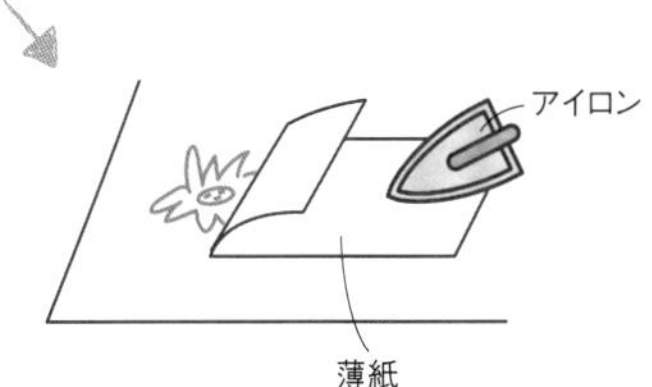

●用意するもの
ウール極太毛糸　各色適宜
25番刺しゅう糸（まつり縫い用）　各色適宜
くるみボタン　2個
布用クレヨン、布用ボンド、刺しゅう針、はさみ

Point
クレヨンで絵を描き、その上に布用ボンドをつけます。動物の顔と耳に使うウール極太毛糸は、少しよりをほぐしてふんわりさせてから、貼りつけて。目の位置にはくるみボタンを縫いつけて。

子どもの絵をベースにして

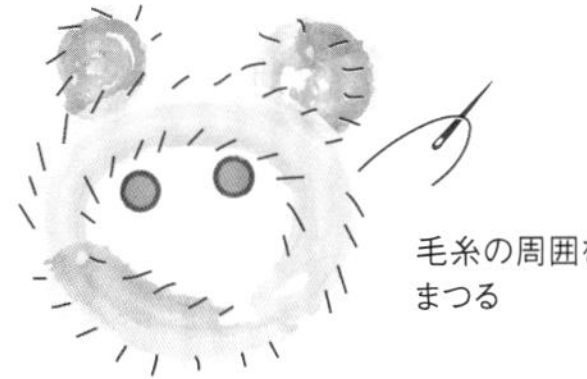

コンパクトに収納できる
エコバッグ

気軽に作れて、丈夫なのがうれしいエコバッグ。
まちつきなので、たっぷり入ります。
小さくたたんで、サイドのひもで結んでおけば、
外出用のバッグの中でも邪魔になりません。

●デザイン&制作…成田共絵

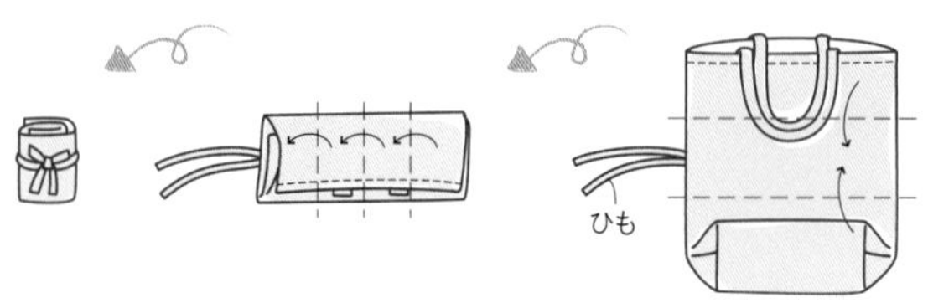

布の裁ち方

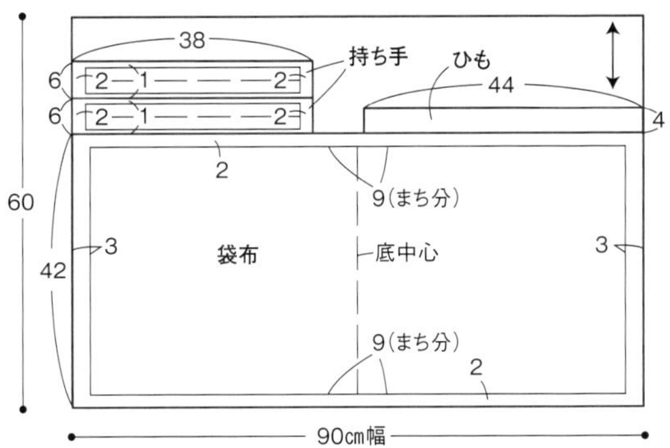

◉用意するもの
コットン無地　90cm幅60cm
接着芯(袋口、持ち手、ひも用)
45×10cm
手縫い糸、手縫い針、まち針、はさみ、定規、チャコペンシル、アイロン、薄紙

Point
袋口や持ち手など、しっかり仕上げたいところには接着芯を貼ります。脇の縫い代は、ほつれないように縫い代幅に差をつけて、広いほうで狭いほうの縫い代をくるむ方法(折り伏せ縫い)で、丈夫に仕上げます。作り方中では、わかりやすい色の糸を使っていますが、実際に作る場合は布の色に合った糸を使ってください。

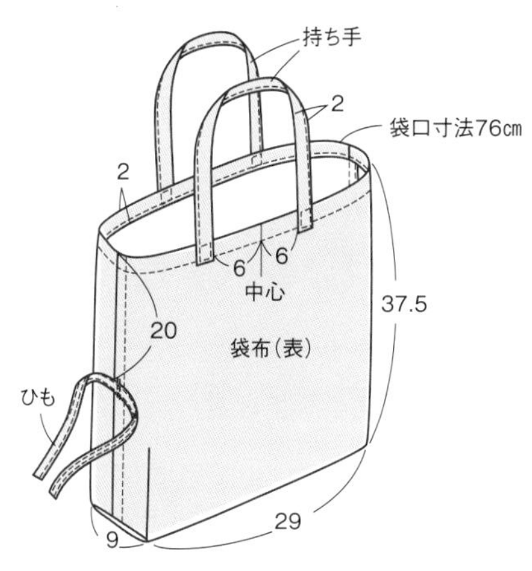

1 持ち手を作る

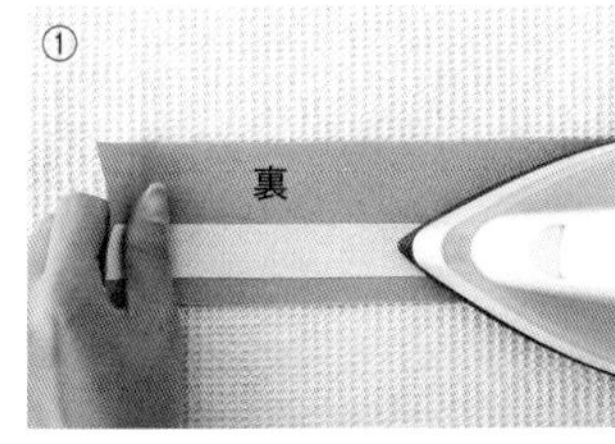

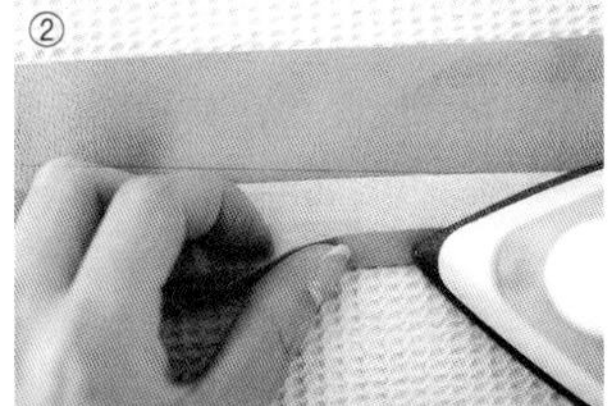

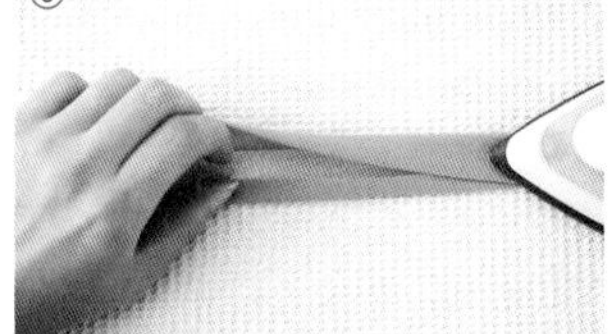

①持ち手用の布の裏側の中心の線に、38×2cmに切った接着芯の1辺を合わせ、アイロンでしっかりと貼る。
②持ち手用の布の上下の端各1cmを、接着芯側に折り、アイロンでしっかりと折り目をつける。
③中心の線で二つに折り、アイロンでしっかりと折り目をつける。わになっていないほうの端を並縫いで縫う。もうひとつの持ち手も同様に作る。

2 ひもを作る

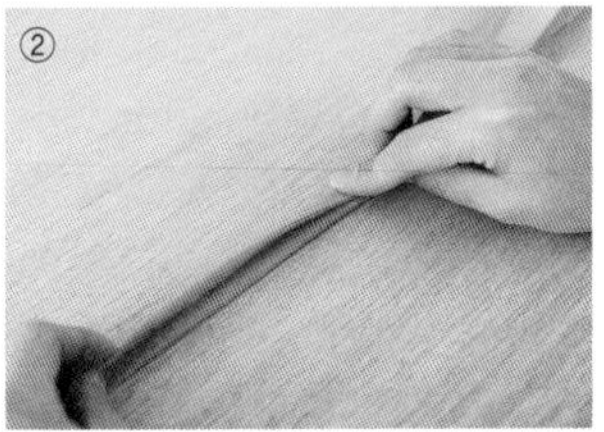

①ひも用の布の裏側の中央に42×2cmに切った接着芯をのせ、アイロンでしっかりと貼る。
②ひもの左右の端を内側に折り込んでから、接着芯の上下の布を折り、さらに二つに折ってアイロンをかけ、端をぐるりと並縫いで縫う。

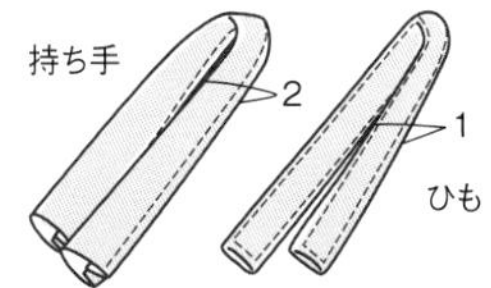

持ち手の左右の端は、後で本体に折り込んで縫いつけるので、この段階では処理しない。ひもはこのまま使うので、左右の端を内側に折り込んで作る。

3 袋を作る

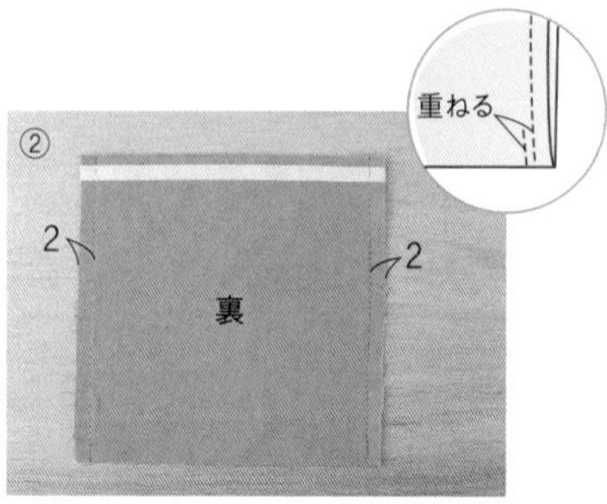

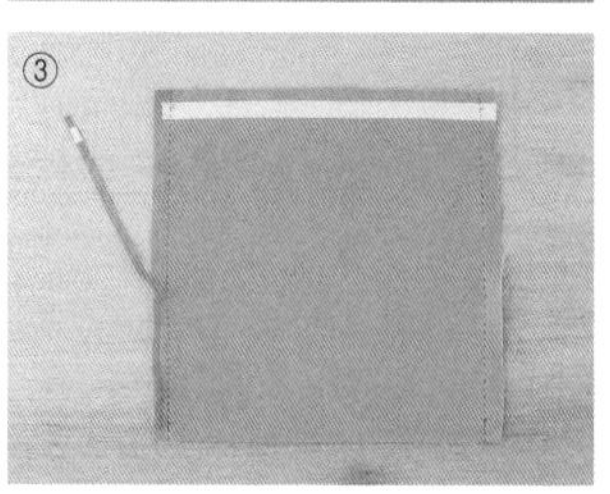

①袋布の裏側の左右の端から1cmのところに、42×2cmに切った接着芯をアイロンでしっかりと貼る。
②布を中表に合わせて向きを写真のように変え、脇から2cmのところを並縫いで縫う。縫い始めと縫い終わりは、二度縫いにする。
③左右の縫い代の各1枚を、下の図のように半分の幅に切る。

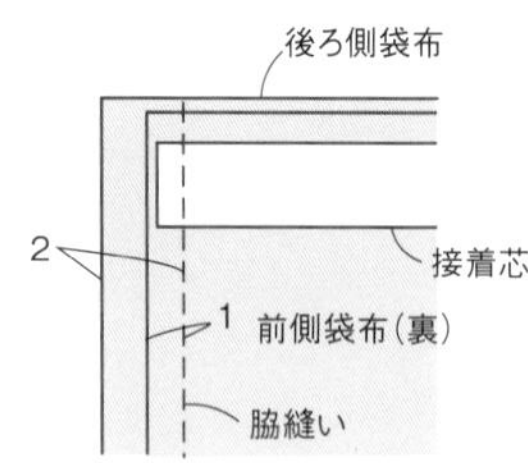

4 縫い代を始末する

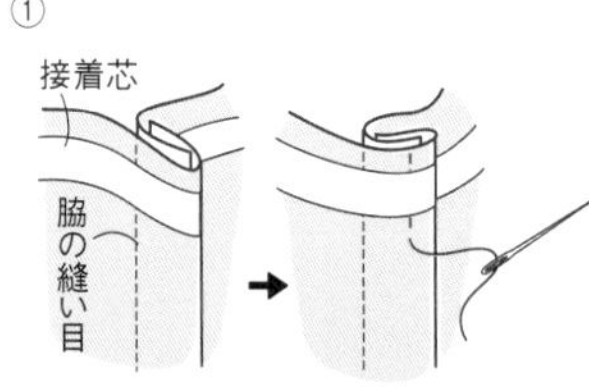

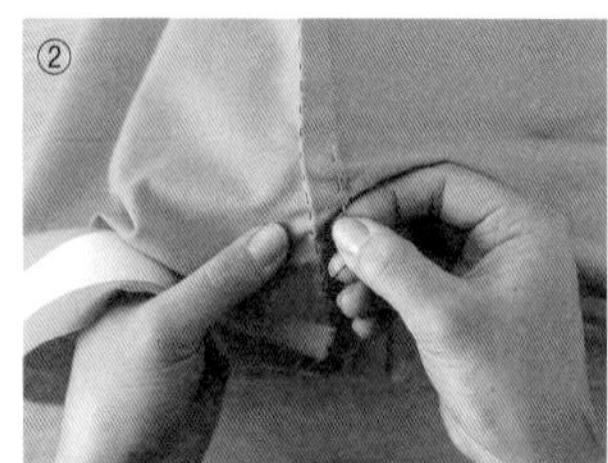

①半分に切った縫い代を、切り残したほうの縫い代でくるみ、片側にたおす。
②片側にたおした縫い代を、袋布と一緒に並縫いで縫って、押さえる。

5 まちを作る

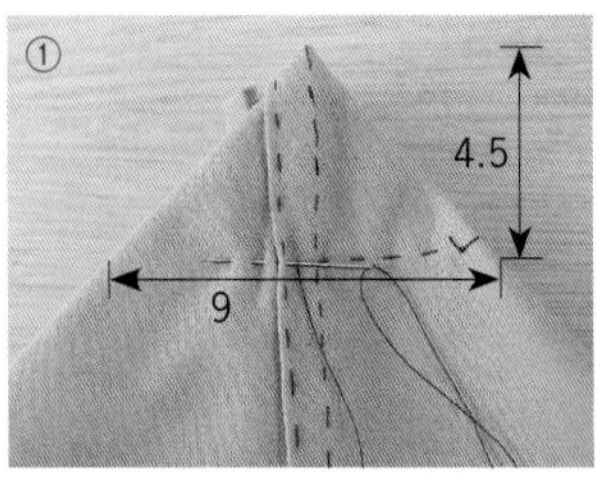

①袋の角を三角に開き、まちの位置を並縫いで縫う。
②もう一方の角も同様にして、まちを作る。

接着芯

接着芯は大きく分けて、不織布タイプと布地タイプのものがあります。不織布タイプは、縦・横の布目に関係なく使えるので、ビギナーにおすすめ。厚さは薄手のものが扱いやすいでしょう。

接着芯ののりがついている面を布の裏にのせ、薄紙（のりがしみ出てアイロン面につかないように）を重ねてドライアイロンで押さえます。接着芯がずれないように、一カ所ずつ押しつけるように貼るのがコツ。熱が冷めるまで、動かさないようにします。
＊作り方の写真は、わかりやすいように薄紙をはずしています。

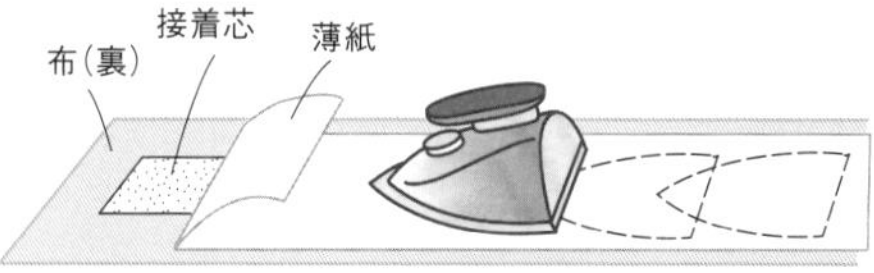

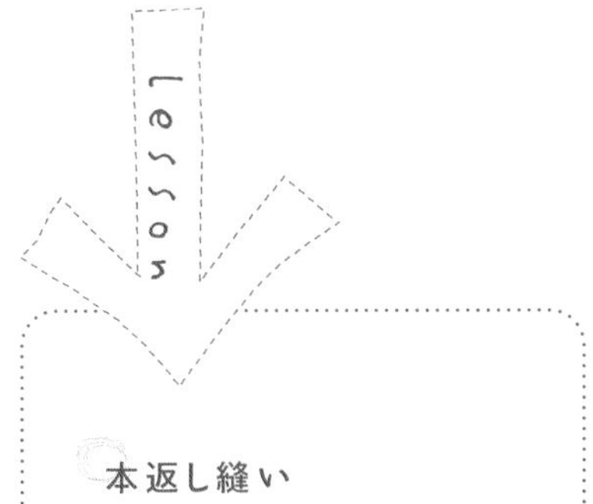

本返し縫い

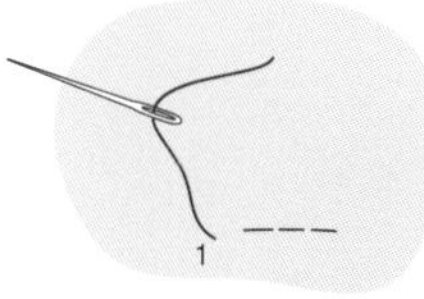

① 始めの縫い目は並縫いと同様に。ひと目縫って、次の縫い目に針を出す。

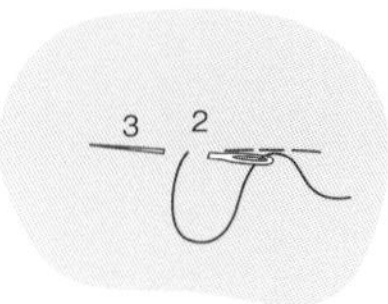

② 最初の縫い目のすぐ隣に戻って、ひと目縫う。

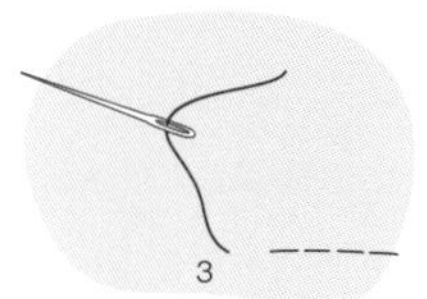

③ ①と②を繰り返す。

二度縫い

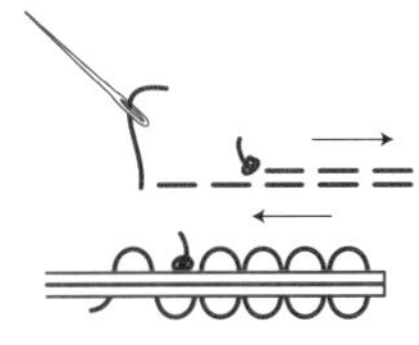

6 袋口を縫う

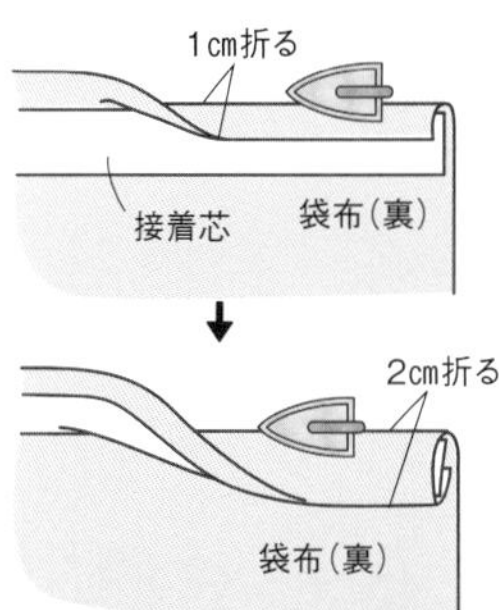

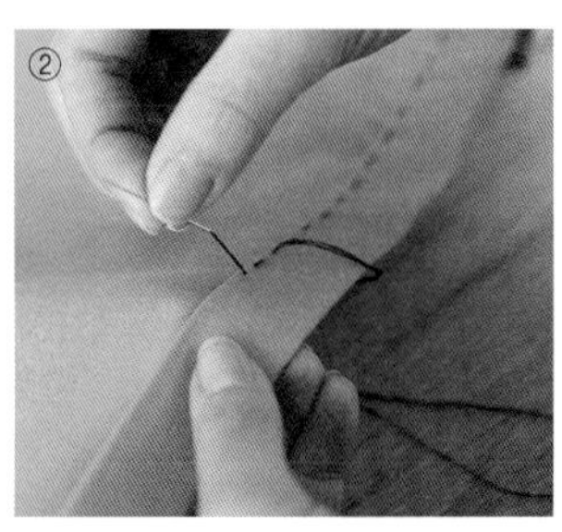

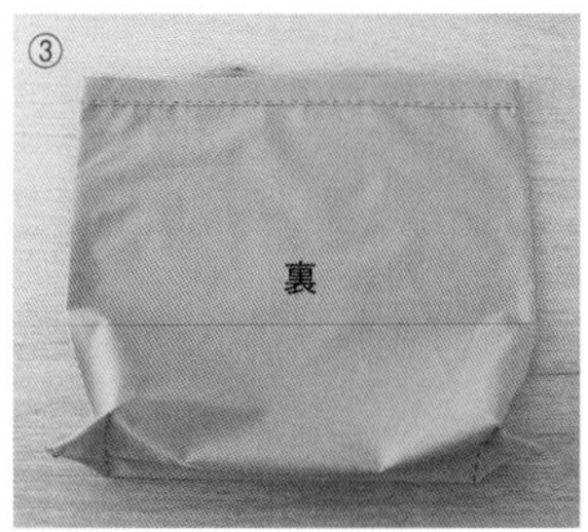

①袋口の接着芯の上側の布を1cm折り、さらに接着芯の幅ごと、アイロンをかけて折る。
②袋口をぐるりと並縫いで縫う。折り目の端のところはていねいに。
③これで袋ができた状態。縫い目などが内側になるように、袋を表に返す。

7 持ち手をつける

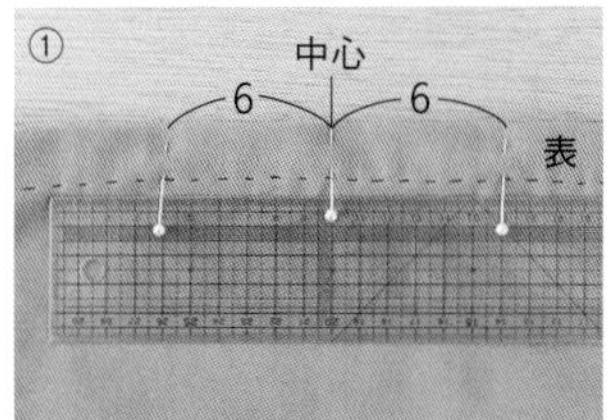

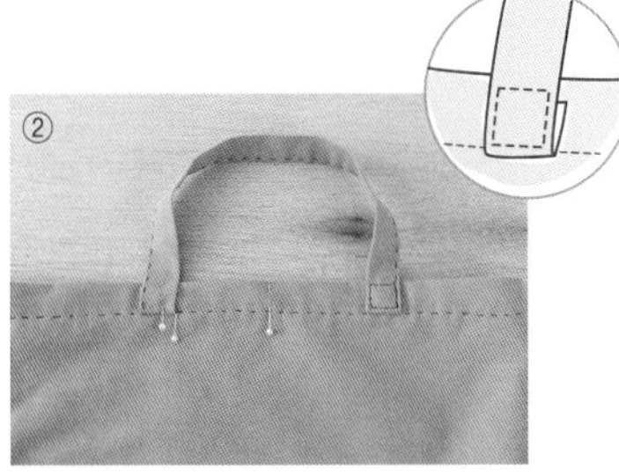

①袋口の中心にまち針をうつ。さらに、中心から左右6cmのところに、それぞれまち針をうつ。
②①の左右のまち針に持ち手の内側を合わせ、袋口の縫い目にまち針で留める。持ち手の端は2cm内側に折り込み、本返し縫い（左参照）で四角く縫いつける。

8 ひもをつける

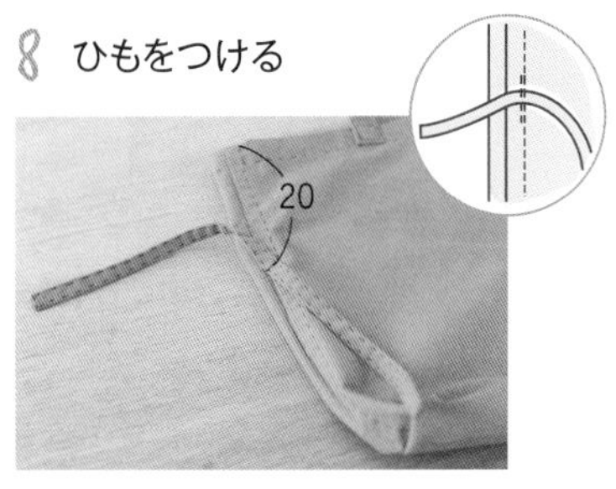

サイドのひもは、袋口から20cm下の脇位置に、本返し縫いでしっかりと縫いつける。

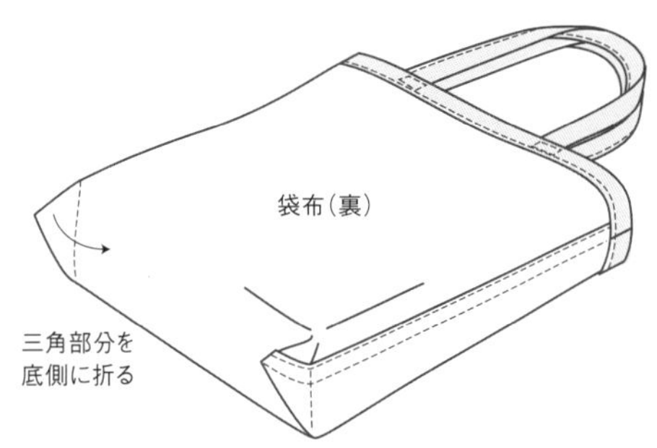

2枚仕立ての
おしゃれポーチ

いくつあっても便利なポーチは、袋口にひもを通した、
使い勝手のいいきんちゃく型。
大きいほうは旅行のときのタオルや下着入れに、
小さいほうはバッグの中の小物の整理に
ちょうどいいサイズです。
お気に入りの布を組み合わせて。

●デザイン&制作…成田共絵

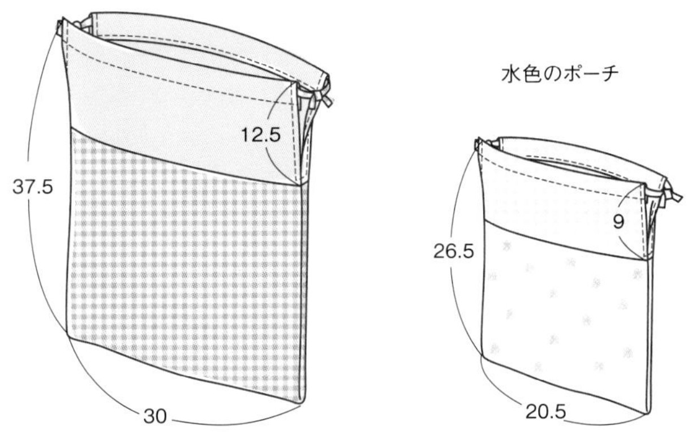

◉用意するもの

【水色のポーチ】
コットンギンガムチェック（口布用）
110cm幅20cm
オーガンジー（袋布用）　90cm幅30cm
接着芯（ひも用）　46×4cm
25番刺しゅう糸（ブルー）
手縫い糸、手縫い針、まち針、はさみ、定規、刺しゅう針、ひも通し、チャコペンシル、アイロン

【紫色のポーチ】
オーガンジー（口布用）　90cm幅50cm
コットンギンガムチェック（袋布用）
110cm幅50cm
接着芯（ひも用）　65×4cm
手縫い糸、手縫い針、まち針、はさみ、定規、ひも通し、チャコペンシル、アイロン

Point
大きさは2種類ですが、縫い方はどちらも同じ。袋布は同じ布を2枚合わせてしっかり作ります。口布は計4枚用意し、袋布の口布つけ側をそれぞれ2枚ずつの口布で挟むように縫います。

布の裁ち方

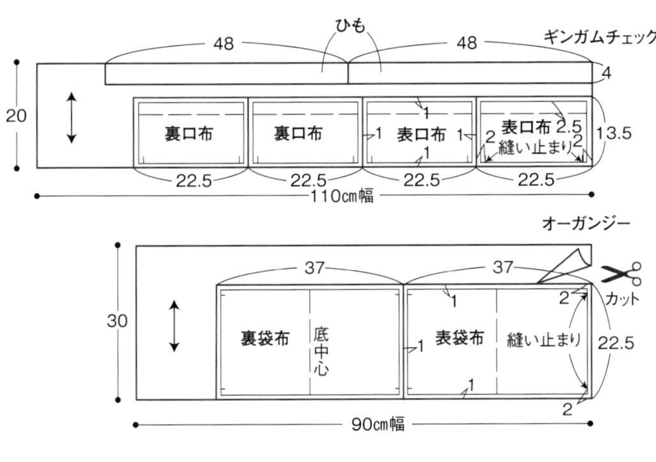

水色のポーチ
ギンガムチェックの布では、口布を同じ大きさで4枚とひも布2本を裁つ。オーガンジーの布では袋布を2枚裁つ。

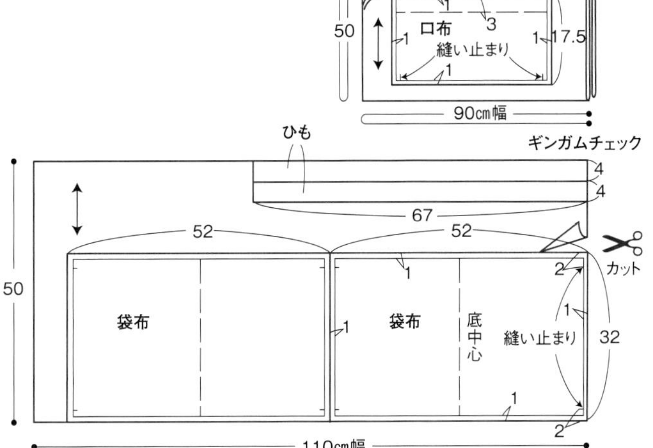

紫色のポーチ
オーガンジーは布を四つにたたんで、同じ大きさの口布を4枚同時に裁つ。ギンガムチェックの布では袋布2枚と、ひも布2枚をそれぞれ裁つ。

3 口布を縫いつける

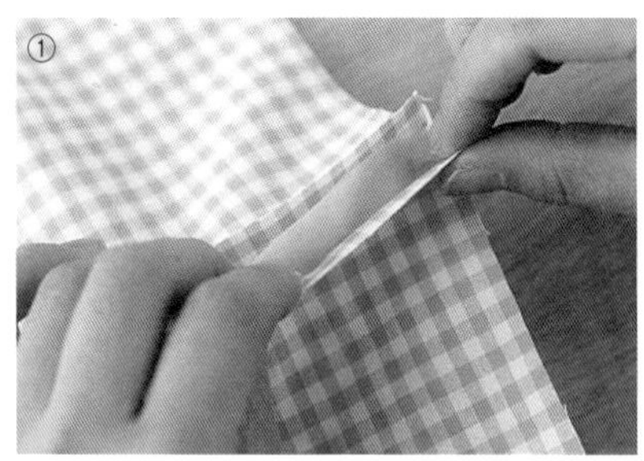

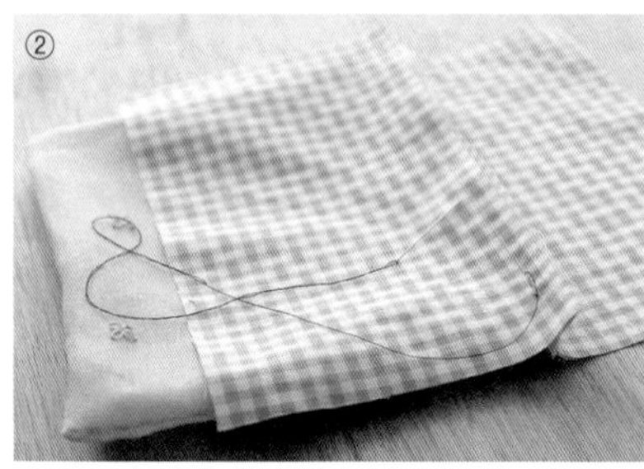

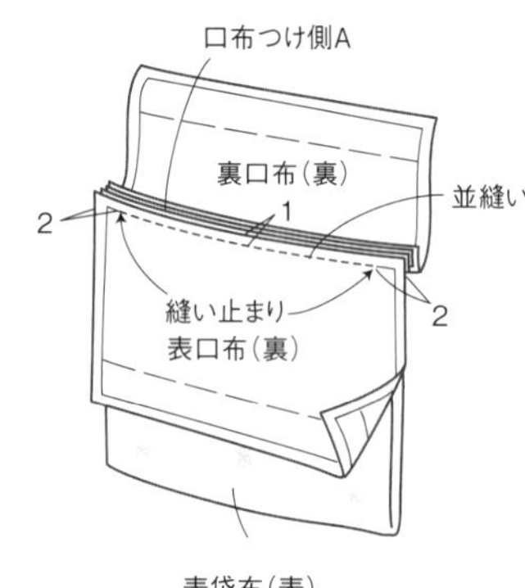

1 刺しゅうをする（水色のポーチの場合）

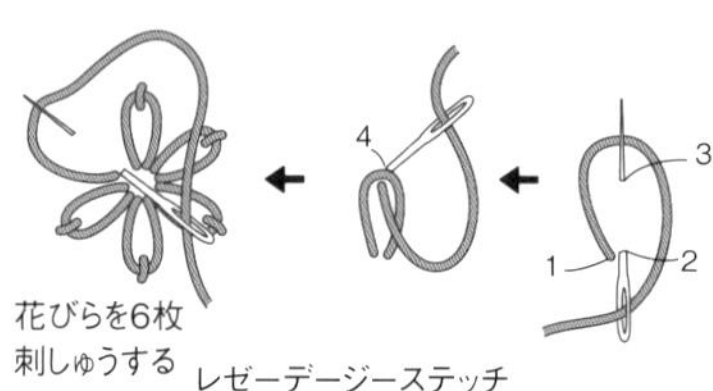

2枚の袋布のうち1枚（表袋布）に、25番刺しゅう糸3本どり（P.47参照）で花の刺しゅうをする。数や位置は好みで。オーガンジーは透ける布なので、無駄な糸端が透けないように刺しゅうの終わりは糸端を短くカットするか、裏糸に絡めて始末する。

2 袋布を縫う

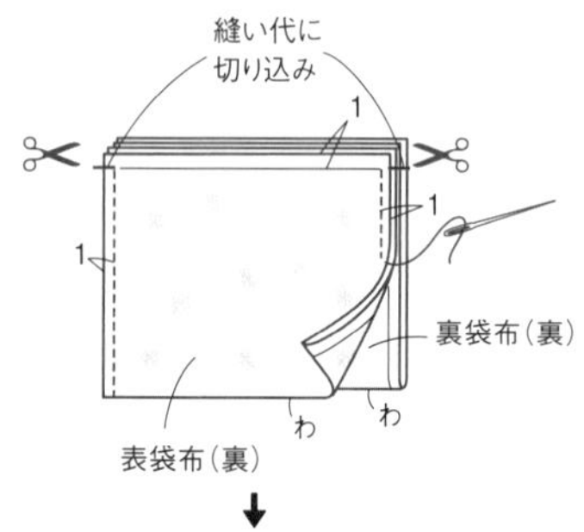

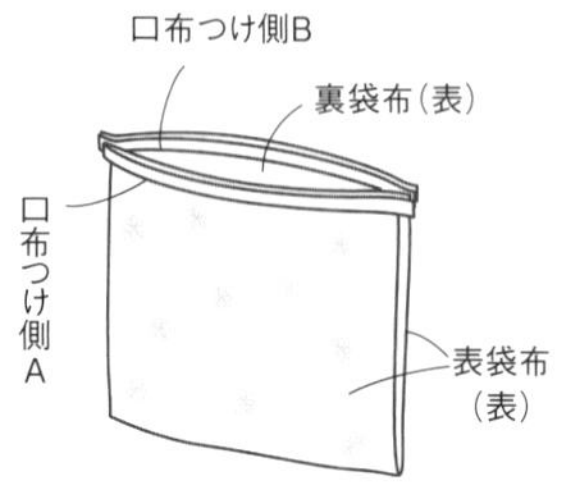

2枚の袋布は1枚ずつ中表に合わせてから重ね、脇から1cmのところを上端から1cmの縫い止まりの位置まで4枚一緒に並縫いで縫う。次に図の位置の縫い代に切り込みを入れ、刺しゅうした表袋布が表になるように返す。

4 袋口を縫う

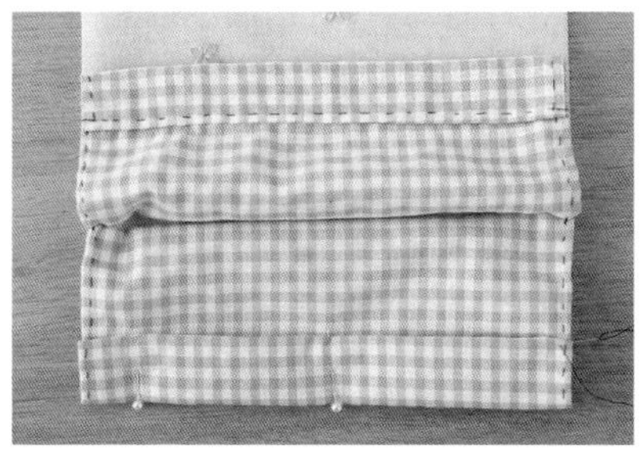

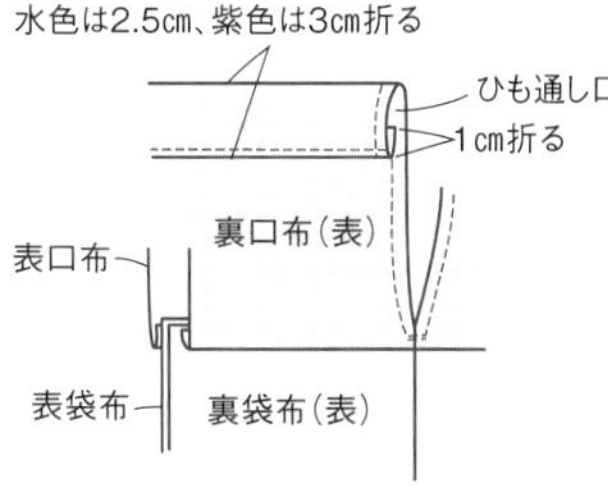

袋口は表口布、裏口布を2枚一緒に1cmアイロンで折り、さらに水色のポーチは2.5cm、紫色のポーチは3cm折って折り端を並縫いで縫う。

5 ひもを作る

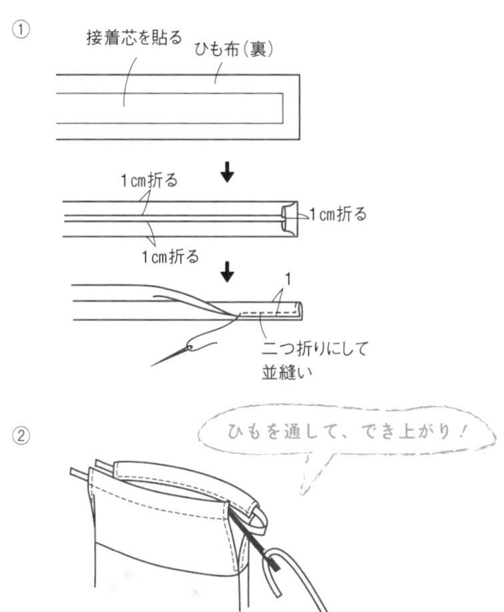

①水色のポーチは46×2cm、紫色のポーチは65×2cmに切った接着芯をひも布の裏の中心に貼る。上下と左右を1cmずつ内側に折り、さらに二つ折りにしてから、端をぐるりと並縫いで縫う。
②左右のひも通し口から1本ずつひもを通し、ひも端は結んでおく。

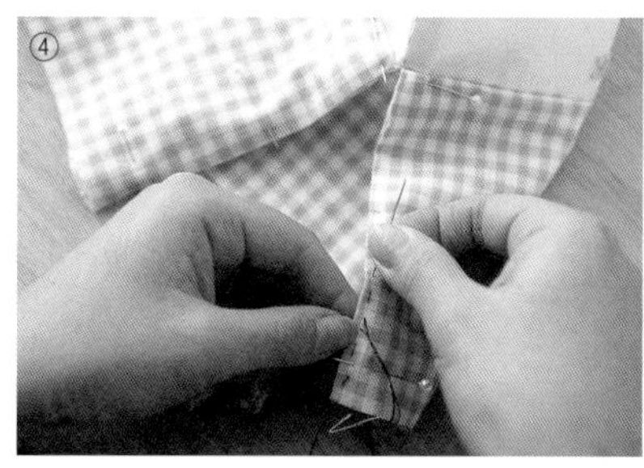

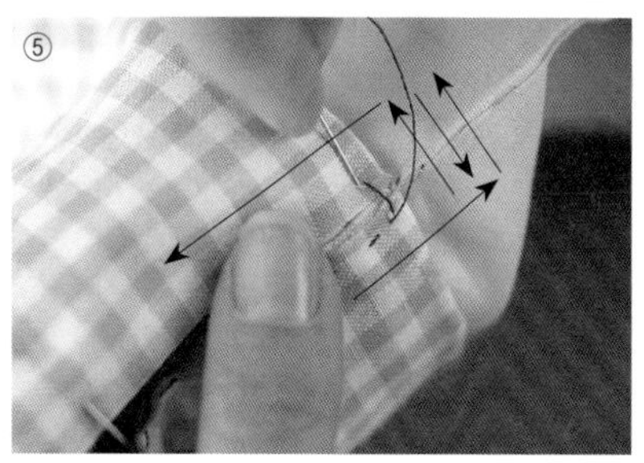

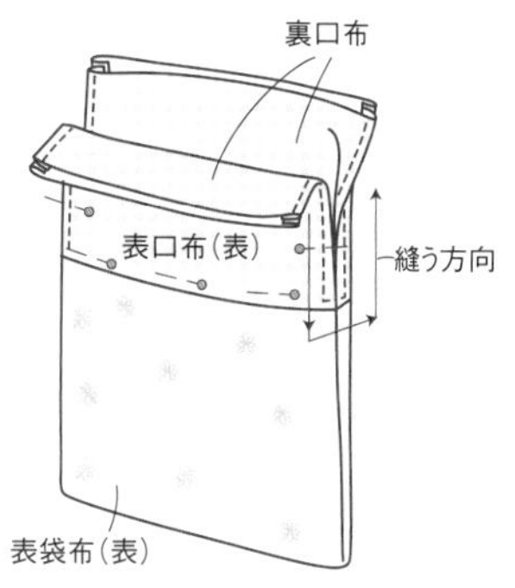

①袋布の口布つけ側Aの2枚を中心に、表口布と裏口布を中表に合わせて挟む。
②表口布、袋布の口布つけ側Aの2枚、裏口布の4枚一緒に、上端から1cmのところを縫い止まりから縫い止まりまで、並縫いで縫う。袋布の口布つけ側Bも同様にする。
③表口布、裏口布とも、脇をそれぞれ1cm内側に折り込み、アイロンでしっかり折り目をつける。もう一方も同様にする。
④表口布と裏口布を外表に合わせてまち針で留め、袋口側から並縫いで縫い合わせる。もう一方も同様にする。
⑤口布の脇どうしは、写真のように2～3回折り返して縫い、再び袋口に向かって並縫いで縫う。もう片方も同様にする。

オリジナルアップリケがポイントの
ズック袋

毎日使う子どものズック袋は、2枚の布で丈夫に作ります。
ワンポイントのアップリケは子どもの好きなものをモチーフにしてあげて。

●デザイン&制作…成田共絵

布の裁ち方

表布

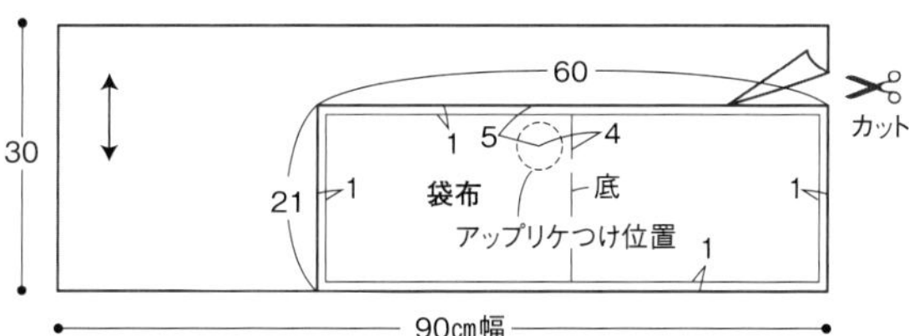

裏布

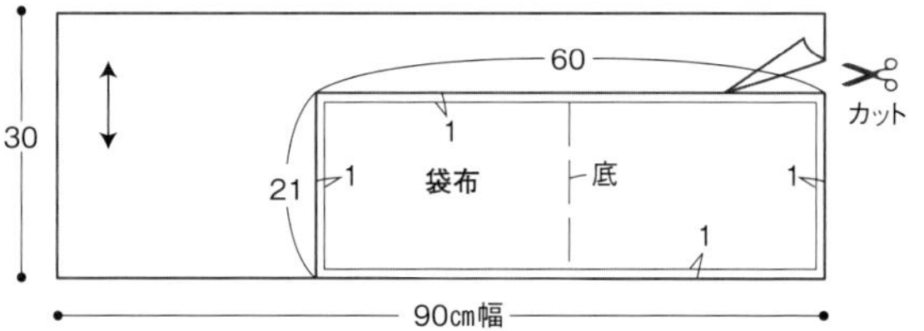

◉用意するもの
コットン無地（表布用） 90cm幅30cm
コットンプリント（裏布用） 90cm幅30cm
テープ（持ち手用） 2.5cm幅を72cm
フェルト 各色適宜
手縫い糸、手縫い針、まち針、はさみ、定規、25番刺しゅう糸、刺しゅう針、布用ボンド、チャコペンシル、アイロン、ライター

Point
このズック袋は、22cm程度のズックが入るよう、大きめに作られています。子どもの靴のサイズで大きさを調整してください。袋は表布、裏布とも同じ寸法で裁ちます。それぞれ袋に作り、袋口で縫い合わせて2枚仕立てにします。持ち手用のテープはポリプロピレン製を使っていますが、アクリル製でもOKです（P.53参照）。

1 アップリケをつける

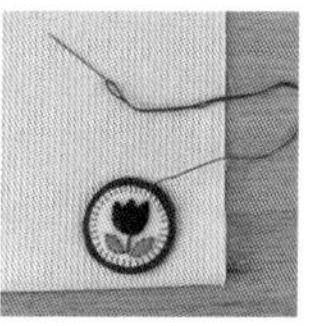

①直径4.5cmに丸く切ったフェルトに、花や葉の形に切ったフェルトを布用ボンドで貼る。

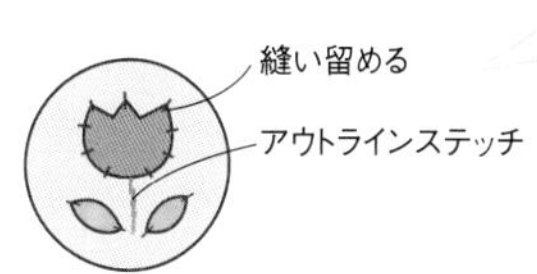

②花と葉は、刺しゅう糸でところどころ縫い留める。茎はアウトラインステッチで作る。

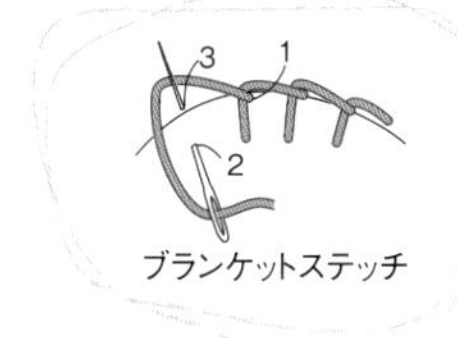

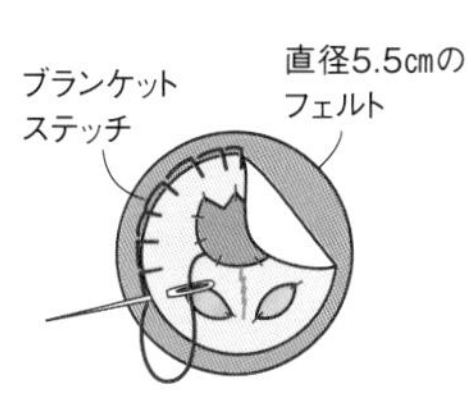

③土台になる直径5.5cmに切ったフェルトにアップリケをしたフェルトをブランケットステッチで縫い留める。

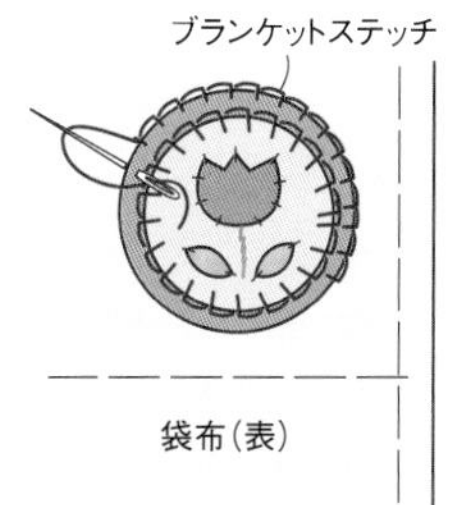

④袋布のアップリケつけ位置に、アップリケをブランケットステッチで縫い留める。

2 袋を作る

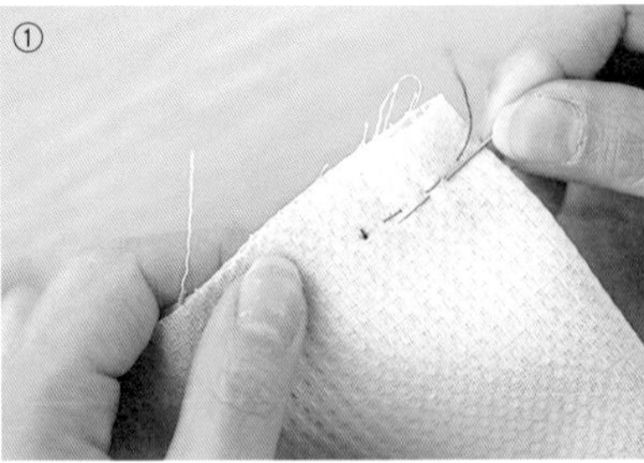
①

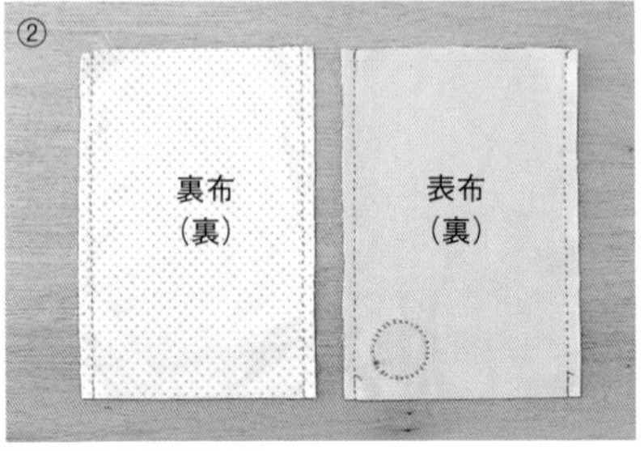
②

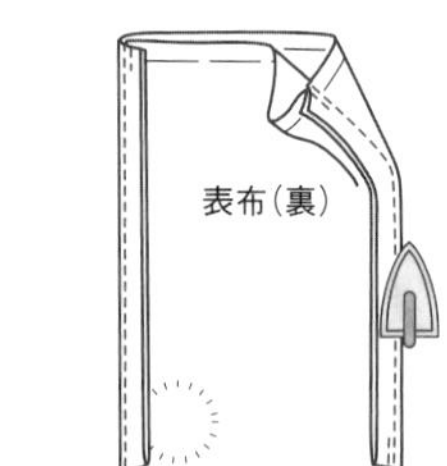
③

④

①表布を中表に合わせ、端から1cmのところを並縫いで縫う。縫い始めは写真のように二度縫いで。
②裏布も布の表が内側になるように中表に合わせて、同様に縫う。
③表布の縫い目から縫い代を折ってアイロンをかける。裏布も同様に。
④表布の袋口の縫い代1cmを裏側に折り、ぐるりとアイロンをかける。裏布も同様に。

3 表布と裏布を合わせる

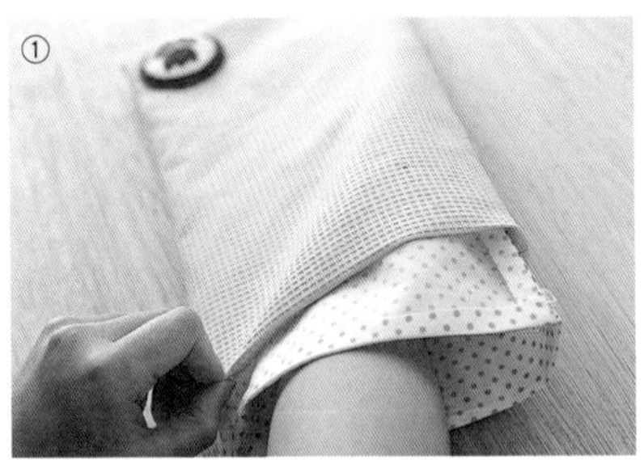
①

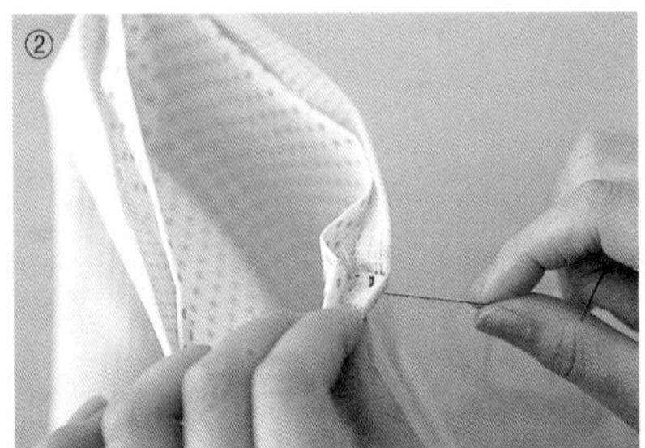
②

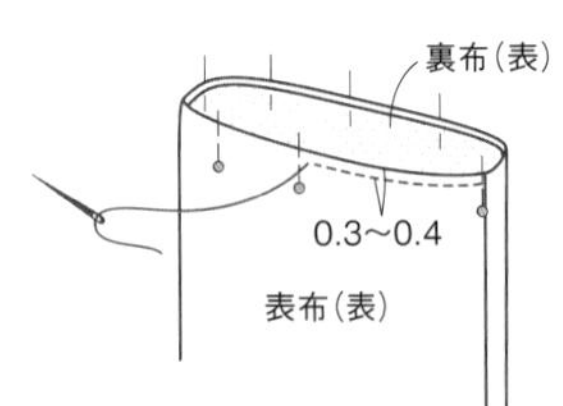

③

①表布は袋を表に返す（裏布はそのまま）。表の袋の中に、裏の袋を入れる。
②図のようにまち針をうってから、口をぐるりと並縫いで縫う。玉留めがかくれるように、袋と袋の間に最初の針を通す（P.17参照）。
③縫い終わりも同様にして、2枚の布の間で玉留めをしてかくして始末するとよい。これで表の袋と裏の袋が縫い合わされている状態に。

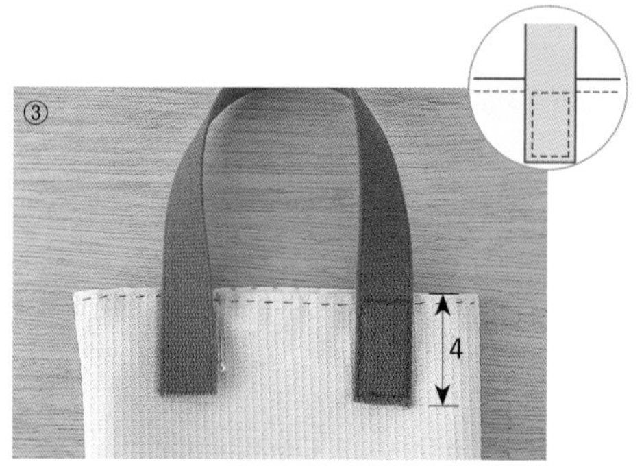

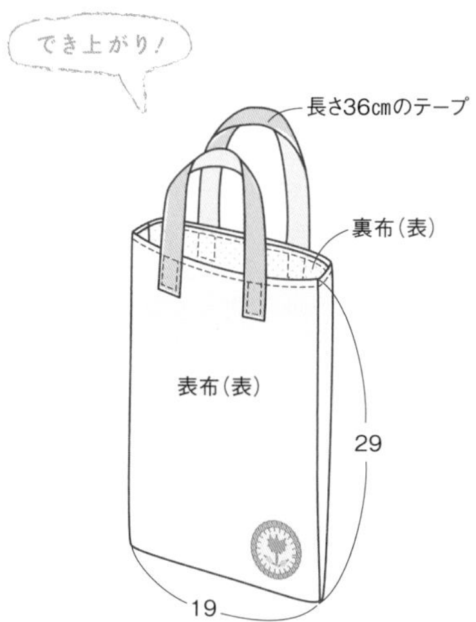

4 持ち手をつける

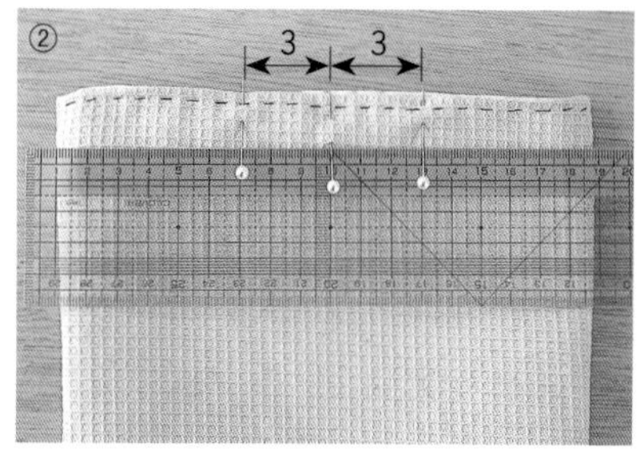

①テープは長さを半分に切り、それぞれ端をライターで軽くあぶって、ほつれてこないように処理する。
②袋の左右の幅を測り、中心と中心から左右3cmのところにまち針をうつ。
③まち針にテープの内側を合わせ、袋口から4cmの位置に刺しゅう糸で本返し縫い（P.75参照）をして、四角く縫いつける。

アップリケいろいろ

子どもの好きなものやイニシャルなどをカラフルな色合いで作りましょう。作り方の要領はP.81と同じですが、フェルトは洗濯をしてもケバ立たない、洗えるタイプのものを選んで。

アップリケのかわりに市販のネームラベルを利用しても。アイロンで貼りつけるタイプが便利。／参考商品

Teddy Bear Teddy Bear Teddy Bear Teddy Bear

ハンドタオルで作る
テディベア

見ていると思わずほほえんでしまう、かわいいテディベア。
そんなテディベアを無地のハンドタオル1枚で作りました。
カラフルなベアをたくさん作って、プレゼントしても。

◉デザイン&制作…道平祥子

ハンドタオルの裁ち方

中表に折ったハンドタオルに実物大型紙を配置してまち針で留める。型紙のアウトラインの印をつけたら、外周りに0.5cmの縫い代をつけて重ねて裁つ。頭中心は1枚のみ使う。

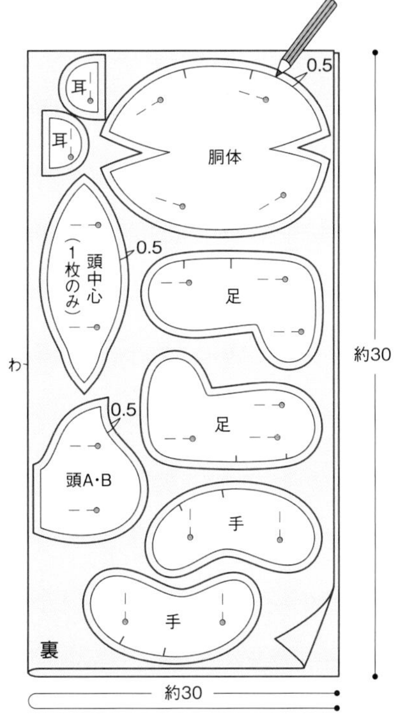

●用意するもの
ハンドタオル（約30×30cm）　1枚
ぬいぐるみ用の目　直径0.5cmを2個
25番刺しゅう糸　タオルと同系色を適宜
手芸用綿　適宜
ぬいぐるみ針（または長めの手縫い針）、手縫い糸、手縫い針、刺しゅう針、まち針、はさみ、定規、目打ち、チャコペンシル、アイロン

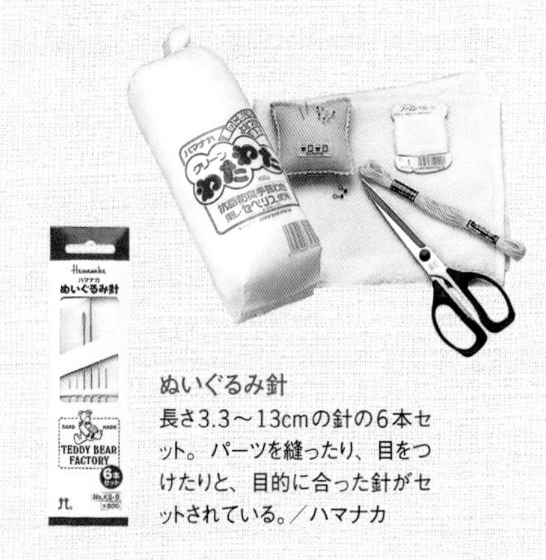

ぬいぐるみ針
長さ3.3～13cmの針の6本セット。パーツを縫ったり、目をつけたりと、目的に合った針がセットされている。／ハマナカ

1 耳、手、足を縫う

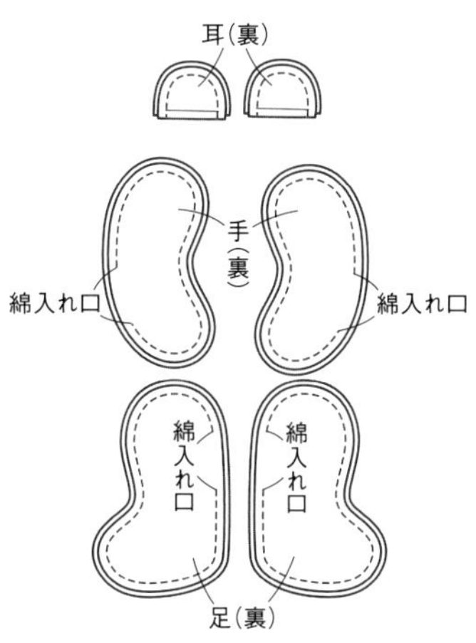

耳、手、足をそれぞれ中表に合わせ、綿入れ口を残して半返し縫いで縫い合わせる。

2 胴体を縫う

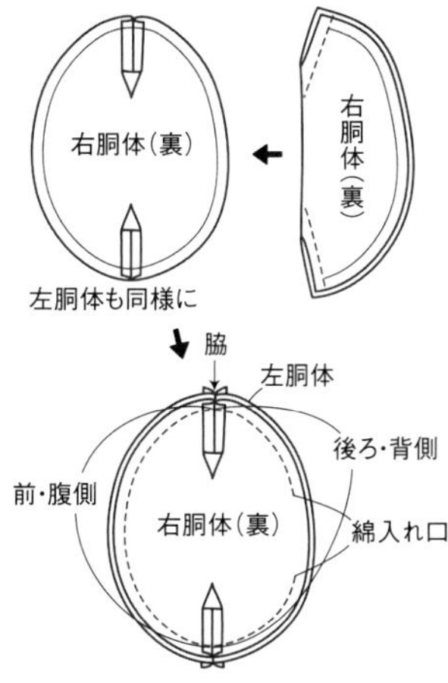

右胴体、左胴体ともそれぞれダーツ部分を半返し縫いで縫って、縫い代をアイロンで割る。左右胴体を中表に合わせ、綿入れ口を残して半返し縫いで縫い合わせる。

ぬいぐるみ作りで知っておきたい縫い方

半返し縫い (P.18も参照してね)

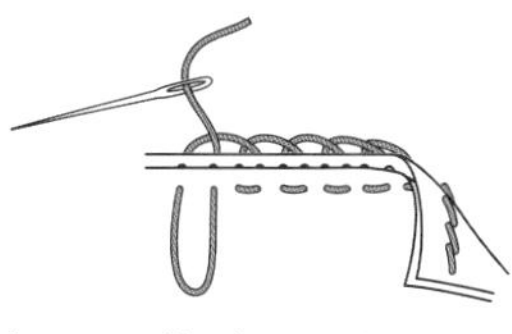

各パーツの縫い合わせは2～3mmの針目の半返し縫いで縫います。縫い方はひと針を縫ったら半針戻ってまたひと針、と繰り返します。ひと針ごとに糸を引き締め、縫い始めと縫い終わりは必ずひと針返します。最後は玉留めをして、ひと針布をすくって糸を引き、結び目をかくして。

コの字まつり (P.20も参照してね)

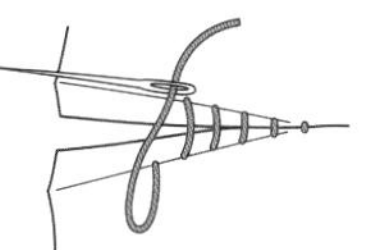

返し口をとじるときの縫い方。でき上がり線を突き合わせて、交互に同じ針目ですくいます。綿がはみ出さないように針先で押しながら、糸がコの字になるように縫いとじます。

3 各パーツに綿を詰める

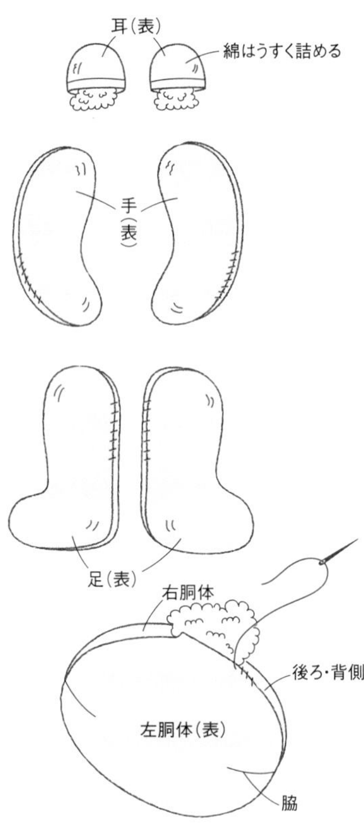

各パーツを綿入れ口から表に返し、それぞれの形がしっかり出るように目打ちで整える。綿を詰め、手、足、胴体の綿入れ口をコの字まつりで縫いとじる。

4 頭を作る

①

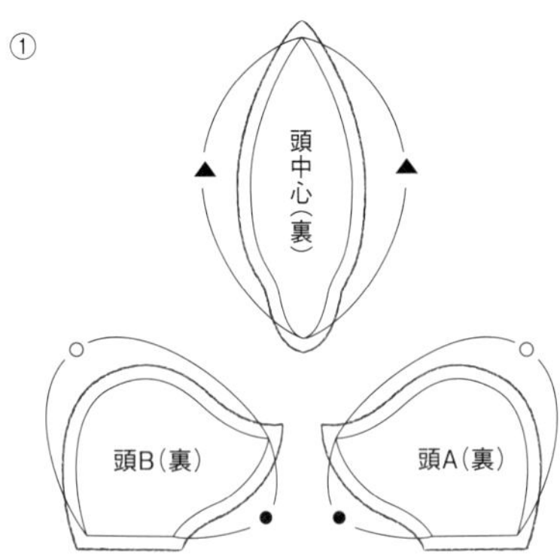

②

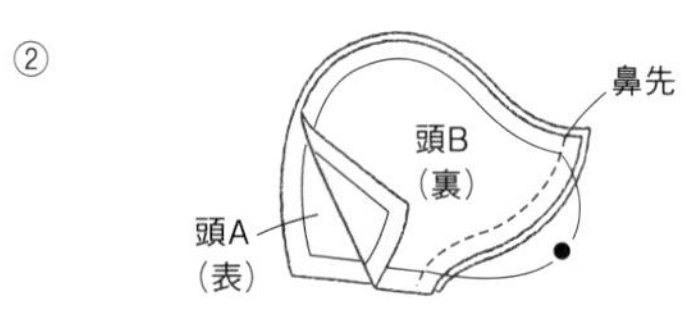

③

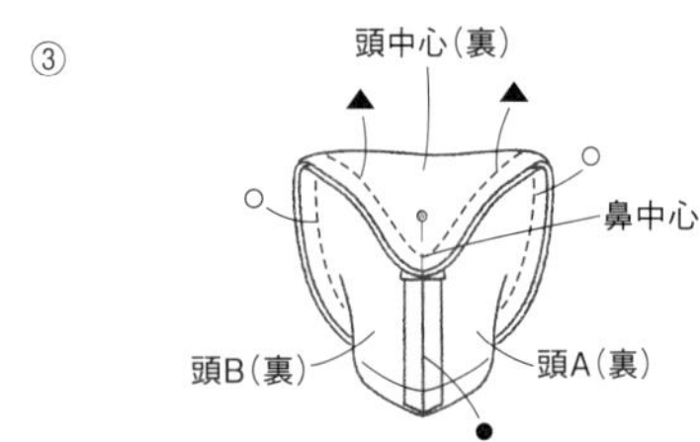

④

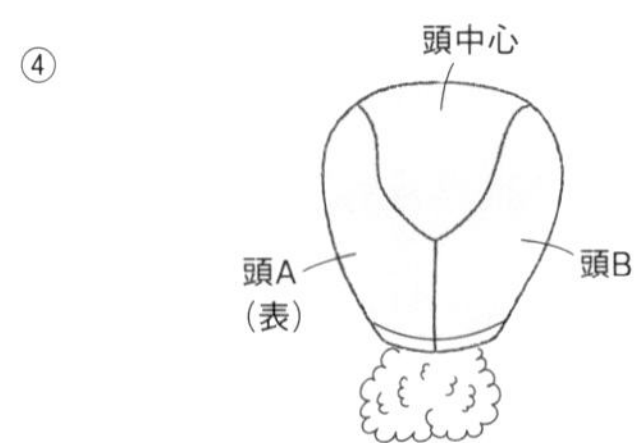

①頭中心と頭A、Bを図のように並べる。縫い合わせは、頭A、Bの●どうし、頭Aの○と頭中心の▲、頭Bの○と頭中心の▲の順でする。
②頭AとBを中表に合わせ、首から鼻先(●)を半返し縫いで縫い、鼻先のでき上がり線よりひと針先まで縫って玉留めし、縫い代を割る。
③頭A、Bの鼻先と、頭中心の鼻中心を中表に合わせて、ずれないようにまち針で留める。頭A、Bの外周り(○)と頭中心の左右(▲)を合わせて半返し縫いで縫い合わせる。
④首から表に返して指で頭の形を整え、綿を詰める。

5 耳、鼻、目をつける

耳を縫いつけ、鼻と口を刺しゅうして、顔のバランスをみながら目をつける。

耳の縫い代を内側に折り込みながら、頭にまつりつける。

刺しゅう糸に目を通し、糸を2本どりにしてぬいぐるみ針に通しておく。目の位置を決めたら、目打ちで穴をあけ、図のように針を刺して耳の後ろに針を出し、少し目がくぼむくらいに引っ張って留める。

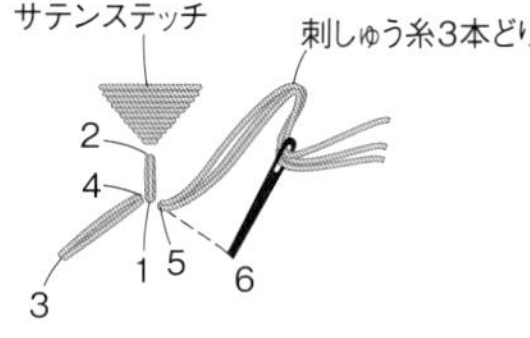

刺しゅう糸は3本どり（P.47参照）にして刺しゅう針に通す。鼻をサテンステッチで作ったら、口は図の番号順にステッチし、最後は耳の後ろなど目立たないところで玉留めする。

6 全身をつなぐ

①

②

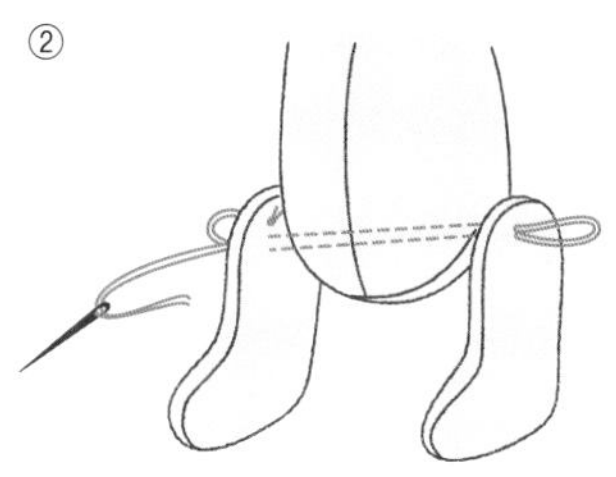

①顔の中心線と胴体の中心線をぴったり合わせ、頭の縫い代を内側に折り込みながら手縫い糸でまつりつける。
②手と足は、刺しゅう糸を2本どりにしてぬいぐるみ針に通し、パーツの内側から針を入れる。胴体を2回通して左右のパーツをつなぎ、強めに糸を引いて留める。

表情は作る人の個性で自由に

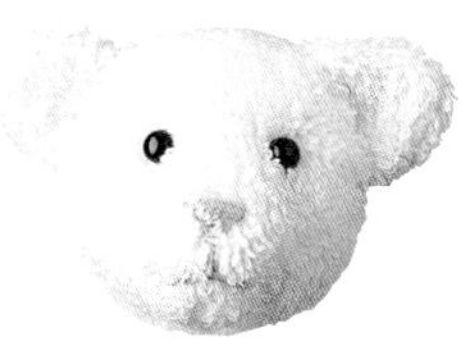

目を寄せて、口はへの字に。

目の間をあけて口はにっこり

小さめの目をつけた場合

ぬいぐるみの顔は目が命。目の大きさやつける位置によって、表情が変化します。口のステッチも微妙にかえて、お気に入りの顔を作りましょう。

ボアで作る くたくたワンちゃん

くたっとした姿が愛嬌いっぱいのワンちゃん。
詰めものに小豆を使っているので、
どんなポーズも自在。
毛足の短いボアを選んで。

◉デザイン＆制作…熊田まり

布の裁ち方

ボア

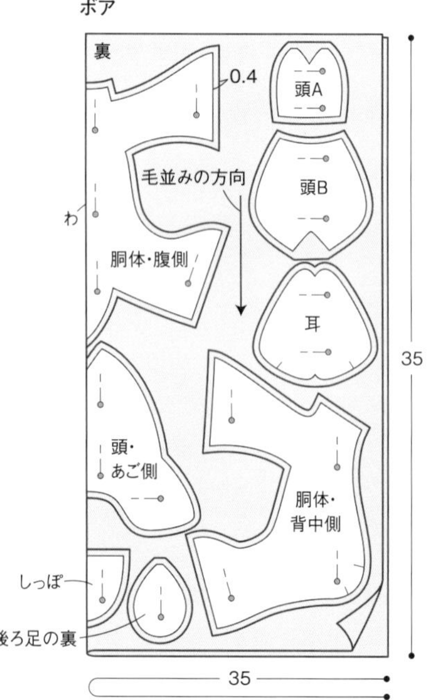

フェルト

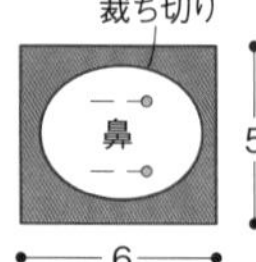

中表に折ったボアに実物大型紙を配置してまち針で留める。このときボアには毛並みがあるので、各パーツの方向を考えて。型紙のアウトラインの印をつけたら、外周りに0.4cmの縫い代をつけて裁つ。頭Aと頭Bは1枚のみでOK。鼻はフェルトで型紙どおりに裁つ。

◉用意するもの

ボア（起毛した布）　35×35cm
フェルト（黒）　6×5cm
ぬいぐるみ用の目　直径0.8cmを2個
首輪用の毛糸やリボン　適宜
25番刺しゅう糸（黒）　適宜
小豆　½カップ
手芸用綿　適宜
ぬいぐるみ針（または長めの縫い針）、手縫い糸、手縫い針、刺しゅう針、まち針、はさみ、定規、目打ち、チャコペンシル、割り箸

1 しっぽを作って、つける

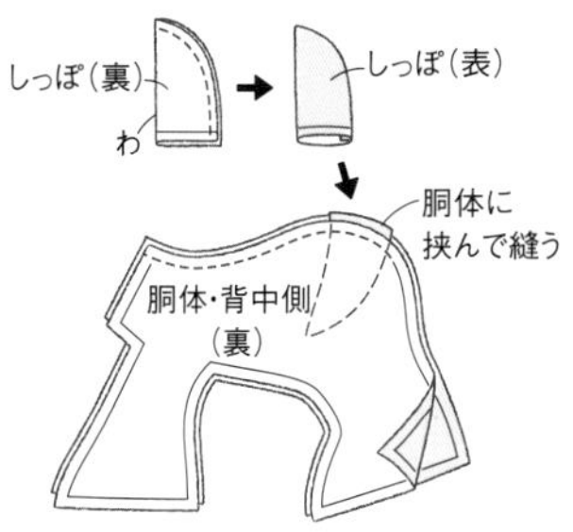

しっぽを中表に折って半返し縫い（P.18、P.85ページ参照）で縫い、表に返す。胴体・背中側の2枚を中表に合わせ、間にしっぽを挟んで、首からしっぽを挟む部分までを半返し縫いで縫う。

2 胴体を縫う

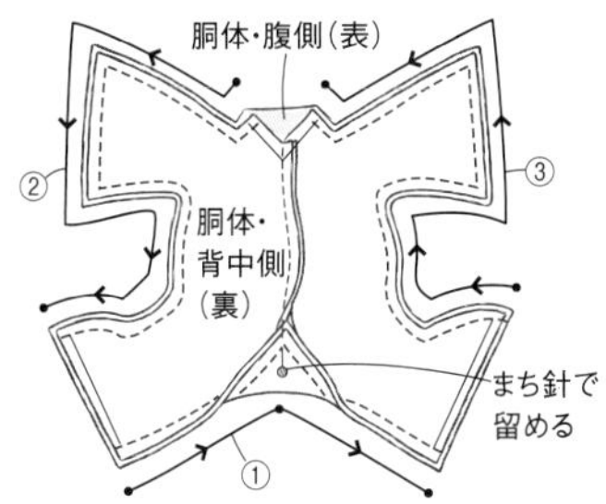

胴体・背中側を開き、胴体・腹側と中表に合わせる。胴体・腹側のしっぽの先を胴体・背中側の背にまち針で留め、股ぐりを半返し縫いで縫う（①）。次に首から後ろ足の先までを半返し縫いで縫う（②、③）。

3 後ろ足の裏をつける

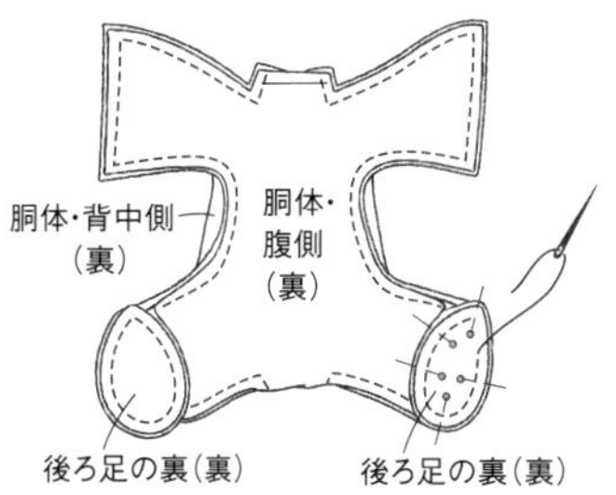

後ろ足の裏を中表に合わせてまち針で留め、半返し縫いで縫いつける。

4 頭を作る

①

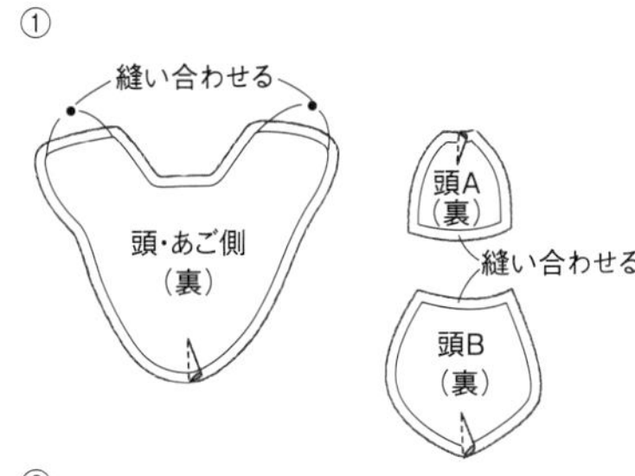

②

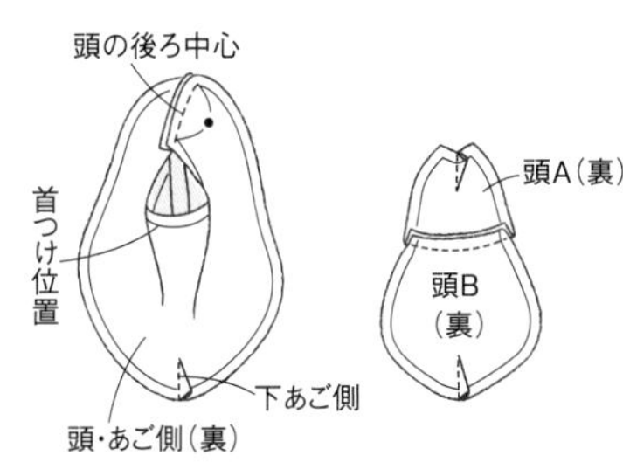

③

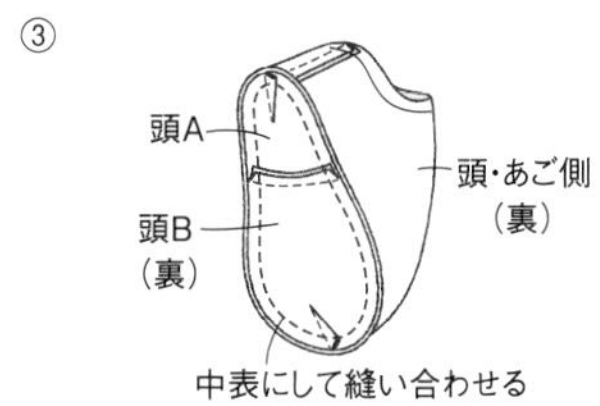

④

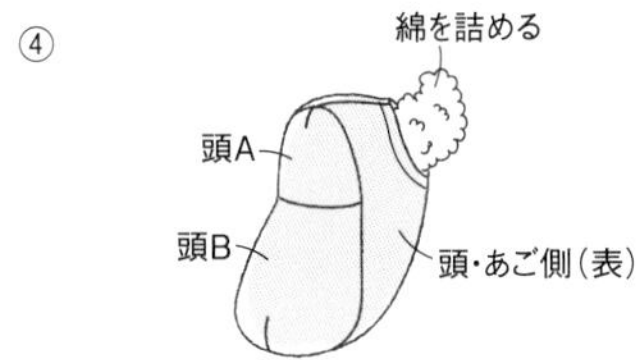

①頭・あご側、頭A、頭Bとも、それぞれダーツ部分を半返し縫いで縫う。
②頭Aと頭Bを中表に合わせて半返し縫いで縫う（図・右）。頭・あご側は、頭の後ろ中心（●）を中表に合わせて、半返し縫いで縫う（図・左）。
③頭A、Bと、頭・あご側を中表に合わせて、半返し縫いで縫う。
④首の部分から表に返し、綿を詰める。

5 耳、鼻、目をつけ、胴体とつなぐ

耳

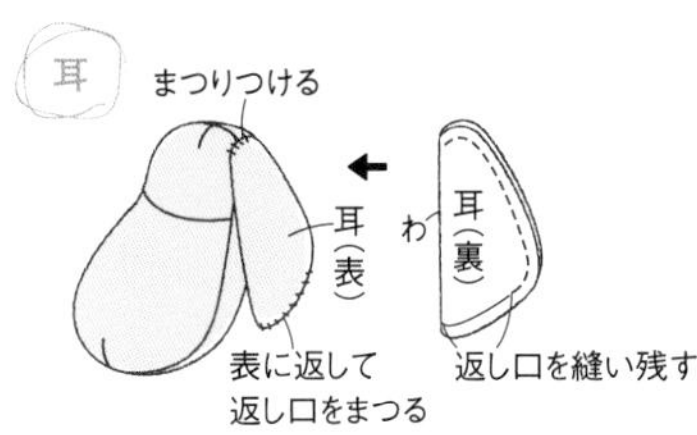

中表に折り、返し口を残して外周りを半返し縫いで縫う。表に返して返し口をまつり、頭にまつりつける。

鼻と口

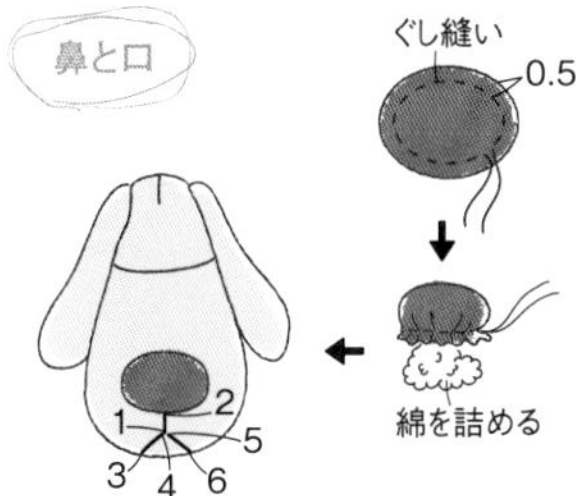

型紙どおりにカットしたフェルトの0.5cm内側をぐし縫いで縫い、綿を少し詰めて絞る。刺しゅう糸を3本どりにして刺しゅう針に通し、鼻の少し奥を顔にまつりつけ、口は番号順にステッチする。

目

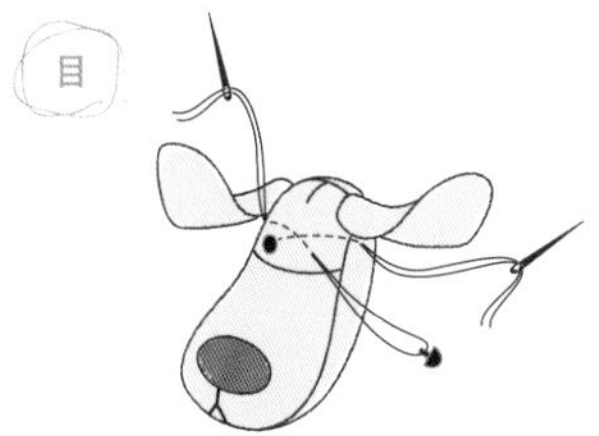

刺しゅう糸に目を通し、糸を2本どりにしてぬいぐるみ針に通しておく。目の位置を決め、目打ちで穴をあける。右目を刺した針は左耳の内側へ、左目を刺した針は右耳の内側へと針を出し、糸を強めに引いて留める。

胴体は、首から表に返し、割り箸などを使って手足の先まできれいに返す。首から小豆を入れ、頭と胴体を手縫い糸でまつり縫いにしてつなぐ。首に好みの色の毛糸やリボンを結ぶ。

作る前に知っておきたいこと

途中でわからないことが出てくると、作るのがイヤになってしまいます。
おさえておきたいポイントを知って、準備万端ととのえて。

型紙の矢印の方向に、布目を合わせる

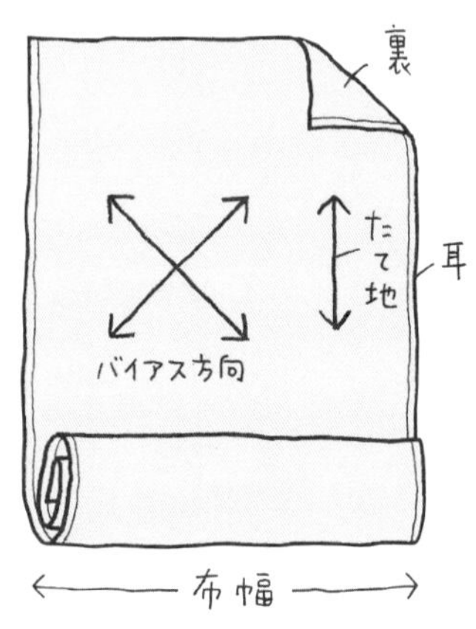

布の裁ち方図には、矢印が書かれていますね。これは布目線といい、「布のたて糸の方向をこの矢印に合わせてください」という印です。たて糸の方向は「たて地」といい、伸びにくい性質があります。ですから、たて地に合わせて布を裁断して作ると、形くずれせずしっかりと仕上がるのです。
ちなみに、よこ糸の方向は「よこ地」といい、たて地よりも伸びやすい性質があります。たてよこがわからない布は、引っ張って少し伸びるのがよこ地です。
ななめの方向はバイアスといいます。45度の角度で細長く布を切ると、バイアステープになります。やわらかく伸びやすいので仕立ては慎重に。チェックの布などは、バイアスに使ってデザインのポイントにしたりします。
また、メーカー名などがプリントされていたり、色が濃くなっていたりする布の両端のかたいところは「耳」といい、耳に平行な方向がたて地です。ほつれにくいので縮んだりしていなければ、縫い代の端に利用することもあります。
布の表と裏がわかりにくい場合は、買うときにお店の人に聞いて印をつけておきましょう。

縮んで困るものは、布を縮ませてから作る

布はぬれると若干、縮みます。お店で売っている布で洗濯して大幅に縮んでしまうようなものは、まずありませんが、あらかじめ水通しをしておくと安心です。布をたたんで水を張ったバケツなどにしばらく浸し、軽く水をきって干して乾かします。干すときは、布を縦横に引っ張りながら形を整えて。霧吹きでしめらせる方法でもOK。ほんの少ししめり気のあるうちに取りこんで、布に合った温度でアイロンをかけます。縦横の布目を整えるつもりで、ていねいに。

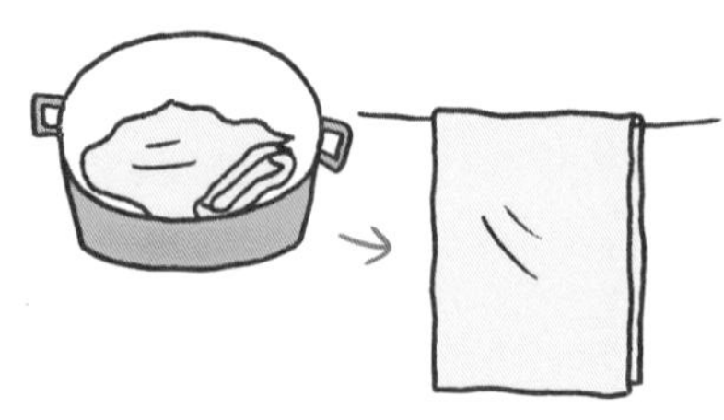

型紙をコピーして使う

付録の実物大型紙は、表と裏に印刷されているので、切り取って使うと反対側が使えなくなってしまいます。一番かんたんな方法が、コピーをとって使うこと。縮尺を変えてコピーすれば、大きさの違うものを作ることもできます。

型紙を写して使う

近くにコピー機がない、型紙が大きすぎてコピーできないという場合は、型紙を写して使います。手芸店で売っているハトロン紙か、線が透けるくらい薄い紙を型紙の上に置いて線をなぞります。あき止まりや合い印、布目線も忘れずに写しておきましょう。異なるサイズが重なっている型紙の場合、わかりやすい色のマーカーか色えんぴつで、必要なラインにあらかじめ印を入れておくと作業がラクです。

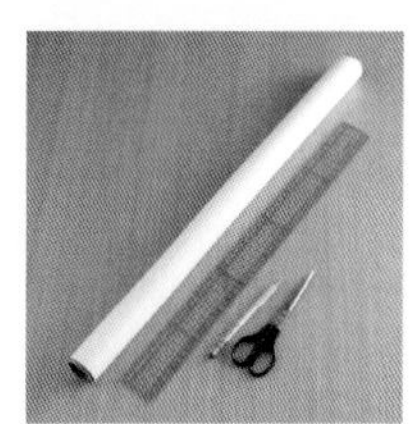

◉用意するもの
ハトロン紙、定規、シャープペンシル、はさみ（紙を切るもの）など

① 平らな台の上に型紙を置き、ハトロン紙の裏面を上にしてのせる。

② 型紙の線をシャープペンシルでなぞる。ハトロン紙は端から使い、型紙は大きいものから写す。

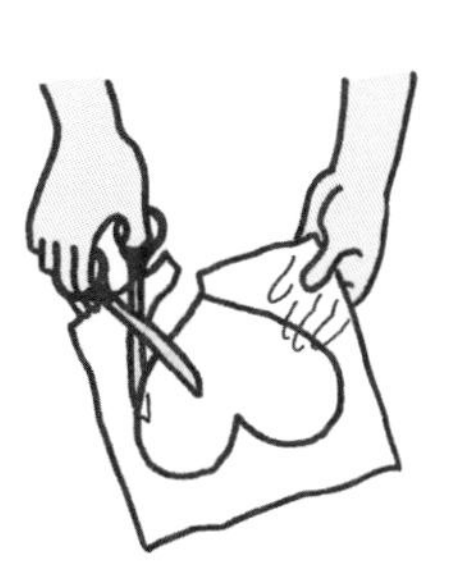

③ 写した線に沿って、ハトロン紙をはさみで切り、型紙を作る。

布を裁つ

Point4の方法で型紙を作ったら、いよいよ布を裁つ作業です。布は作り方ページを参考に、型紙の矢印の方向を「たて地」に合わせます。裁ち図に「わ」とある場合は、布を2つに折り合わせておきます。作った型紙を布に置いてまち針で留め、縫い代線を引いてから、線に沿って裁断します。裁断した布にでき上がりや縫い目の印をつけ、まち針と型紙をはずしておしまいです。

◉用意するもの
定規、まち針、裁ちばさみ、目打ち、ルレット、チャコペーパー（両面タイプ）など

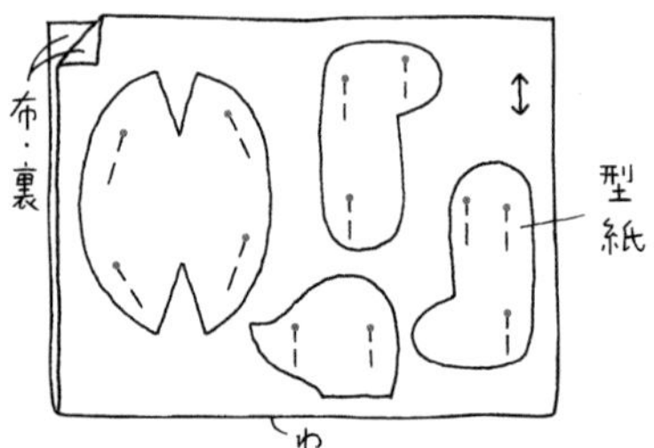

① 型紙を布の上に置き、まち針で留める。縫い代部分が必要なので、型紙と型紙の間は必要に応じてあけておく。大きいパーツを布の端から置くと無駄が少ない。

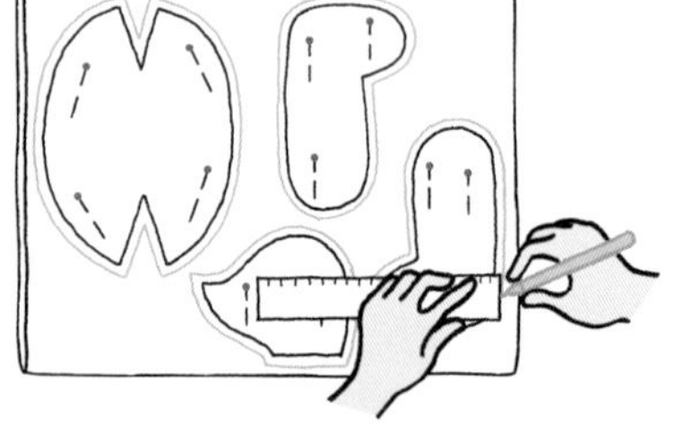

② 作り方ページを参考にして、縫い代をつける。数カ所、チャコペンシルで印をつけ、線を結ぶ。曲線の部分は定規を細かく動かして線を引く。

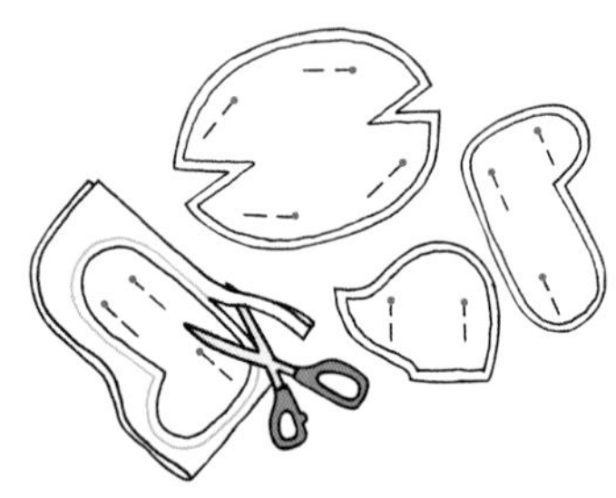

③ 縫い代線に沿って、裁ちばさみで布を裁つ。左手で布を押さえたり、切れ端を動かしたりするとスムーズにはさみが進み、きれいに切れる。

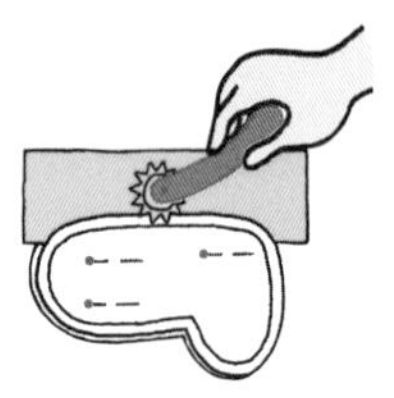

④ 布が外表で2重になっている場合は、布と布の間にチャコペーパーを挟み、型紙の縁をルレットを転がすようになぞって印をつける。合い印がある場合は、忘れずに印をつけておく。

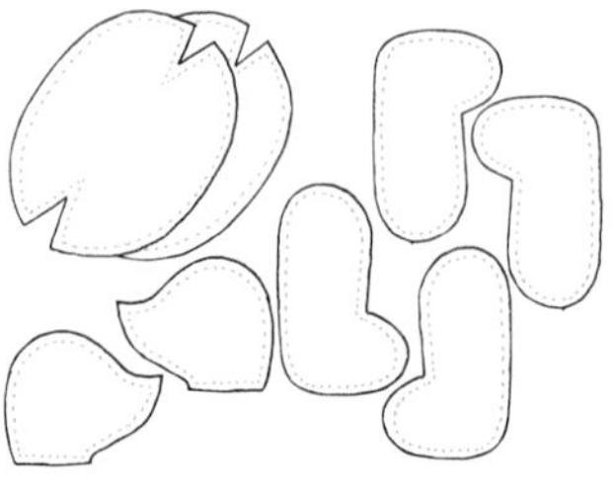

⑤ でき上がり！　アップリケなどの飾りがつく場合は、位置を目打ちで印しておく。

＊実物大型紙の中に書かれている「1枚」「2枚」という数字は、仕上げるうえで必要な各パーツの枚数です。型紙を枚数分作ると大変なので、1枚だけ作って布の上で位置をずらし、必要枚数分裁つとよいでしょう。

第4章

ゼロから始める
ミシン縫いレッスン

ミシンに触ったこともない。そんな人でも、大丈夫。
ちゃんと作れるように、手とり足とりガイドします。

これから買う人のための
ミシン選びのポイント

あこがれのミシン生活を始めたくても、
どんなミシンを買ったらよいのかわからない……。
このページを読めば、きっとヒントが見つかるはず。

親切なミシン屋さんか、ミシンに詳しい人を探す

使ってみて「失敗だった」というのでは、せっかく買っても、押し入れの中に入れっぱなしになってしまいます。カタログを見ているだけではわからないので、まずはミシン屋さんへ行ってみましょう。ミシンは必要に応じてメンテナンスがいるので、話を聞いてくれ、きちんとアドバイスしてくれるところなら、この先も安心です。通販で買いたい人は、詳しい友人に相談してからに。

ミシンを使ってやりたいことを整理する

実際にミシンを探してみると、種類がありすぎて迷ってしまいがちです。そんなときは、どうしてミシンが欲しいのか、整理してみましょう。入園グッズを作りたいのか、手作りの洋服を着てみたいのか。ミシンで刺しゅうがしたいのか。作りたいものによって、選ぶミシンが決まってきます。基本的には、直線縫いとジグザグ縫いができればOK。針目の大きさやジグザグの振り幅の調整がスムーズにできるかどうかも確認しましょう。

縫いたいものに合った適切なサイズがあります

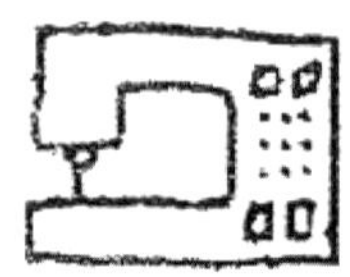

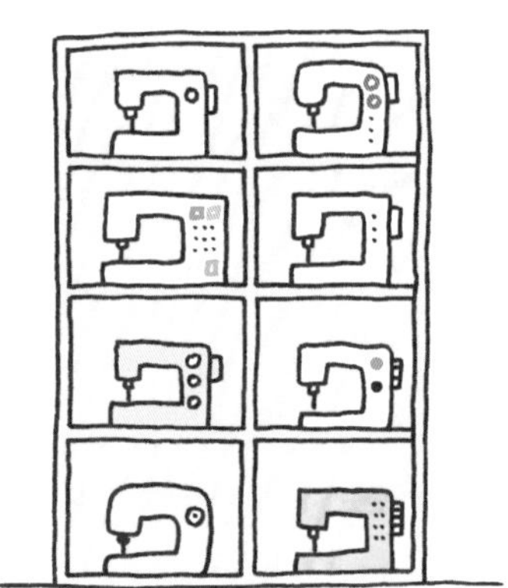

コンパクトサイズ

持ち運びや収納に便利。小物や袋ものなど、ちょっとだけ手作りを楽しんでみたい人におすすめ。

◉きんちゃく袋、ランチ袋、コースター、ランチョンマットなど

◉おけいこバッグ、クッション、エプロン、トートバッグなど

フルサイズ

作業スペースが広く、安定感があるので、洋服など大きなものも縫いやすい。本格的に手作りを楽しみたい人におすすめ。

◉洋服、カーテン、テーブルクロス、ベッドカバー、パッチワークキルトなど

フットコントローラーとボビンの形をチェック

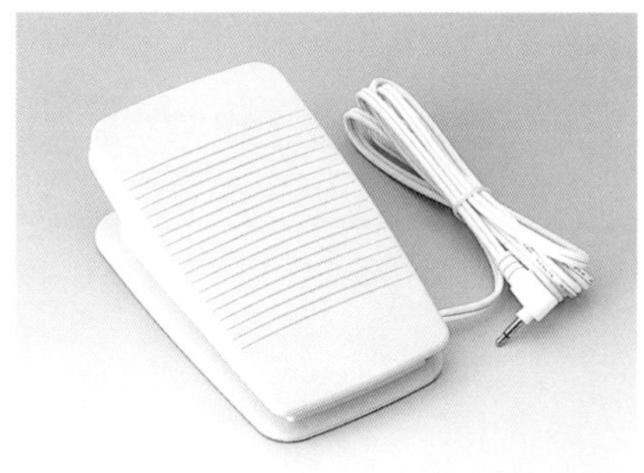

フットコントローラー

ミシンを操作する方法には、ボタン式のスタート&ストップと、フットコントローラーを足で踏んだり離したりする方法の2種類があります。ボタン式だと、ボタンを押すときに片手を布から離さなければならず、初心者には難しいでしょう。フットコントローラーがついているものか、オプションで購入できる機種がおすすめです。

ボビン

ミシンの下糸を巻きつける糸巻きで、ミシンの付属品です。ボビンには金属製とプラスティック製がありますが、壊れたり、なくしたりしたときに、交換できないようでは困ります。また、ミシン糸を替えるときにスペアが多いほど便利です。国内のミシンメーカーのミシンならまず大丈夫ですが、外国製のミシンなどを選ぶ場合はボビンの形状が特殊なものでないか、手に入りやすいかどうか確認してください。

ミシンの主要な部分の名前を覚えましょう

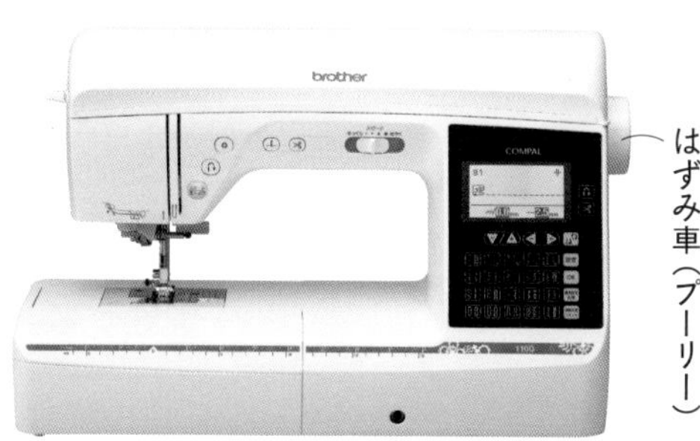

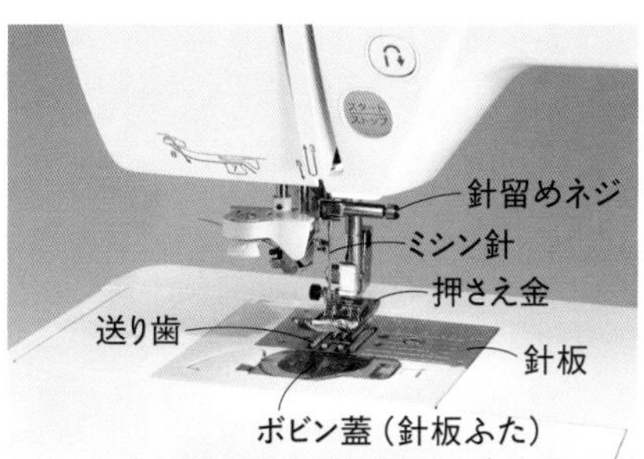

商品の取扱説明書は、必ず読みましょう。ミシン糸の通し方、ボビンの取りつけ方などは機種によって異なります。間違った使い方は、故障の原因に。写真はコンパル1100（高さ30×幅48×奥行24.9cm、重さ9.7kg　ワイドテーブル未装着時）／ブラザー販売

布と針と糸の関係を知っておきましょう

きれいに縫うためには、布に合った糸と針を選ぶことが大切です。
厚い布には太い糸と太い針、薄い布には細い糸と細い針が基本。
合わないものを使うと、縫い目が目立ったり、目がとんだり、
糸が切れたり、針が折れたりとトラブルの元に。

伸縮性のある布
ニット、ジャージー、フリースなど

厚手の木綿
ワッフル、キルティング、デニムなど

普通手の布
ブロード、ギンガム、シーチング、サッカーなど

薄手の布
オーガンジー、シフォン、ジョーゼットなど

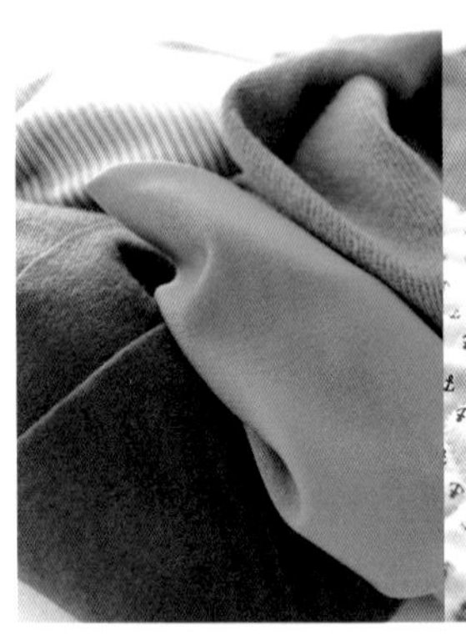

布

番号が大きいほど太くなります。ミシン針が曲がっていると、目とびや糸切れの原因に。
折れたり曲がったとき、すぐ取り替えられるよう、セットになったものを用意しておくと安心。

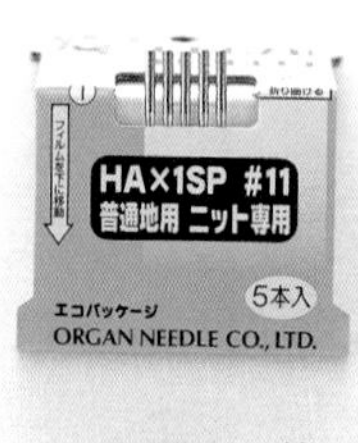

ニット用ミシン針

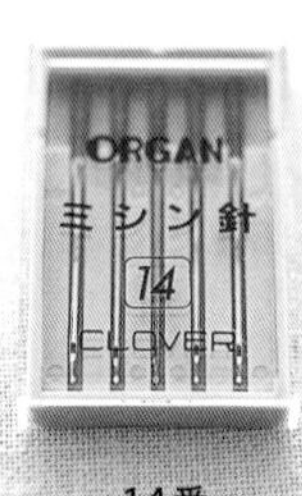

14番

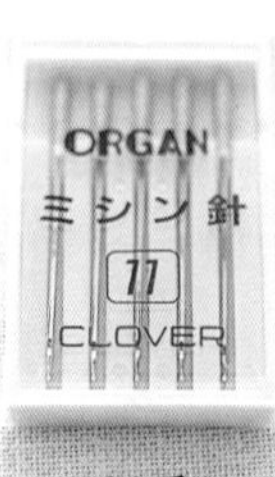

11番

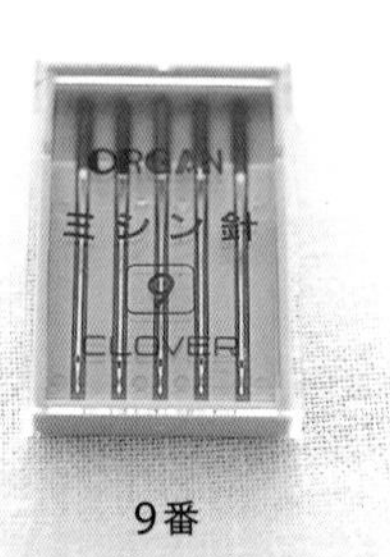

9番

ミシン針

ミシン糸は色数が多くて丈夫なポリエステル糸がおすすめ。番号が大きいほど細くなります。
色は布地に合わせますが、ぴったりの色がないときは、濃い色の布にはより濃い色の糸、
淡い色の布には薄めの色を選ぶとよいでしょう。

ニット用ミシン糸

30番

60番

90番

ミシン糸

そろえておきたい道具

最初から、あれこれそろえる必要はありません。
ないと困るな、と思うものから少しずつ買い足していきましょう。
スタートはこのくらいからでOK。

方眼定規

ソーイングでよく使う長さの目盛りが入っています。普通の定規より薄いので、曲げてカーブの寸法を測ることも可能。詳しくはP.22を参照してください。

裁ちばさみ

布を切るのは手が疲れる作業です。よく切れる、布専用のはさみがあると、作業がスムーズになり、仕上がりもきれいです。詳しくはP.22を参照してください。

しつけ糸

面倒なようでも、しつけをかけてからミシンをかけると、きれいに仕上がります。まずは生成りを選びましょう。使い方はP.39を参照してください。

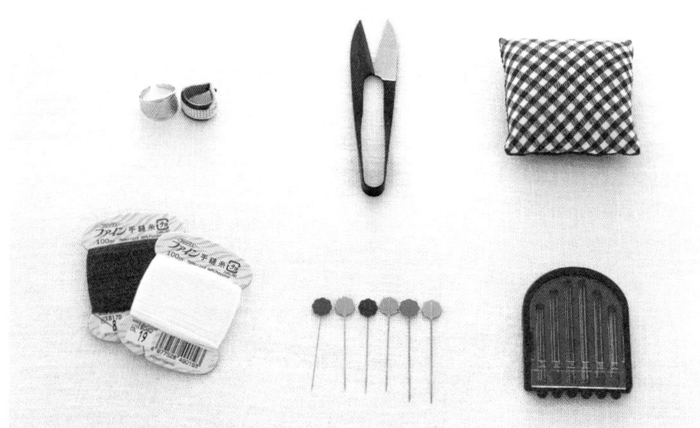

手縫いに必要な道具

しつけをかけたり、細かな部分を縫ったりするときには、手縫いの作業が必要です。手縫い針、手縫い糸、まち針、ピンクッション、指ぬき、糸切りばさみがあれば充分。P.12を参照してください。

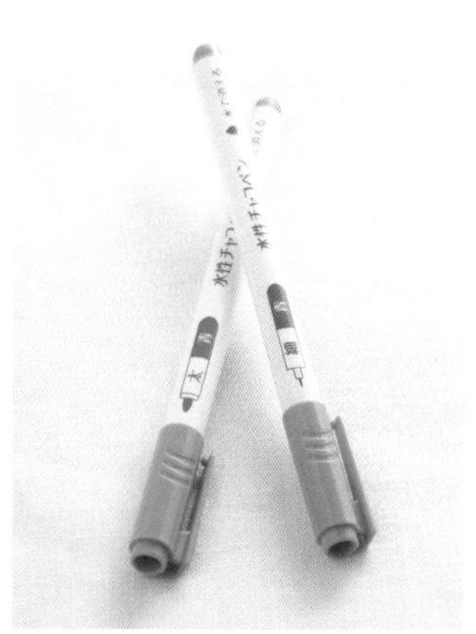

チャコペンシル

型紙を写したり、線を引いたり、印をつけるときに必要です。いろいろな種類がありますが、水で消えるサインペンタイプの太いものと細いものがあると使い勝手がよいでしょう。

ミシン縫いの基本

いよいよ、スタートです。P.102からの作品は作りやすい順に紹介しています。
実際に作る前に、はぎれなどでミシン縫いの基本を練習してみましょう。
針と糸を正しくセットしましたか？　ケガをしないよう、気をつけて。

直線を縫うとき

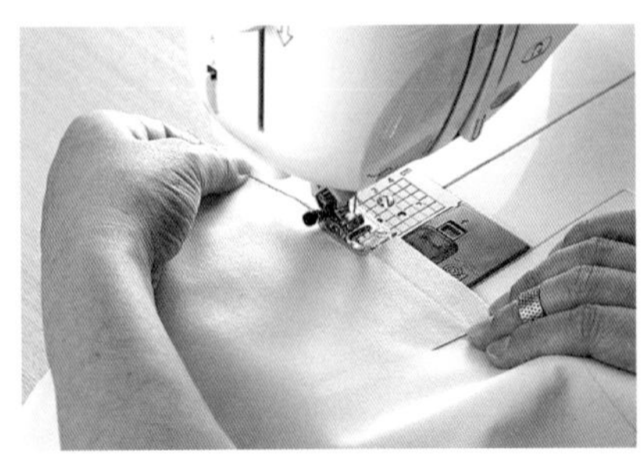

針を間にして、布の向こう側と手前を手で押さえ、たるまないよう気をつける。

曲線を縫うとき

スピードを調整しながら、自分の縫いやすい速度でゆっくり縫う。一気に縫えない急カーブは、針を刺したまま押さえ金を上げて布を動かし、少しずつ縫い進める。

細かい部分を縫うとき

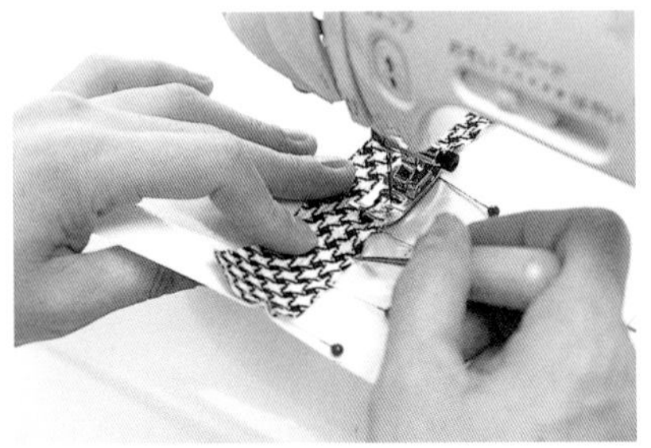

縫う布が小さいときなどは、縫う部分を目打ちなど細い棒で押さえながら針を進めると縫いやすい。

基本のイ　まち針は直角にうつ

縫う線に対して直角に、布がずれないよう小さくすくって留める。まち針の頭は布から出したほうが抜きやすい。

基本のロ　縫い始め位置から1cm手前に針を刺す

はずみ車を手で手前に回し、縫い始め位置から1cm手前に針を刺してから、押さえ金を静かにおろす。縫い始めは返し縫いに。

基本のハ　押さえ金の手前でまち針を抜く

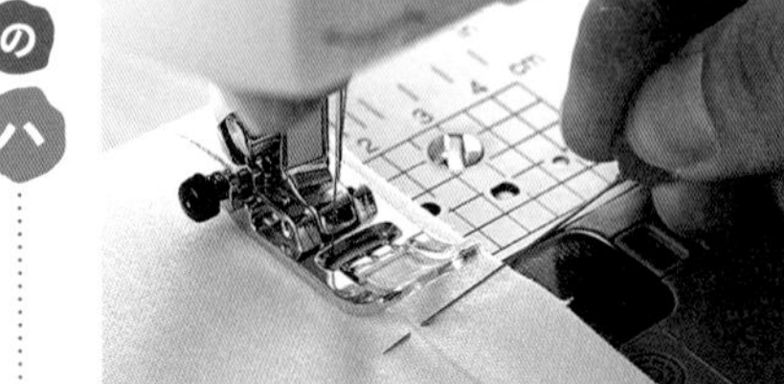

押さえ金がまち針に触る前にミシンを止め、まち針を抜いて再スタート。ミシン針が折れると危険なので、まち針の上を縫わないこと!

返し縫いをしないで留めたいときは

縫い目が目立つ位置にくるときは、返し縫いをしないで上糸と下糸を2本一緒に結んで留めると美しく仕上がる。

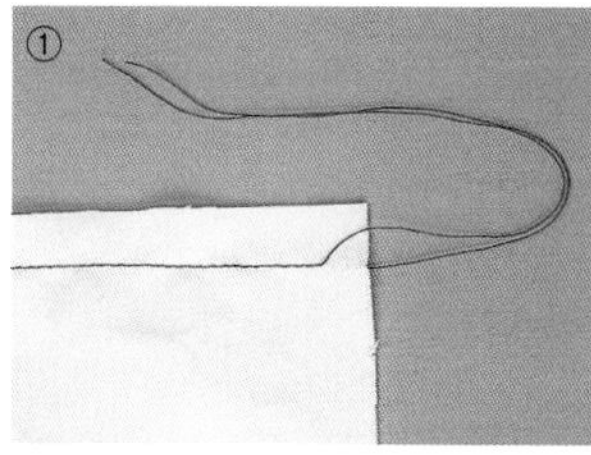

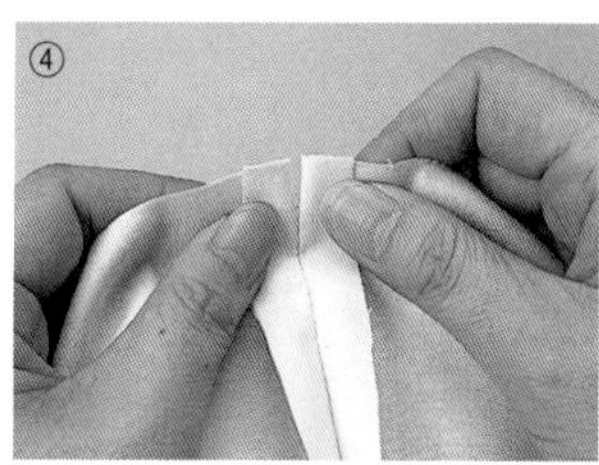

①縫い始め、終わりとも、糸を10～15cmくらい長めに残して切る。
②片方の糸を目打ちなどで上に引っ張り、持ち上がってきた下の糸を引いて、上糸と下糸を同じ面に出す。
③2本の糸を一緒にしっかり結んで留める。糸端は1mmぐらい残して切る。
④縫い目を左右に引っ張っても、ほつれない。

縫い始めと縫い終わりは返し縫いを

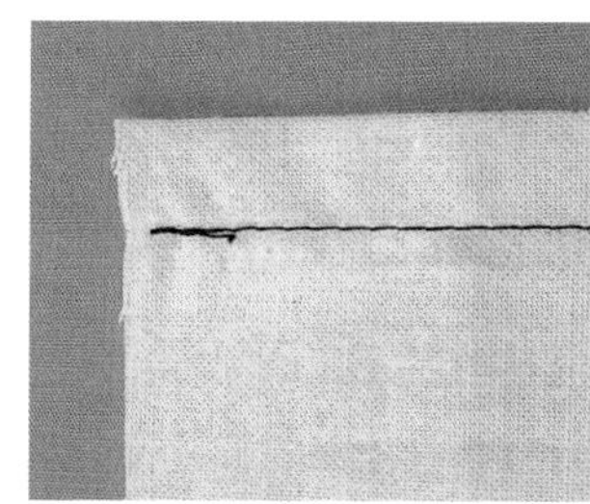

それぞれ1cmくらい返し縫いをする。糸がほどけたり、ほつれたりする心配がない。

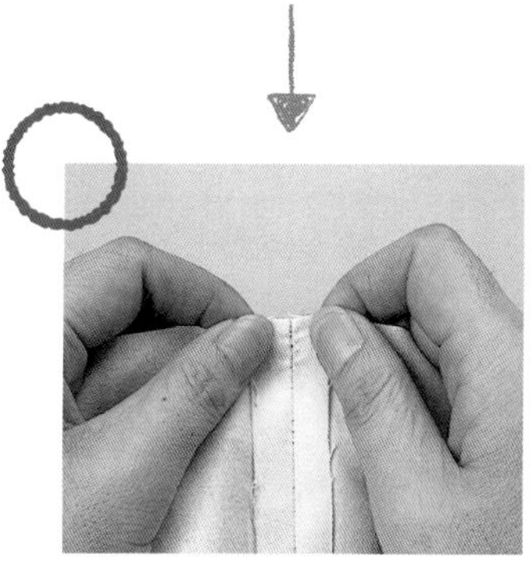

返し縫いをした縫い目は、引っ張っても大丈夫。

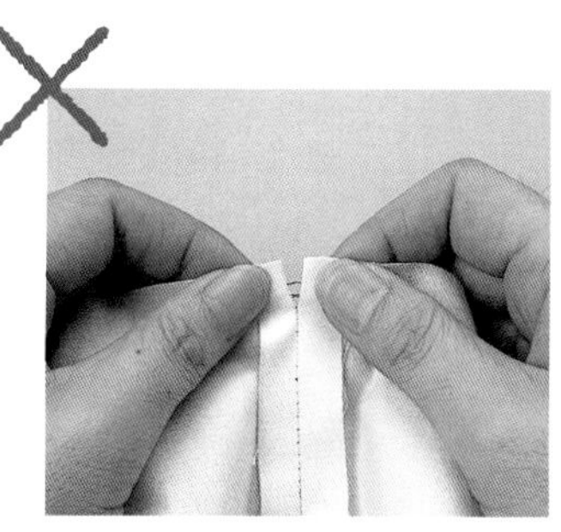

返し縫いをしない縫い目は、引っ張るとほどける。

直角を縫うとき

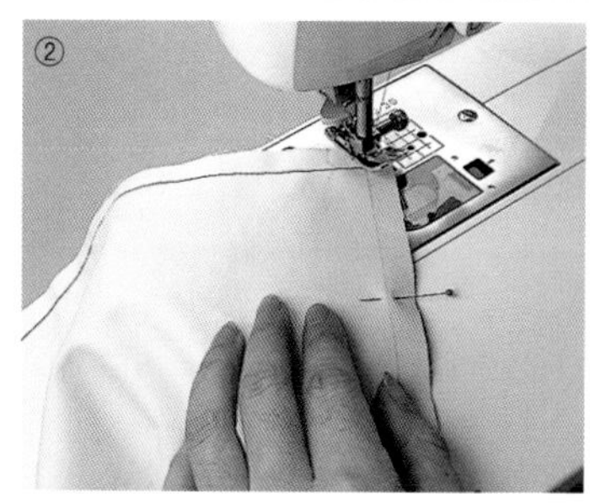

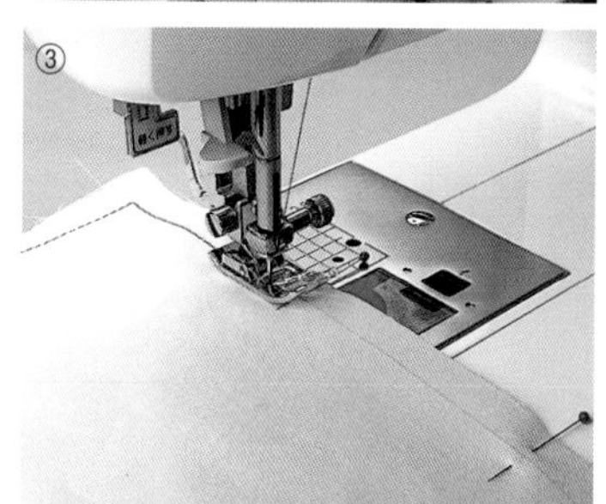

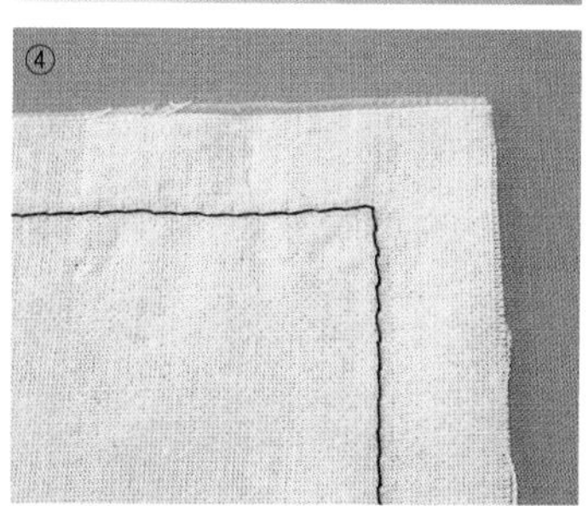

①角まで縫い進んだら、角に針を刺し、そのまま押さえ金を上げる。
②針を刺したまま、布を回して方向を変える。
③押さえ金を下ろして、そのまま縫い進める。
④角がきちんと縫えた状態。

上手に縫うためのコツ

縫い始めてみると、いろんな困った! ことが起こります。
失敗にめげずに、がんばって。

まずは、正しい姿勢で座ります

ミシンは机に置き、いすに腰掛けて使います。置くときは机の端に平行になるように、押さえ金が体の中心にくるように座り、足元にフットコントローラーを置きます。正しい姿勢がいちばんラクです。

試し縫いをしてからスタート

まず、布を裁ったあとのはぎれで試し縫いをして、糸の調子を確認します。

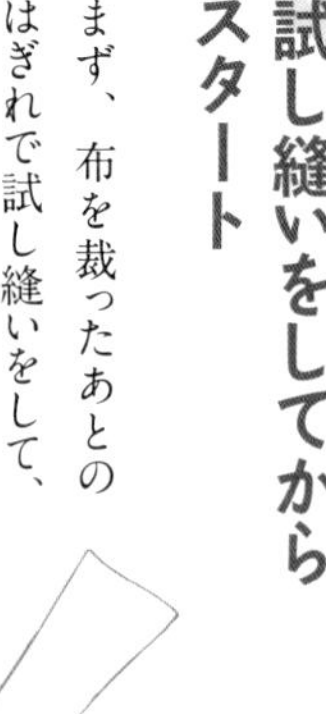

start

! 糸が引きつれる

手縫いは1本の糸で縫い目ができていますが、ミシン縫いの場合は上糸と下糸が絡み合って縫い目となっています。糸が浮いたり、引きつれたりするのは、上糸と下糸の引っ張る力のバランス＝糸調子がつり合っていないから。下の写真は、わかりやすいように上糸を紺、下糸は白にしてあります。糸調子が合っていると、表と裏の針目が同じ状態でそろっています。

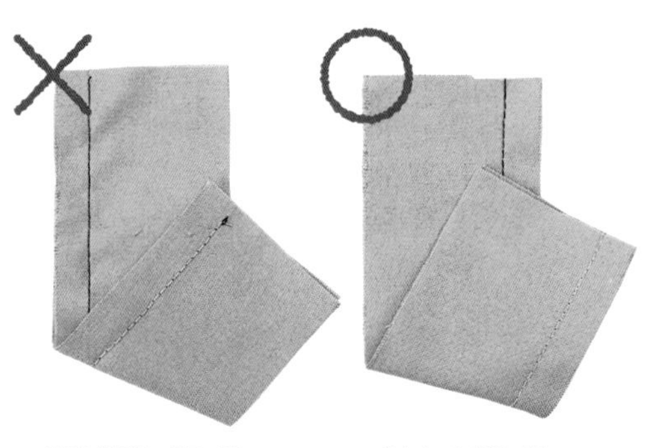

下糸が強い縫い目　　きれいな縫い目

! まっすぐに縫えない

縫い目の位置に印をつけて、その上を縫うようにします。また、ミシンの針板のところには目盛りが入っているので、布端がくるところの目盛りを参考にするとよいでしょう。写真のような専用グッズもあります。

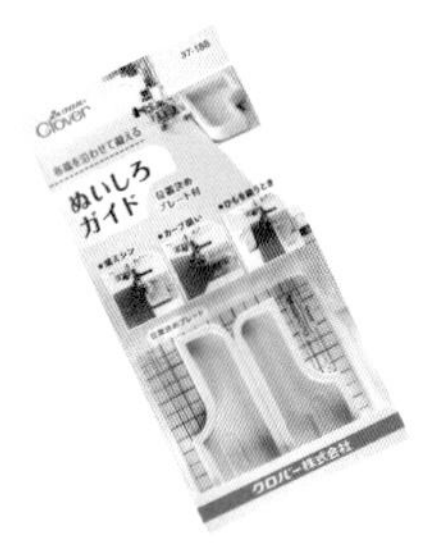

ぬいしろガイド
〈位置決めプレート付〉
／クロバー

ジグザグがきれいにならない

布端の始末や飾りのステッチに使うジグザグミシン。ミシン目の上下の幅が振り幅、ジグザグの密度が針目です。針目を細かくすると縫い目は密になります。いろいろ試してみましょう。

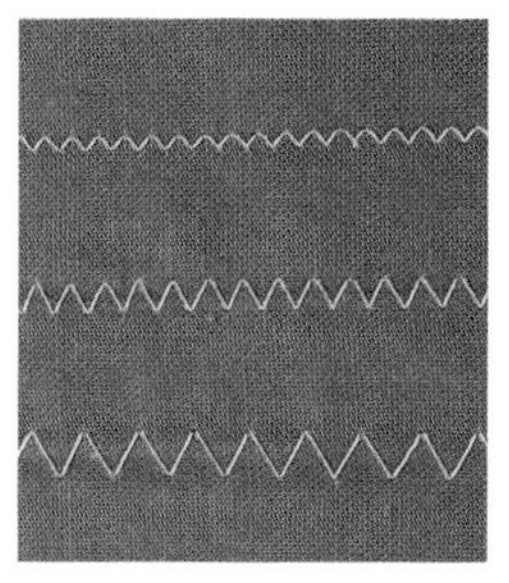

振り幅を変えた縫い目

針目を変えた縫い目

布がどんどんずれていく

縫い目の長さ調節が布地に合った長さになっているか確認しましょう。また、上糸のかけ方が間違っていないかもチェック。正しい姿勢で座り、自分に合ったスピードで縫う練習をしてみましょう。

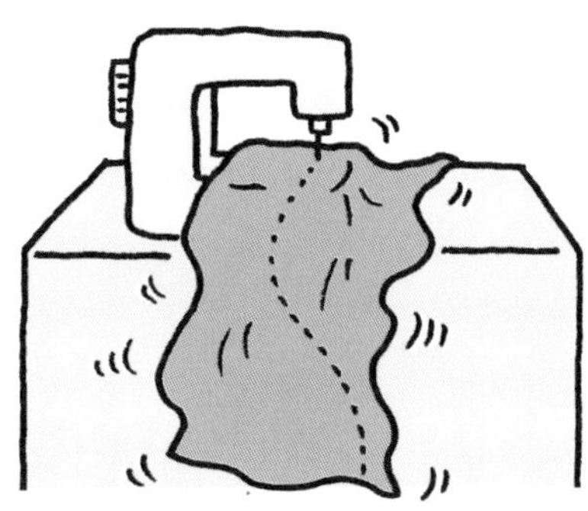

針が折れた

針が曲がっていないか、正しくついているか、押さえのネジがゆるんでいないか、ボビンが正しくセットされているかなど、確認してみましょう。折れた針は危険なので、缶の箱などに入れて内容を書き、ゴミに出します。曲がっている針、針先が欠けている針（縫うときにプツプツ雑音がする）も使えません。

一定の縫い代幅できれいにステッチができます。位置決めプレートにはミシン針を落とす穴があいているので、プレートの平行を保ちやすく、ガイドを貼る位置が定めやすいです。ぬいしろガイドは1つでも、2つつなげても使えます。

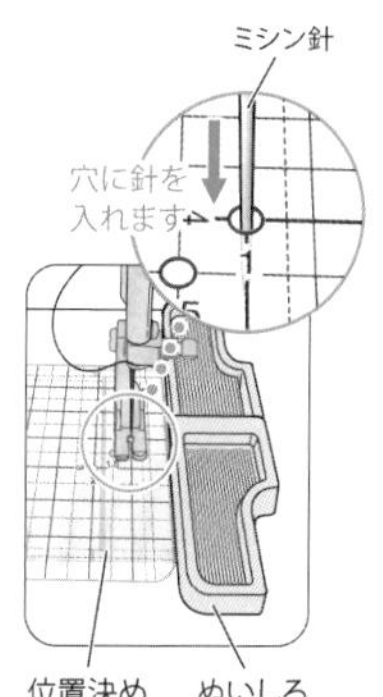

4本の直線縫いだけでできる クッションカバー

カバー類にはお決まりのファスナーつけなんて一切なし。
1枚の布を折りたたんで縫うだけのクッションカバーです。
プリントや素材のおもしろさを楽しんで。

◉デザイン&制作…百目鬼尚子

布の裁ち方

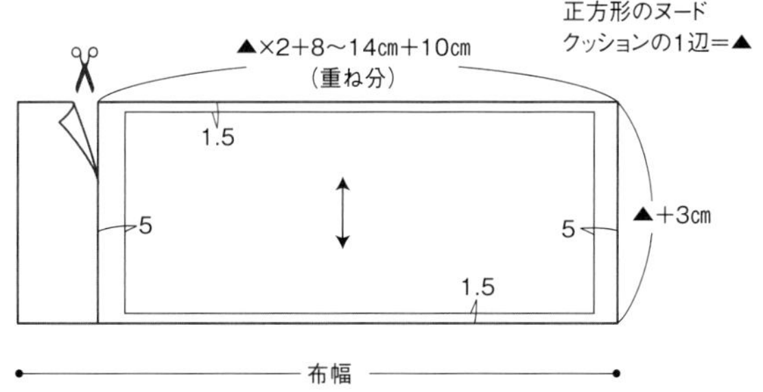

◉用意するもの
厚手のコットン地　ヌードクッションに合わせて適宜
正方形のヌードクッション
ミシン糸、ミシン針、裁ちばさみ、手縫いの道具、メジャー、チャコペンシル、目打ち、アイロン

Point
長方形の布は、ヌードクッションの寸法を測り、その寸法を基に布を裁ちます。クッションの入れ口の布の重ね分は、42×42cmのクッションで8〜14cmくらいを目安にします。布によって裁ち端のほつれが気になるようなら、ジグザグミシンをかけておくとよいでしょう。

1 両端を縫う

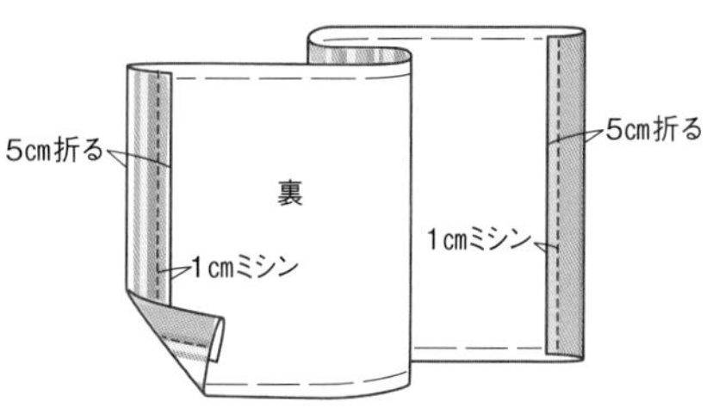

両端を5cmずつアイロンで裏側に折り、ミシンをかけて留める。

2 中表に折って縫う

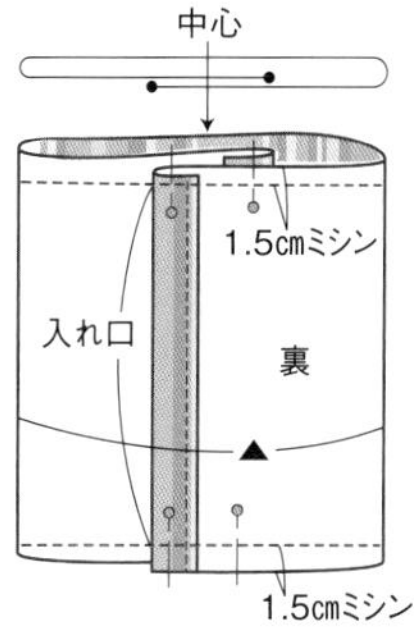

長方形の布の両端を中心でたたみ合わせて、クッション寸法（▲）になるように中表に折る。重なった部分にまち針をうち、上端と下端にミシンをかける。

3 表に返す

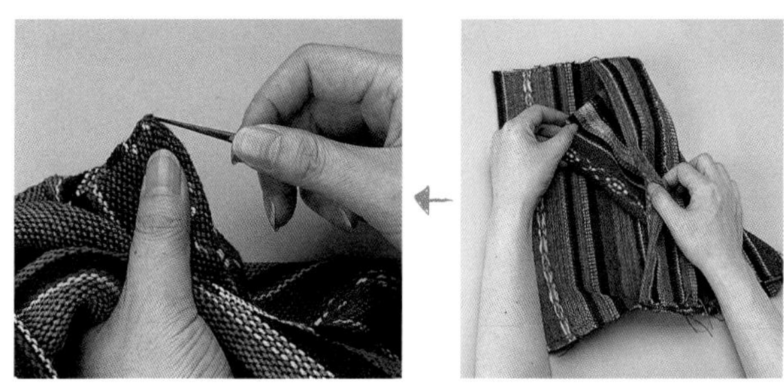

入れ口から引き出して表に返す。角は目打ちで引き出して整える。

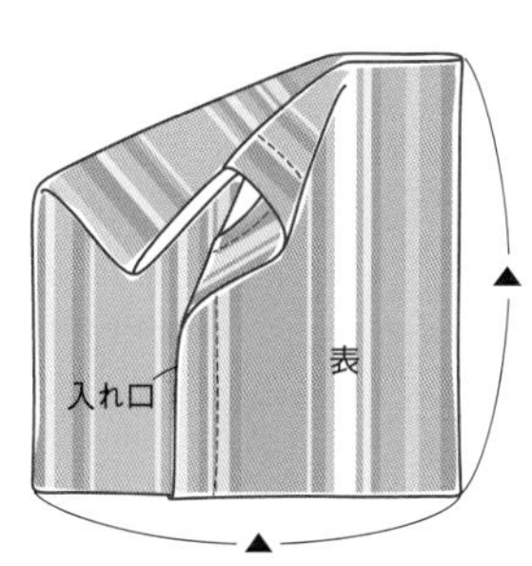

クッションの入れ口にボタンホールを作って（P.132参照）、ボタンあきにするのもアクセントになって楽しい。

バンダナで作る
ハートのキッチンミトン

2色のバンダナを表と裏に使って作るキッチンミトン。
形もかわいいうえに使い心地も満点。
使い終わったら、窓辺や壁につり下げて。

◉デザイン&制作…米倉加乃

バンダナとキルト芯の裁ち方

表布用バンダナ

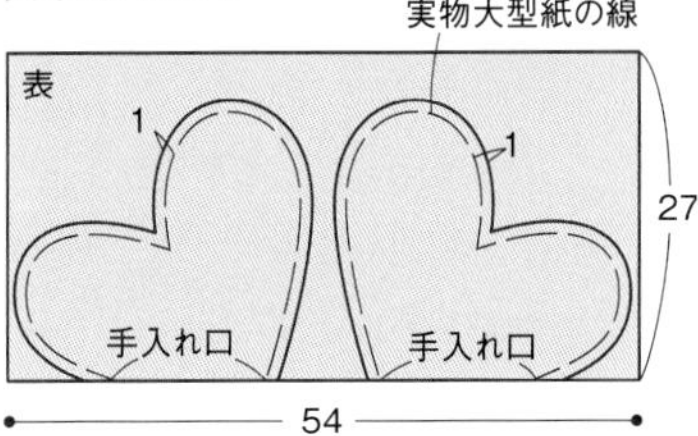

裏布用バンダナ

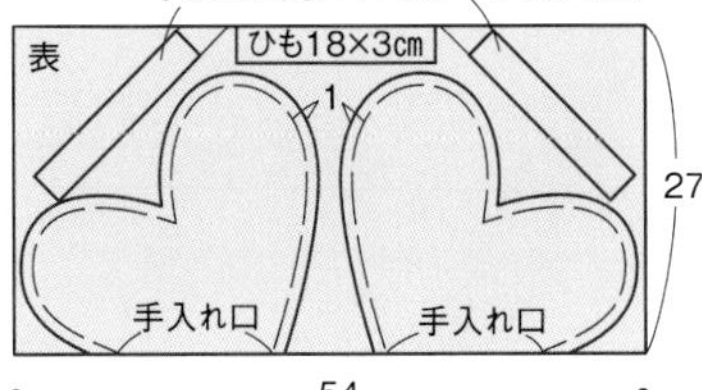

キルト芯

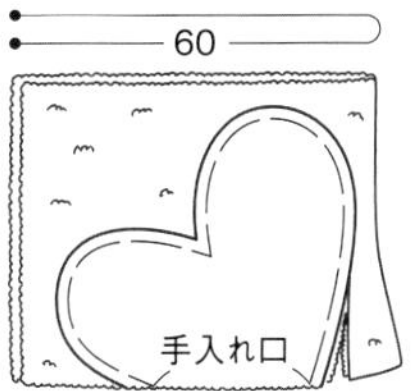

バンダナはそれぞれ半分に切り、実物大型紙を置いて、アウトラインの印をつける。バンダナ、キルト芯ともハート形は手入れ口以外に図のように1cmの縫い代をつける。手入れ口用バイアステープとひもは、図中の寸法で直接布に線を引いて裁つ。

◉用意するもの
バンダナ（54×54cm）2色を各1枚ずつ
キルト芯（P.109参照）　60×25cm
ミシン糸、ミシン針、裁ちばさみ、手縫いの道具、チャコペンシル、定規、アイロン

Point

写真のキッチンミトンは各種バンダナをパッチワークして作っていますが、ここでは表布と裏布に色違いのバンダナを使って作るベーシックな作り方を紹介します。ミトンは、表布、キルト芯、裏布の3枚を重ねてミシンキルトをしたものを2枚作ってから、中表に合わせて縫い返して作ります。

1 ひもを作る

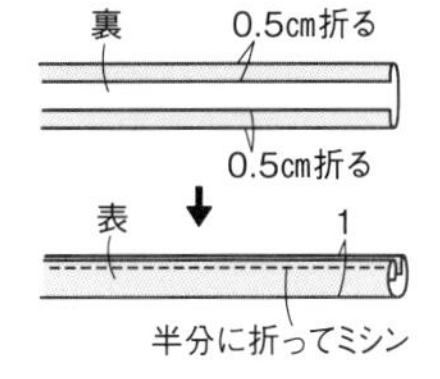

両端を0.5cmアイロンで折り、さらに二つ折りにしてミシンをかける。

2 表布、キルト芯、裏布を合わせる

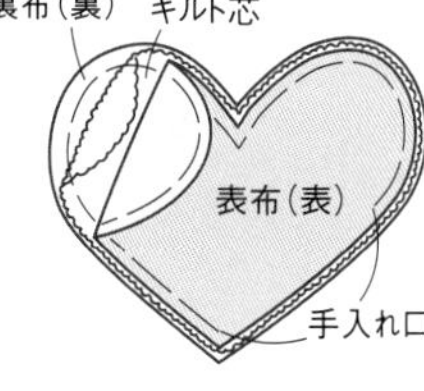

表布と裏布を外表に合わせ、間にキルト芯を挟んで3枚重ねにする。手入れ口が3枚ともそろうように重ね方を注意して。

3 キルティングをする

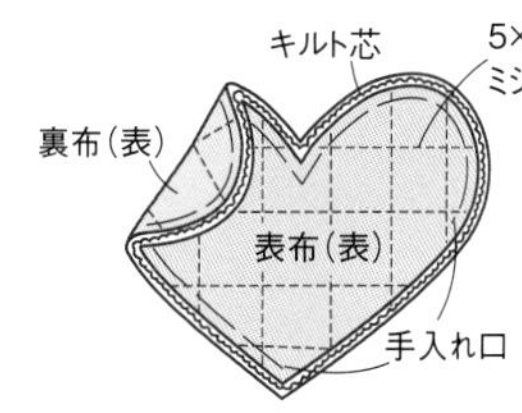

表布の上に5cm四方の方眼をチャコペンシルで引き、3枚一緒にミシンでキルティングする。

4 手入れ口を縫う

①

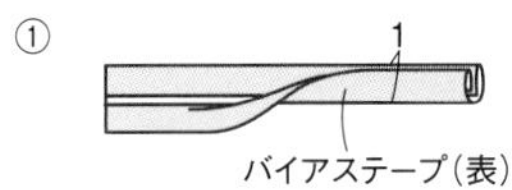

②

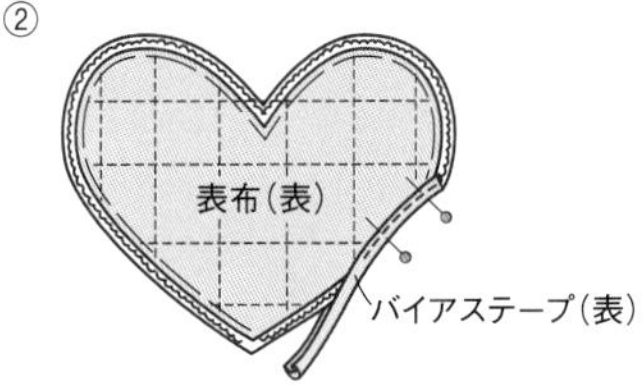

③

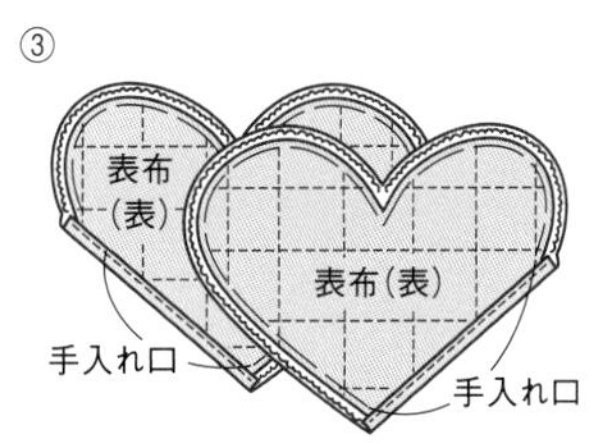

①手入れ口用バイアステープの両端を1cmアイロンで折り、さらに半分に折って四つ折りにする。
②手入れ口をバイアステープで挟んでまち針をうち、ミシンをかけて留めつける。
③もう一方のハート形も同様に作る。ここで2枚のハート形ができ上がる。

5 中表に合わせて縫う

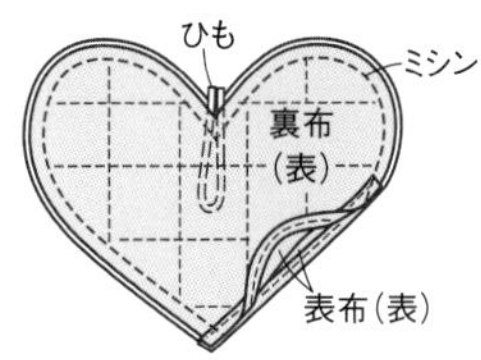

4ででき上がったハート形2枚を中表に合わせ、ハートの凹のところの間に二つ折りにした1のひもを挟み、手入れ口を残して周りを縫う。

表に返して、でき上がり！

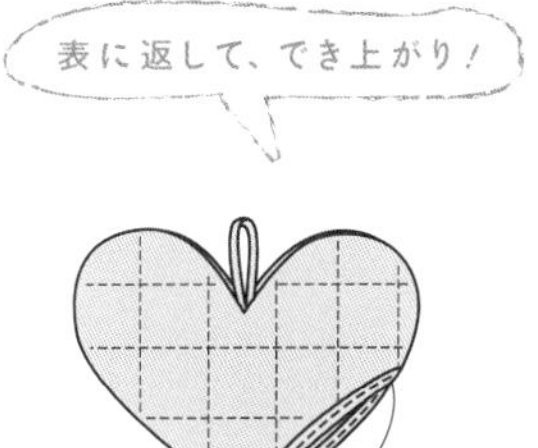

パッチワークの布小物

手作りしたときの余り布やはぎれ……。
そんな小さな布たちをつなぎ合わせて、
自分だけの小物を作ってみましょう。
布の色合わせで印象がずいぶん変わります。

◉デザイン&制作…青木恵理子

文庫サイズの ブックカバー

テープ状のパッチワークが、
さり気ないアクセント。
簡単に作れるので、本好きな人なら、
何枚もほしくなってしまいそう。

ポケットつきの
鍋つかみ

両手鍋用に、一度に2つ作ります。
ポケットつきで鍋の取っ手もつかみやすいデザイン。
鍋敷きとしても使えます。

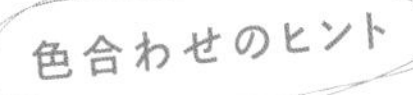

同色系でまとめる

柄の中の色でまとめる

ビビッドカラーを効かせる

ブックカバー

◉用意するもの
コットン無地（表布用） 40×20cm
コットン水玉プリント（裏布用） 40×20cm
各種コットンの布（パッチワーク用） 5×5cm
スエードテープ（しおり用） 0.5cm幅25cm
〃 （テープ用） 3cm幅16cm
ミシン糸、ミシン針、裁ちばさみ、手縫いの道具、チャコペンシル、定規、アイロン

◉必要な材料
スエードテープ
合成皮革が一般的で、幅、色とも各種豊富。手芸店でcm単位で買える。

Point
パッチワーク用の布は、厚紙で作った5×5cmの型紙を使うと、印つけがスピーディに。カバーをパリッと仕立てたいときは、表布の裏全体に薄手の接着芯を貼ります。

布の裁ち方

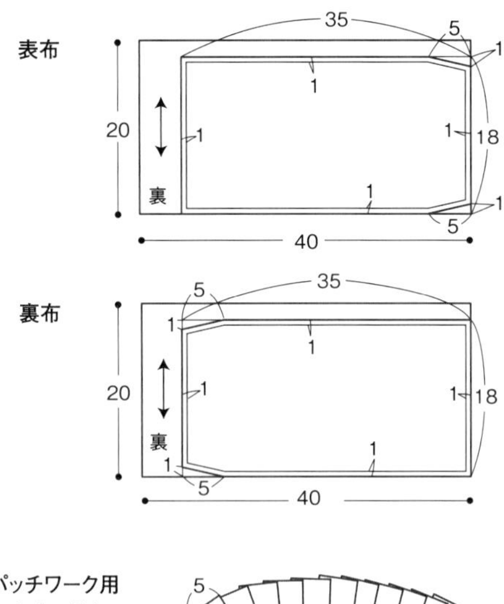

1 パッチワークテープを作る

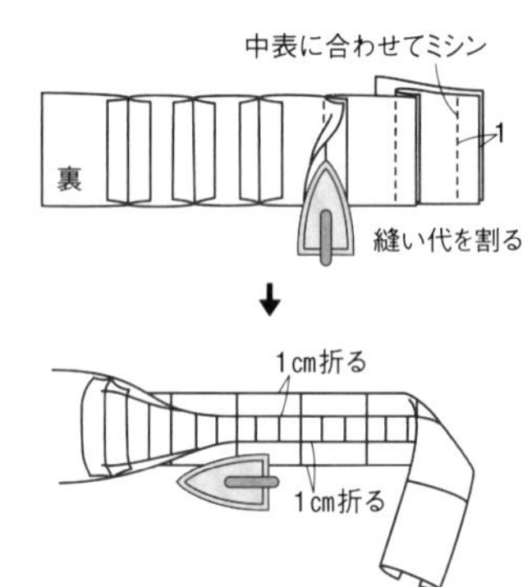

各ピースを中表に合わせ、端から1cmのところを縫う。続けて横に11枚はぎ合わせたら、縫い代をアイロンで割る。上下の端を1cmずつ折って、パッチワークテープを作る。

2 パッチワークテープを縫いつける

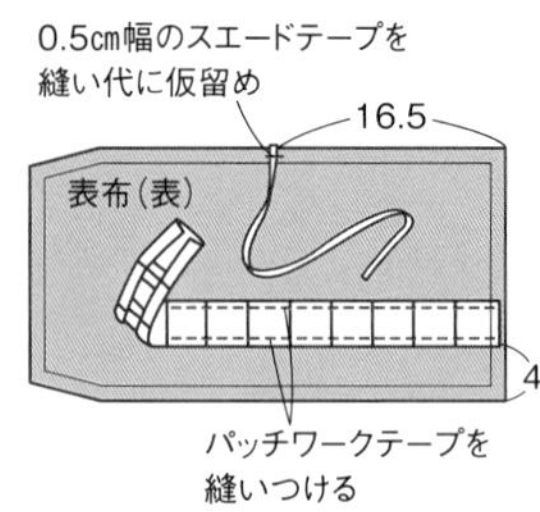

表布にパッチワークテープをまち針で留め、上下にミシンをかけて、留めつける。しおり用のスエードテープを図のように表布の縫い代に仮留めしておく。

3 中表に合わせて縫う

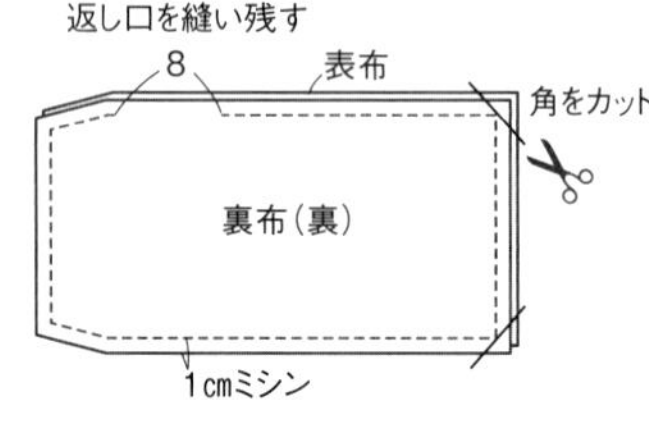

表布と裏布を中表に合わせ、返し口を残して布端の1cm内側を縫う。角はきれいに返せるように、縫い代をカットしておく。

4 表に返してステッチをかける

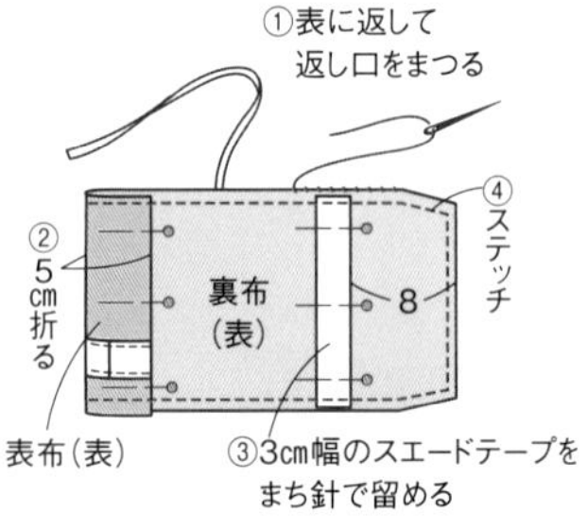

返し口から表に返し、返し口はまつる（①）。カバーの端を5cm折り（②）、テープ用のスエードテープを折り込み部分の端から8cmのところにまち針で留める（③）。次にカバーの上端から折り込み部分、下端とステッチをかける（④）。

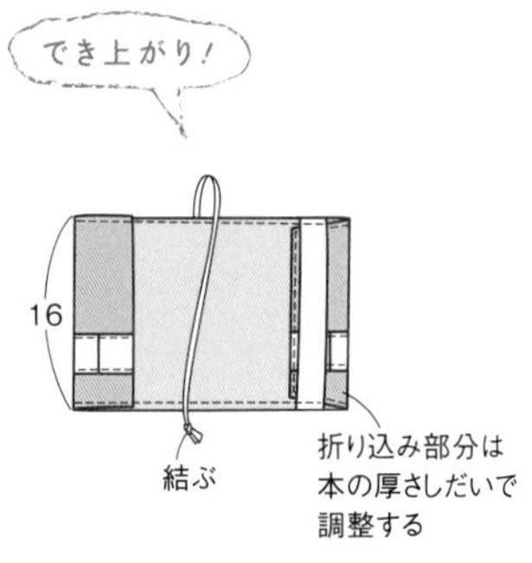

鍋つかみ

◉用意するもの（2つ分）

各種コットン布　適宜

（縫い合わせたサイズが22×34cmになる分量）

麻布（裏布、ポケット用）　108cm幅20cm

薄手のコットン布やシーチングなど（当て布用）

90cm幅20cm（22×17cmを4枚分）

中厚のキルト芯

110cm幅20cm（22×17cmを4枚分）

リネンテープ　0.9cm幅を24cm

ミシン糸、ミシン針、裁ちばさみ、手縫いの道具、チャコペンシル、定規、アイロン

◉必要な材料

キルト芯

ごく普通のパッチワーク用のものでOK。そのままだと縫いづらいので、当て布を挟んで縫う。さまざまな厚さがあるが、ここでは約3mm厚さの中厚を使用。

Point

表布の各ピースは、縫い代を1cmとってはぎ合わせると22×34cmのパッチワーク布になります。これを半分に切って2つの鍋つかみを作るので、布の裁ち方図では裏布、当て布、キルト芯も2つ分の分量が示されています。縫い方3からは1つ分の縫い方を紹介していますが、2つ目もこれと様同に作ります。

布の裁ち方

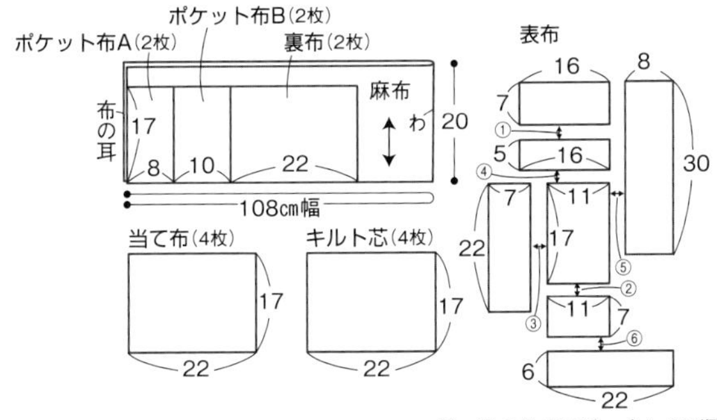

①〜⑥の数字は縫い合わせる順番

ポケット布Aはポケット口に布の耳を使って1つ目用に、ポケット布Bはポケット口を1cm幅の三つ折りにして2つ目用に使う。

1 パッチワークをする

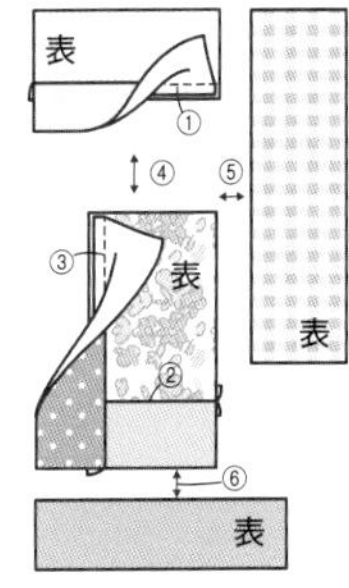

大きさが違うピースを縫い合わせる場合は、小さいピースを縫い合わせ、辺の長さがそろったら大きいピースへ……とつないでいく。ここでは①②③……の順番で2枚の布を中表に合わせてまち針で留め、縫い代を1cmとって縫い合わせる。縫い代はアイロンで割る。

2 表布を半分にカットする

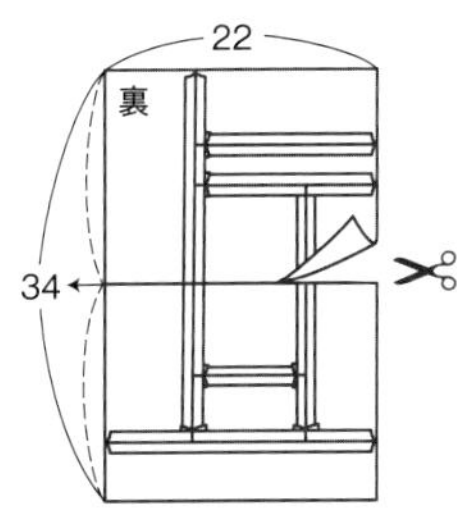

縫い合わせた22×34cmの表布を半分にカットする。

3 裏布にポケット布をつける

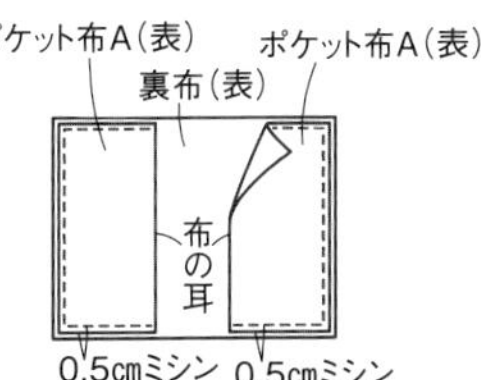

裏布にポケット布Aを布の耳が中央側にくるように置き（ポケット布Bは三つ折りにしたところ）、布端から0.5cm内側にミシンをかけて留めつける。

4 表布と裏布にキルト芯と当て布を合わせる

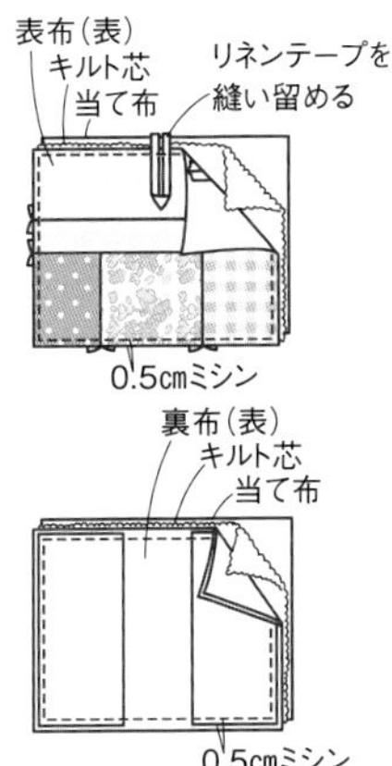

当て布、キルト芯、表布の順に重ね、布端から0.5cm内側にミシンをかける。裏布も同様に。長さ12cmにカットしたリネンテープを二つ折りにし、表布の上部中心に縫い留める。

5 中表に合わせて縫う

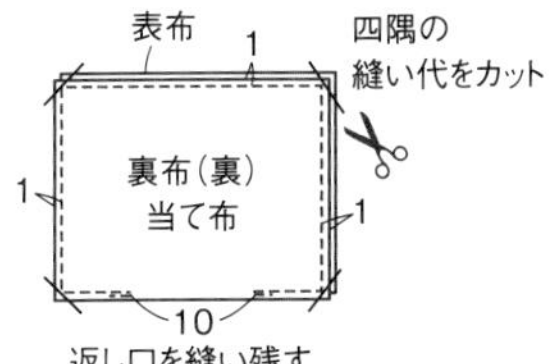

表布と裏布を中表に合わせ、返し口を残して、布端の1cm内側を縫う。角がきれいに表に返せるよう、四隅の縫い代はカットする。

6 表に返して、ステッチをかける

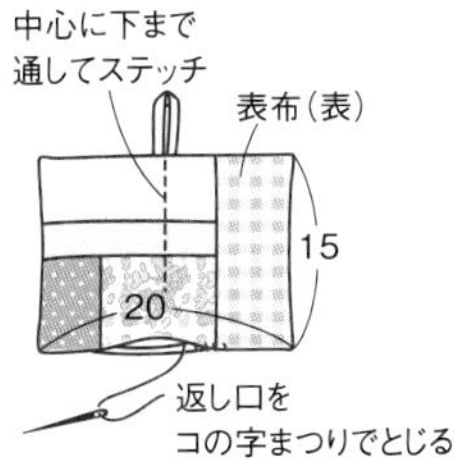

返し口から表に返し、返し口をコの字まつり（P.20、P.85参照）でとじる。鍋つかみの中央に下まで通してミシンでステッチをかけて、つかみやすいようにする。

リバーシブルの ランチョンマット＆裂き織りコースター

表裏両面使えるランチョンマットと、細く裂いた布を織って作るコースターです。
紺色の布をベースに使って、和風テイストにまとめて。

◉デザイン＆制作…青木恵理子

ランチョンマット

◉用意するもの（1枚分）
コットンチェック（表布用） 45×35cm
デニム（裏布用） 45×35cm
ミシン糸、ミシン針、裁ちばさみ、手縫いの道具、チャコペンシル、定規、アイロン

布の裁ち方

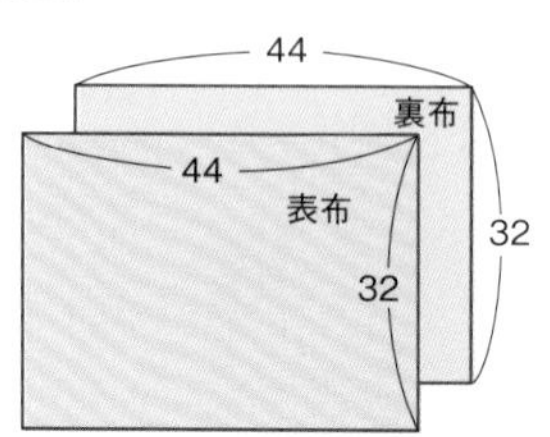

1 中表に合わせて縫う

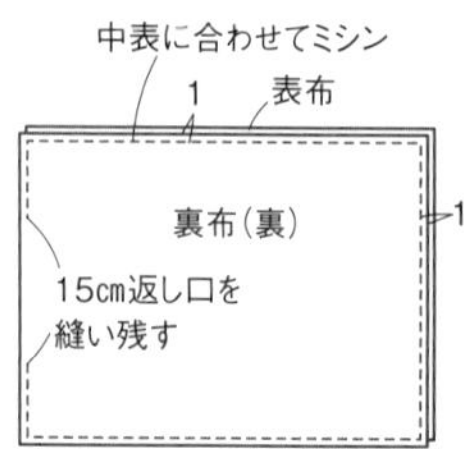

表布と裏布を中表に合わせ、布端から1cm内側を返し口を残してぐるりとミシンをかける。

2 表に返して、ステッチをかける

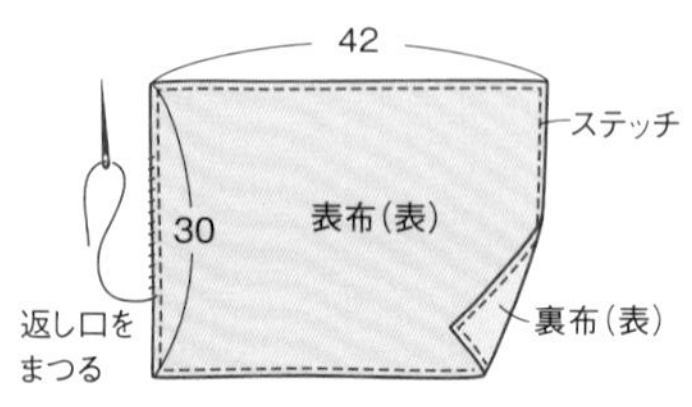

返し口から表に返して返し口をまつったら、外回りにミシンでステッチをかける。

コースター

◉用意するもの（2つ分）
コットン無地（土台布用）
15×30cm
コットンプリント（たて用裂き布用）　7種の布を裂いて3×28cmを2本、1×28cmを5本
コットンプリント（よこ用裂き布用）　7種の布を裂いて3×28cmを2本、1×28cmを5本
デニム（裏布用）
14×14cmを2枚
ミシン糸、ミシン針、裁ちばさみ、手縫いの道具、チャコペンシル、定規、プッシュピン、板（土台布より大きいもの）

Point
裂き織りは、コースター2つ分を一度に織り、ステッチをかけてから2つに切り分けます。布の裁ち方図での寸法や枚数は各布とも2つ分の分量です。縫い方4からは、1つ分の縫い方を紹介していますが、2つ目もこれと同様に。

布の裁ち方

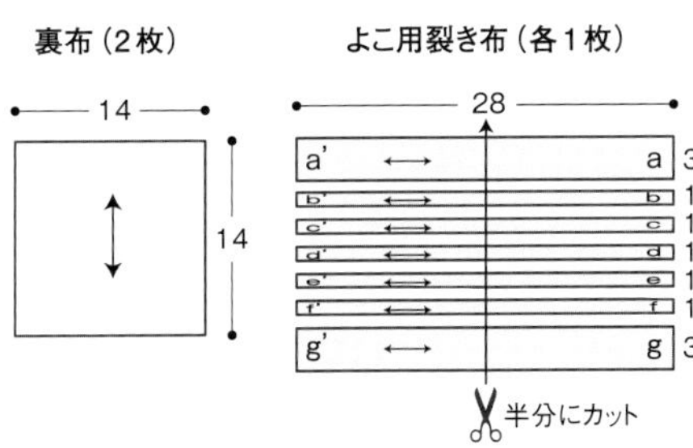

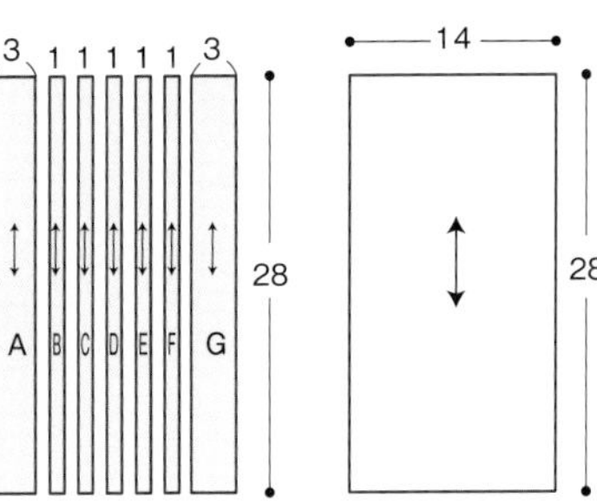

1 土台布に、たて用裂き布をつける

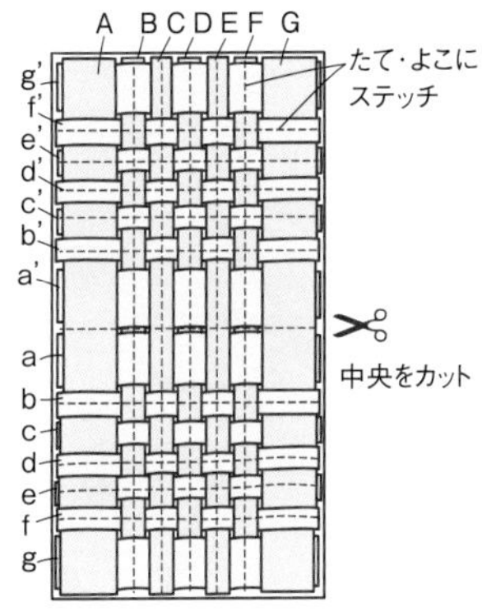

土台布にたて用裂き布A～Gをまち針で留め（間隔はあまり詰めないように）、布の中央に押さえミシンをかける。

2 よこ用裂き布を織り込む

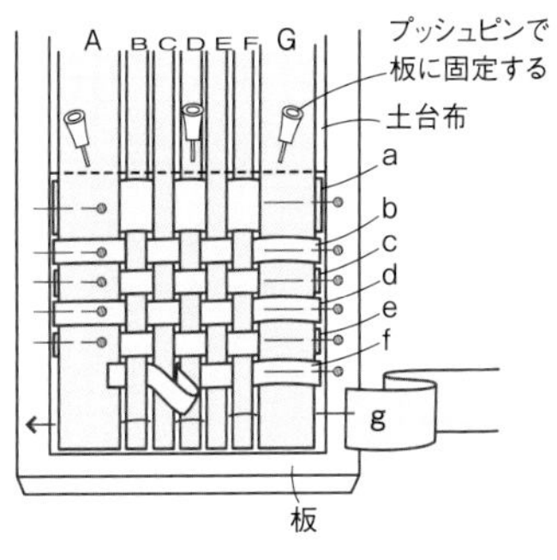

織りは、土台布中央から2方向に分けてする。まず、板に土台布をのせて、中央をプッシュピンで留め、1つ目のよこ用裂き布a～gをたて用裂き布にそれぞれ交互に通していく。間隔は、土台布が見えない程度にし、まち針で土台布に留める。2つ目は、板を逆向きにし、1つ目と同じように、よこ用裂き布a'～g'を織り込む。

3 表布を半分にカットする

表布を板からはずし、図のように裂き布の中央にステッチをたて、よこにかける。1でかけた布の中央の押さえミシンを目安に2つに切り分ける。

4 中表にして縫う

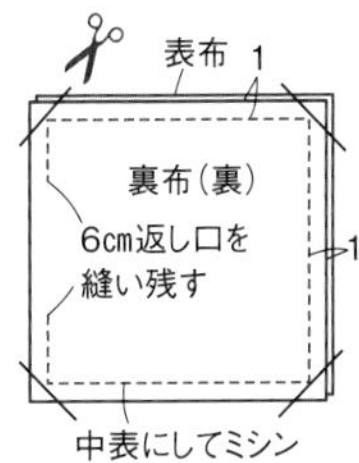

表布と裏布を中表に合わせ、返し口を残して布端から1cm内側をぐるりと縫う。四隅の縫い代はカットして。

5 表に返して、ステッチをかける

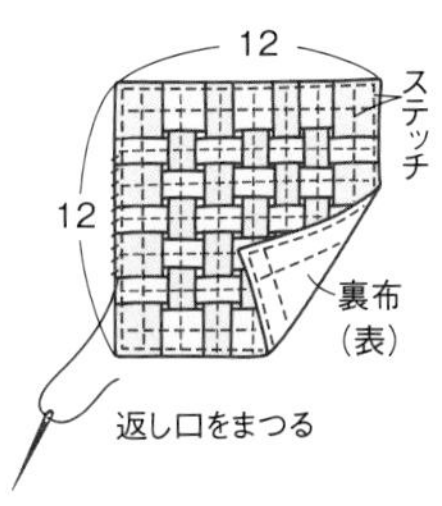

返し口から表に返して返し口をまつったら、図のようにステッチをかける。

裂き布の作り方

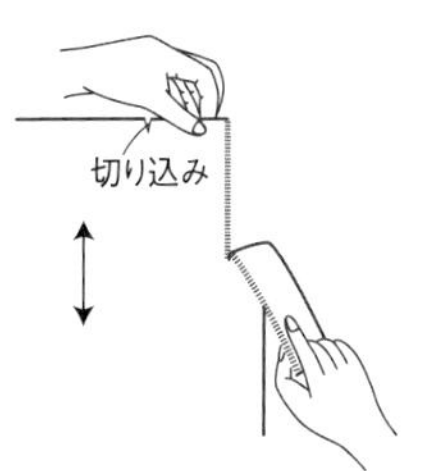

たて用裂き布、よこ用裂き布とも、布のたて地方向にはさみで切り込みを入れ、手で切り裂いて作ります。1cm幅の裂き布を作る場合、両端に0.5cmずつ余裕（伸びて細くなったり、端がまるまってほつれる）をもたせて、2cmのところに切り込みを入れるのがポイント。試しに何本か裂いて、でき上がり幅をチェックして。

シンプルさがGOOD
カフェ・エプロン

カフェの店員さんがつけているような、
シンプルだけど、どこかおしゃれな感じのエプロン。
四角く縫って、ひもをつけるだけで簡単に作れます。
ショート丈、ロング丈とも縫い方は同じです。

◉デザイン&制作…ui

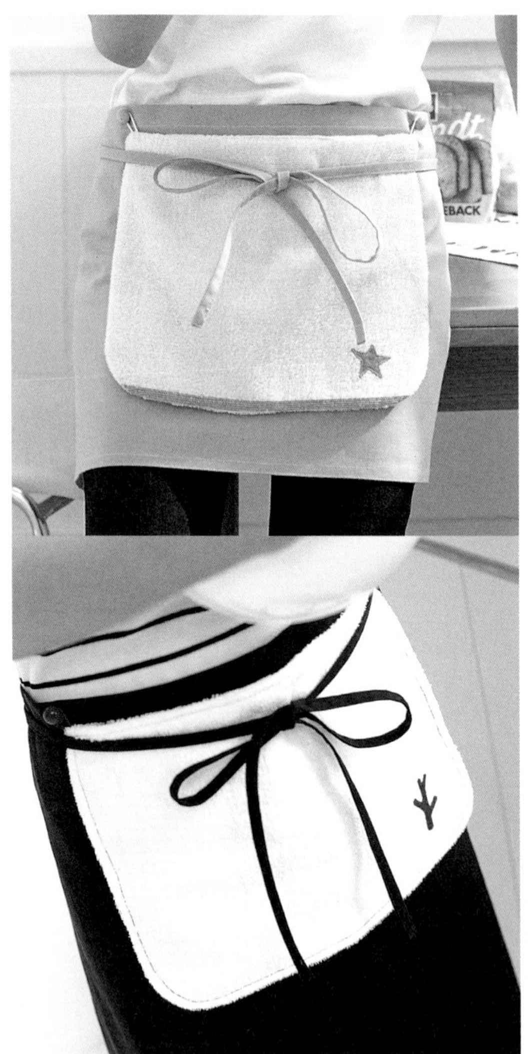

◉用意するもの

【ショートエプロン】
コットン無地　90cm幅60cm

【ロングエプロン】
コットン無地　90cm幅90cm

ミシン糸、ミシン針、裁ちばさみ、しつけ糸、手縫いの道具、チャコペンシル、定規、アイロン

Point
ロングエプロンは裁ち方図の（　）内の寸法でエプロン布と3本のひも布を裁ちます。縫い代はショート丈のものと同じ分量で。3本のひも布は、はぎ合わせて1本にしてから、必要寸法の110cmの長さに2本切り分けます。すその両角やひもをつける両脇は、縫い代が厚くなって縫いにくいので、余分な縫い代をカットします。

布の裁ち方

（　）の中の数字はロングエプロンの寸法。ロングエプロンのひもは4cm幅で3本とる。

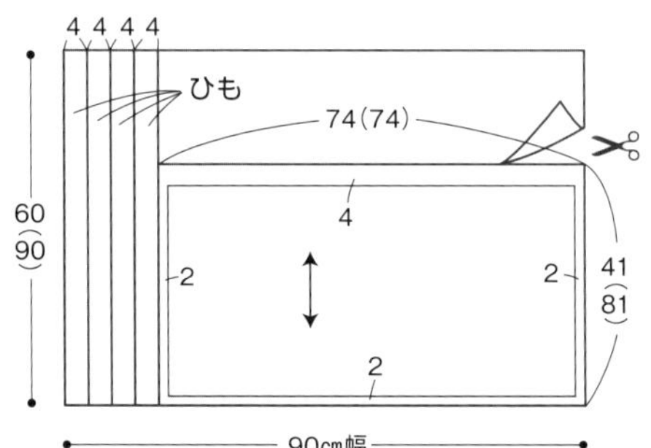

1 ひも布をはぐ(ショートエプロンの場合)

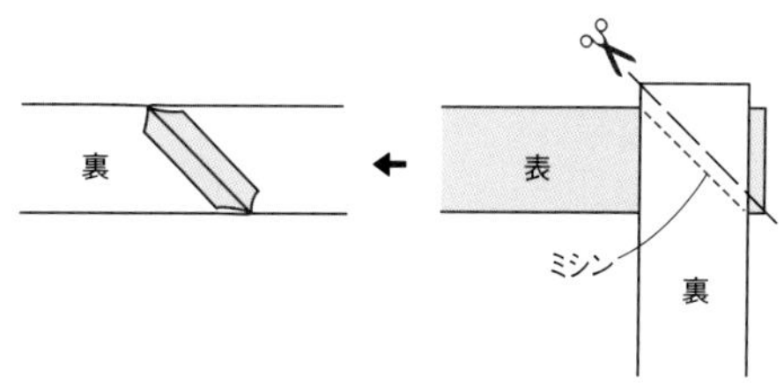

2本のひも布を直角に重ね、斜めに縫って余分な端をカットします。もう2本のひも布も同様にはぎ合わせたら、必要寸法の長さ110cmで裁ち切ります。

2 ひもを作る

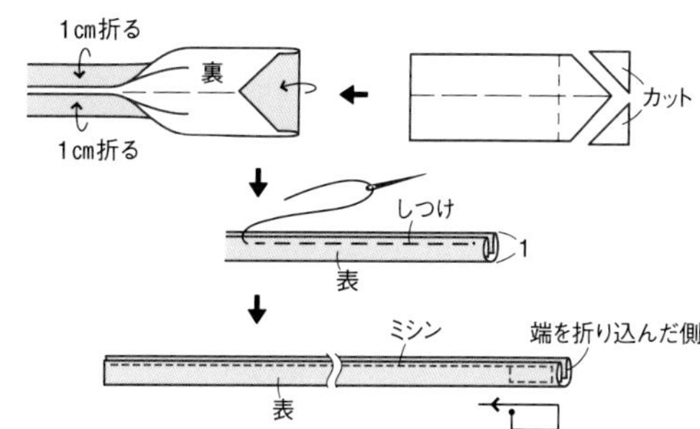

ひも布の片端は、三角にカットして、内側に折り込む。4cm幅を1cmずつ折り込み、さらに半分に折ってしつけをしたら、折り端にミシンをかける。

3 両脇とすそを折って、角の始末をする

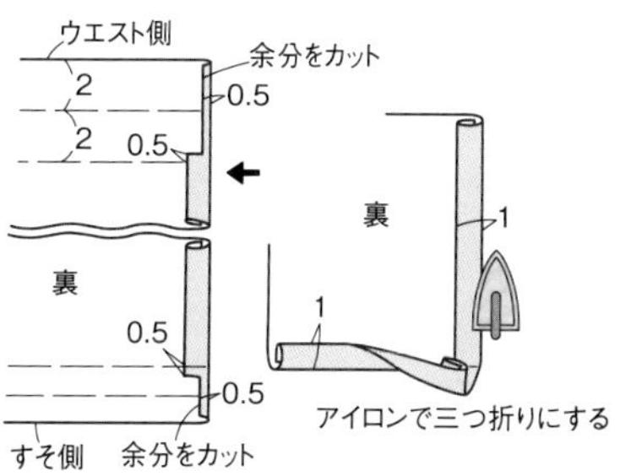

両脇とすそをアイロンで三つ折りにしたら、すその縫い代を開いて、図のように余分をカットする。すそのもう一方とウエスト側の両脇も同様にカットする。

4 両脇とすそを縫う

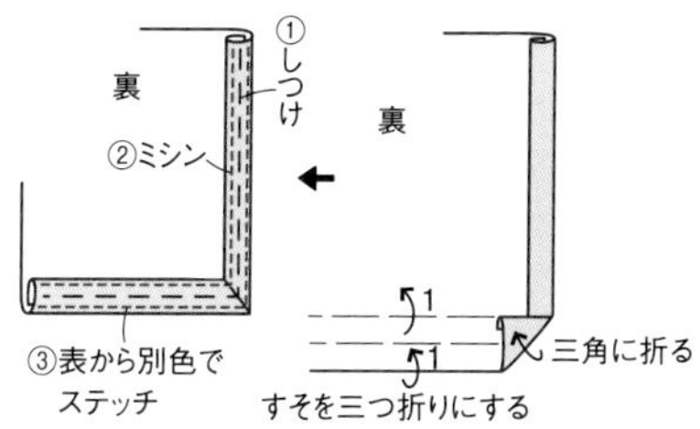

両角は三角に折ってから、すそを三つ折りにする。縫い代にしつけをして(①)、折り端にミシン(②)をかける。別色で外周りにぐるりとステッチをかけ、アクセントにする(③)。

5 ひもをつける

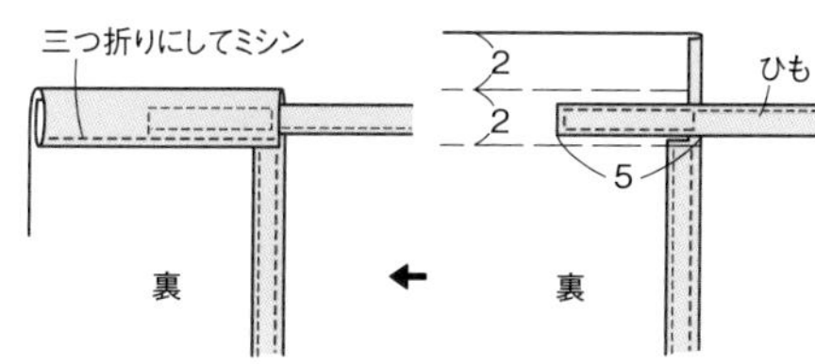

ひもの裁ち端のままになっている側をエプロンの脇に5cm重ねて縫いつける。ウエスト側をアイロンで三つ折りにして、折り端にミシンをかける。

便利なミニエプロン

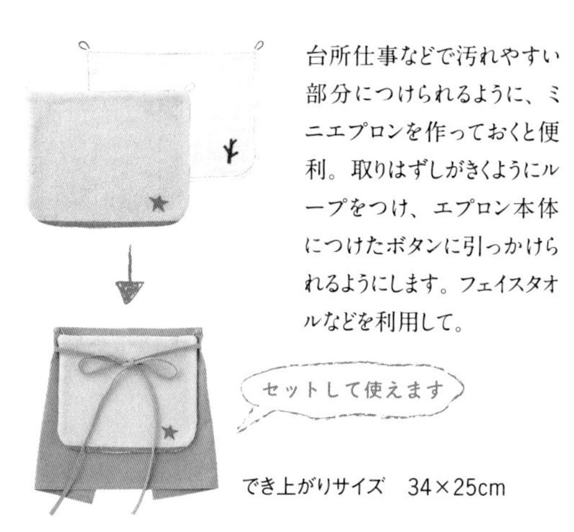

台所仕事などで汚れやすい部分につけられるように、ミニエプロンを作っておくと便利。取りはずしがきくようにループをつけ、エプロン本体につけたボタンに引っかけられるようにします。フェイスタオルなどを利用して。

セットして使えます

でき上がりサイズ　34×25cm

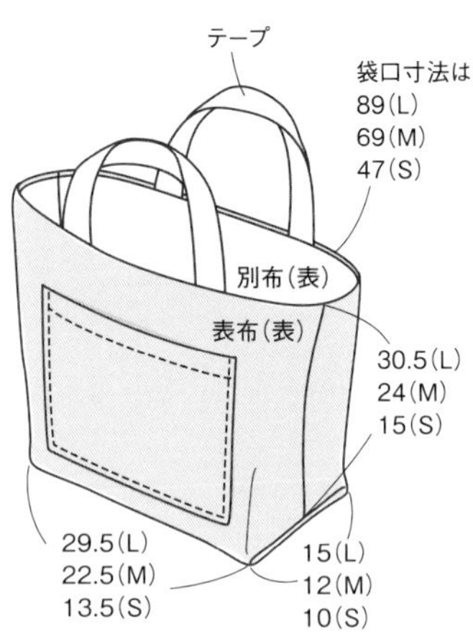
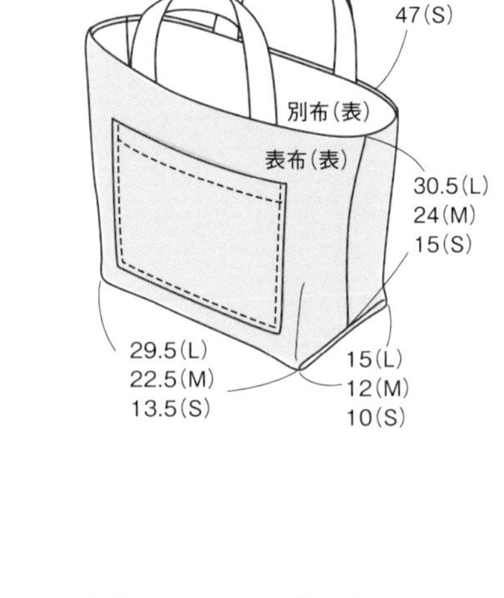

両面ともフリースの無地で

両方ともMサイズ

両面ともコットンの無地で

左からL、M、Sサイズ

表も裏も使える リバーシブルの バッグ

たっぷり物が入る便利なトート型のバッグ。
両面使えるので、好きな布、
好きな色を組み合わせて作って。
またショッピングやお散歩といった
いろいろなシーンに合うように
L、M、Sと3つのサイズをご紹介。

◉デザイン&制作…成田共絵

1 ポケットを作る

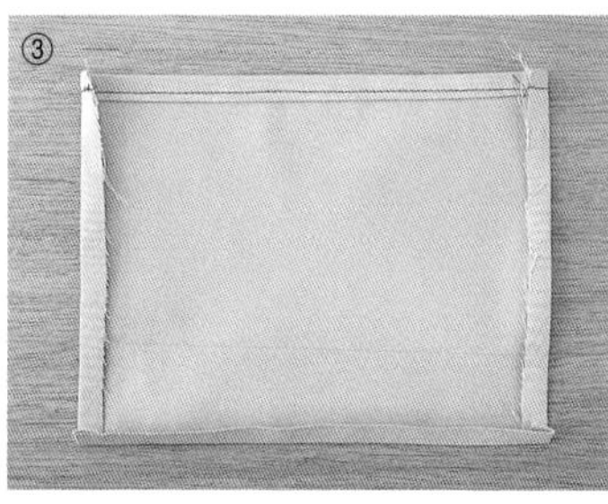

①ポケットの端から1cmのところに、接着芯をアイロンでしっかりと貼りつける。
②接着芯の上の布を折り返し、さらに接着芯の幅ごと折り返して三つ折りにし、アイロンをかけてからしつけをして、折り代の端をミシンで縫う。
③ミシンをかけたところ以外の3辺の縫い代1cmを、それぞれアイロンで内側に折る。

表布

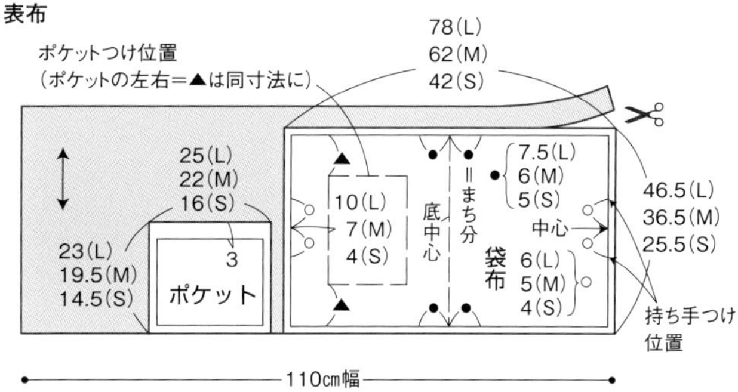

別布

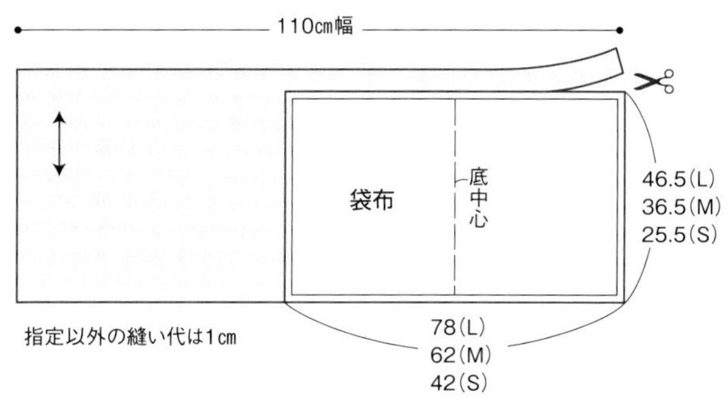

指定以外の縫い代は1cm

◉用意するもの

【Mサイズのバッグ】
コットン無地(表布用) 110cm幅40cm
コットン無地(別布用) 110cm幅40cm
テープ 3cm幅を54cm
接着芯(ポケット口用) 22×2cm

【Lサイズのバッグ】
コットン無地(表布用) 110cm幅50cm
コットン無地(別布用) 110cm幅50cm
テープ 3cm幅を66cm
接着芯(ポケット口用) 25×2cm

【Sサイズのバッグ】
コットン無地(表布用) 110cm幅30cm
コットン無地(別布用) 110cm幅30cm
テープ 2.5cm幅を48cm
接着芯(ポケット口用) 16×2cm

ミシン糸、ミシン針、しつけ糸、裁ちばさみ、手縫いの道具、チャコペンシル、定規、アイロン

Point
表布、別布とも同じ寸法で袋布を裁ち、ポケットは表布の残り部分から取ります。ポケット、まち、持ち手つけ位置には印をつけておきます。作り方はコットンの布で説明していますが、フリースで作る場合も同じです。

2 ポケットをつける

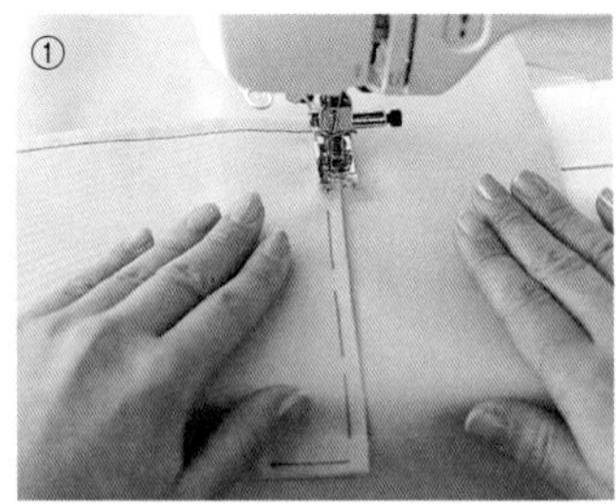

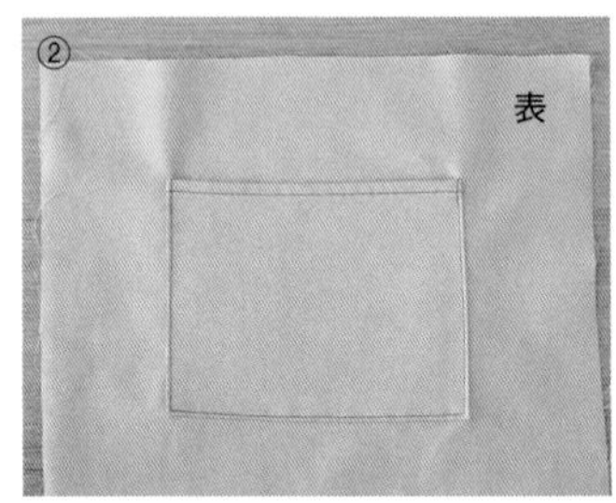

①ポケットの位置を決めて、しつけをかけ（右下を参照）、ミシンでポケットを表布に縫いつける。
②ポケットがついた状態。別布にもポケットをつける場合は、同様の手順で。

3 表布の袋を作る

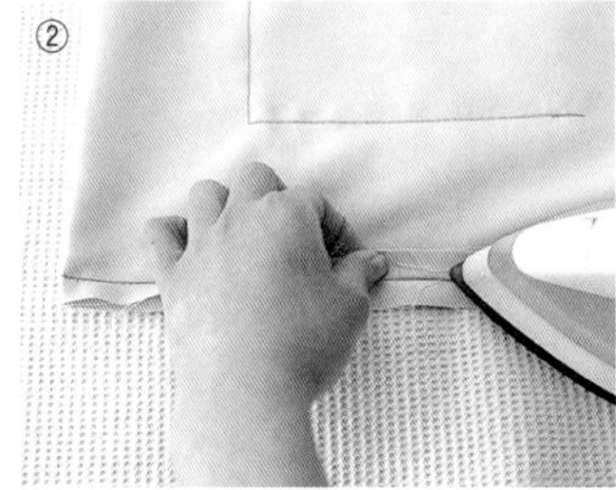

①ポケットが内側になるように、布を中表に合わせ、左右の端から1cmのところをミシンで縫う。
②左右の縫い代を、アイロンで割る。

4 まちを作る

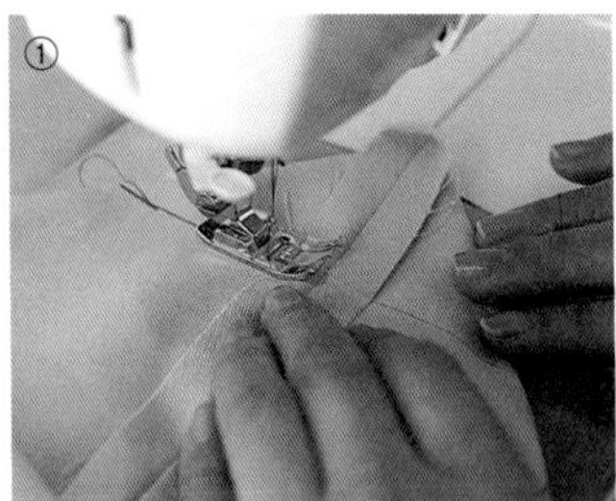

①袋の底の角を三角に開き、あらかじめつけておいたまちの印にしたがって、ミシンをかける。
②2cm程度残し、余分な三角のまちをはさみで切る。

5 別布の袋を作る

別布も、表布と同様の手順で袋に作る。

lesson

ポケット位置のとり方

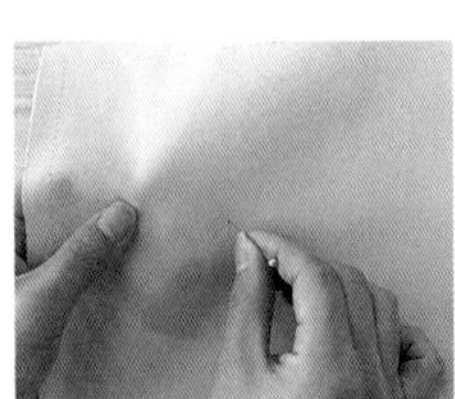

① 表布の裏側にあらかじめつけておいたポケット位置の印に合わせ、まち針を表側に向かって出す。

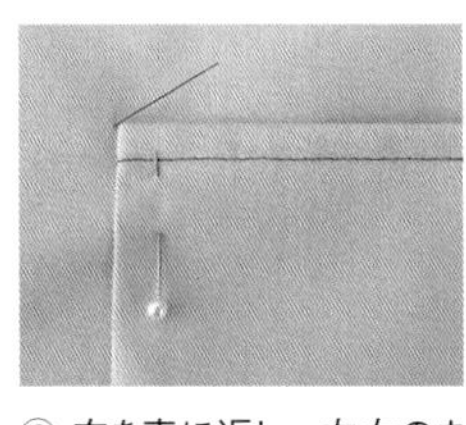

② 布を表に返し、左右のまち針にポケットの左右を合わせて、まち針で留める。

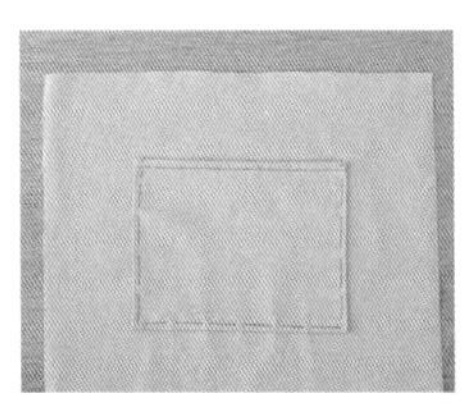

③ しつけ糸で、ポケットを縫いつける。

6 持ち手を留める

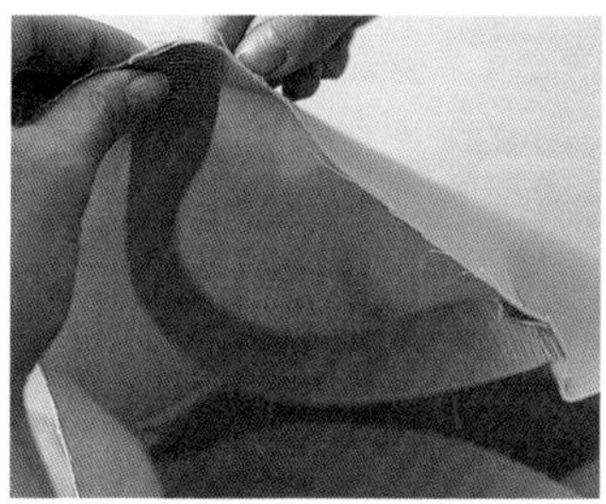

テープは半分の長さに切る。持ち手位置の印にテープの内側を合わせ、袋の内側にまち針で留める。もう片方も同様に。

7 袋口を縫う

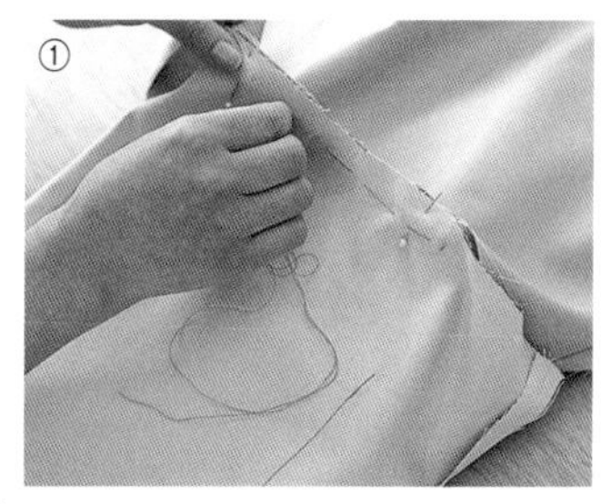

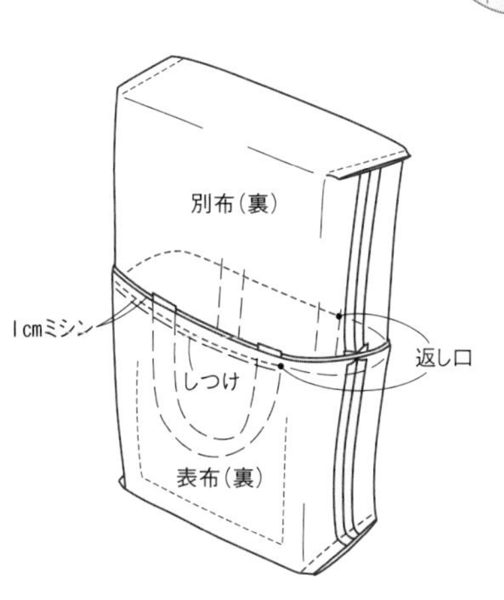

①表布と別布の袋の口どうしを合わせ、端から1.2cmのところをしつけ糸で縫い合わせる。片側の持ち手と持ち手の間は、返し口として開けておく。
②端から1cmのところをミシンで縫う。持ち手と持ち手の間の返し口は、縫い残す。持ち手が挟んである箇所は、上の図のようにミシンで返し縫いをして、しっかりと縫いつける。

8 表に返す

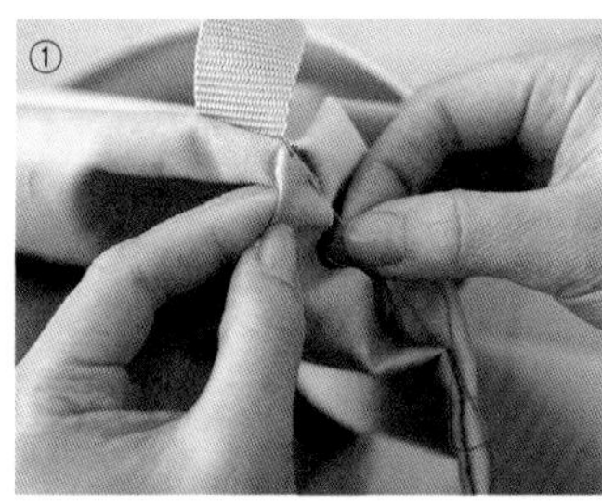

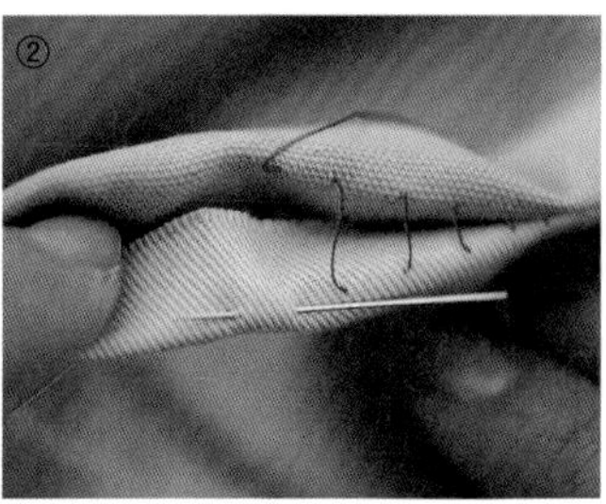

①返し口から、袋を表に返す。返し口は縫い代1cmずつを内側に折り込んで、コの字まつり（P.20、85参照）で縫い留める。
②コの字まつりは、袋の内側でできるだけ目立たないように。

裏返しにすると…

洋服や気分に合わせて、2通りの使い方ができるのがリバーシブルバッグのいいところ。

帆布で作る トートバッグ

しっかりして丈夫な帆布で作ったトートバッグは、
ノートや筆記用具を入れるのにぴったりな四角い形。
縁取りや持ち手の色の組み合わせを楽しんで。

◉デザイン&制作…成田共絵

◉必要な道具

ストロングホック
打ち具がセットされているものが便利。

かなづち
ストロングホックを取りつけるときに必要。家にあるものを使って。

細長い棒
持ち手用の布を表に返すのに使う。編み棒や菜箸など細長い棒状のものなら何でもよい。

Point

縫い方をスムーズに進めるため、接着芯を貼ったり、持ち手やポケットなどの小さな部分を縫う作業を最初にまとめてしておきます。この準備ができたあと、立体に縫い上げていきます。帆布はパリッと仕上げたいのでこまめにアイロンをかけて。

◉用意するもの

【Lサイズのバッグ】
8号帆布（表布用） 110cm幅60cm
コットン無地（持ち手用布） 110cm幅30cm
テープ 3cm幅を2m
綿テープ 2cm幅を3m
接着芯（側面布袋口、まち袋口用） 45×10cm
シルバーメタルのストロングホック 直径1.5cmを3組

【Mサイズのバッグ】
8号帆布（表布用） 110cm幅50cm
コットン無地（持ち手用布） 110cm幅30cm
テープ 3cm幅を1.8m
綿テープ 2cm幅を2.7m
接着芯（側面布袋口、まち袋口用） 36×10cm
シルバーメタルのストロングホック 直径1.5cmを3組

【Sサイズのバッグ】
8号帆布（表布用）110cm幅40cm
コットン無地（持ち手用布） 110cm幅30cm
テープ 2.5cm幅を1.5m
綿テープ 2cm幅を2m
接着芯（側面布袋口、まち袋口用） 25×5cm
シルバーメタルのストロングホック 直径1.5cmを1組

ミシン糸、ミシン針、しつけ糸、裁ちばさみ、手縫いの道具、チャコペンシル、定規、アイロン、かなづち、細長い棒

布の裁ち方

指定以外の縫い代は1cm

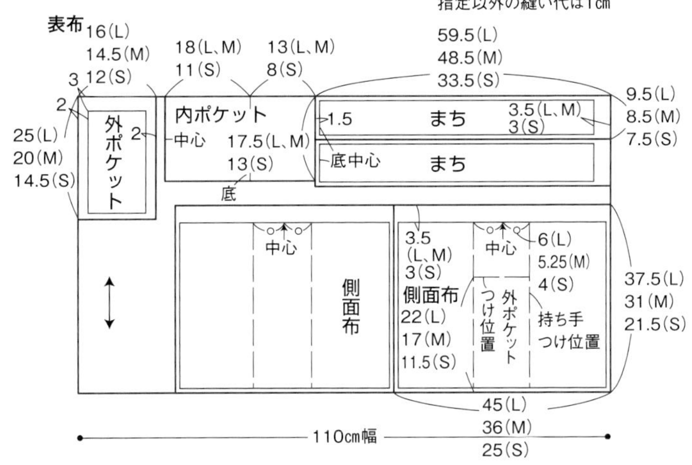

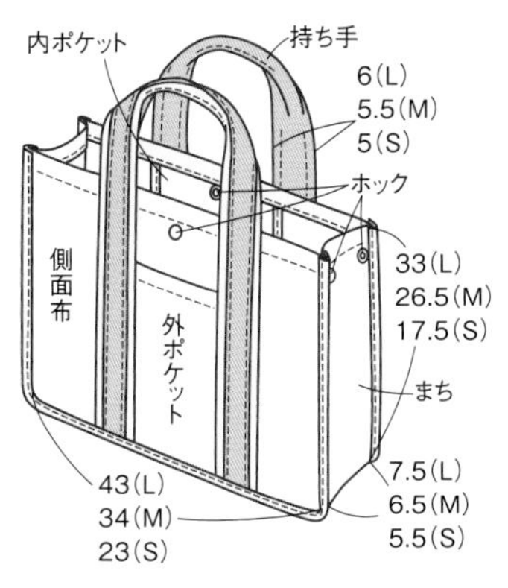

持ち手用布

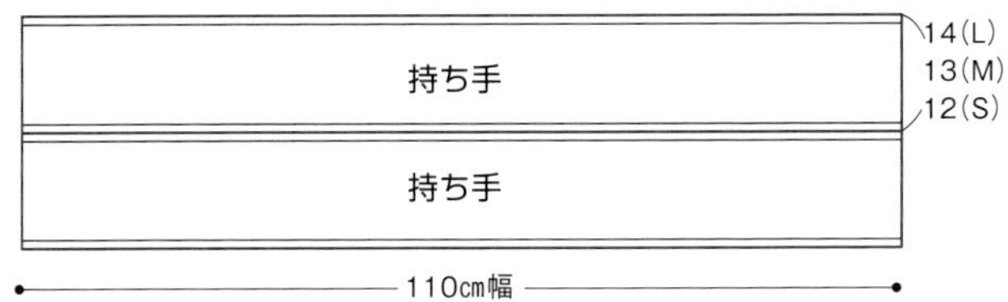

外ポケットつけ位置、持ち手つけ位置、側面布の中心、内ポケットの中心の印はつけておく。まちの部分のホックはSサイズにはつけない。

1 接着芯を貼る

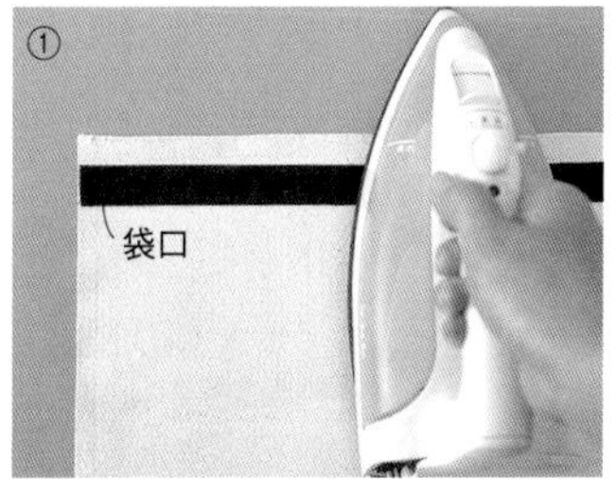

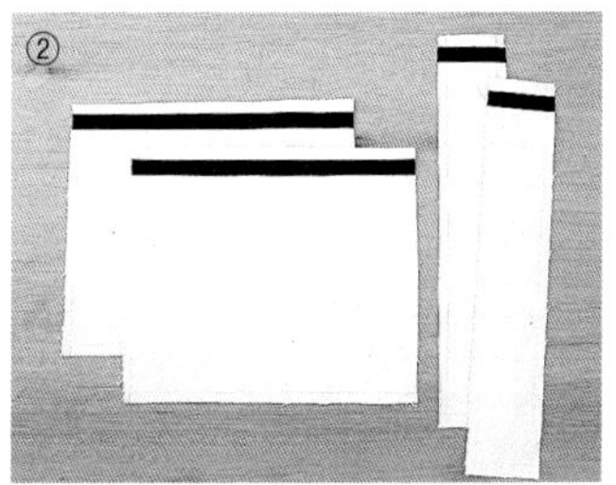

①接着芯をLとMは2cm幅に、Sは1.5cm幅に切っておく。側面布の袋口の縫い代の印に接着芯の下のラインを合わせて接着芯をアイロンでしっかりと貼り、補強する。
②まち用の布にも袋口側の縫い代のラインに合わせて、同様に接着芯を貼る。

2 内ポケットを作る

①内ポケットは布端を綿テープでくるんで始末する。ポケット口になる辺(底の印から短い方)に綿テープをしつけで留め、ミシンをかける。
②底の印で布を折り、左右の端を綿テープでくるんで始末する。上の端は、側面の布に折り込むので、くるまなくてよい。

3 外ポケットを作る

ポケット口になる部分は縫い代を1.5cmアイロンで折ってから、さらに1.5cm折って三つ折りにし、ミシンで縫う。

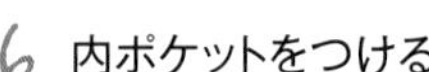

4 まちを作る

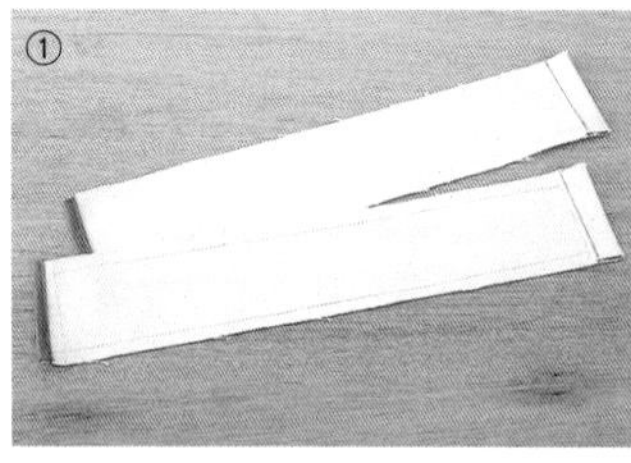

①まち用の布は、接着芯を貼ったところをアイロンで三つ折りにし、ミシンをかけて押さえる。もう一方の端は綿テープでくるんで始末する。
②2枚を中表に合わせ、綿テープでくるんだ辺を端から1.5cmのところで縫い合わせる。
③縫い代をアイロンで割り、縫い合わせた線の左右をミシンで縫う。

5 持ち手を作る

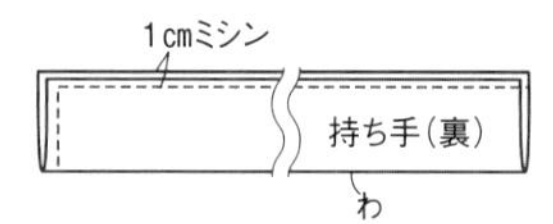

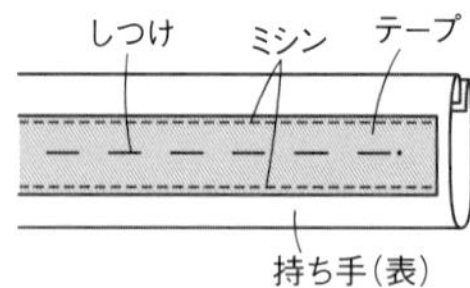

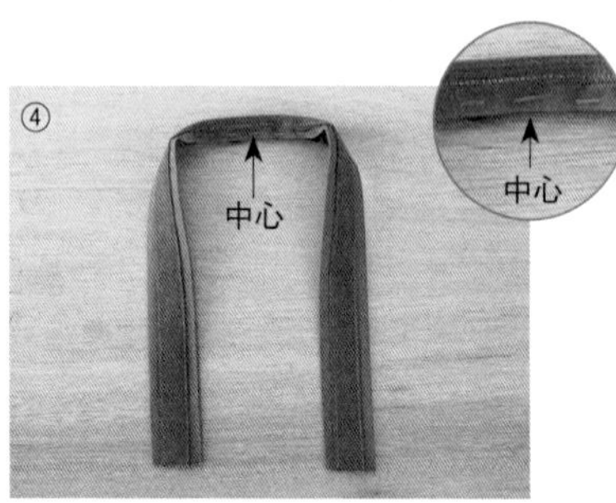

①持ち手用の布は1枚を中表に合わせて半分に折り、端から1cmのところを、図のように1辺を残してL字にミシンで縫う。
②細長い棒を中に入れて布を寄せ、表に返す。
③表に返した布にアイロンをかけてから、中央にテープをしつけ糸で留め、テープの両端をミシンで縫う。
④持ち手の中心からLとMは左右12cm、Sは10cmのところを二つ折りにして半分の幅にし、布端をミシンで縫い、握りの部分を作る。もう一方も同様に作る。

6 内ポケットをつける

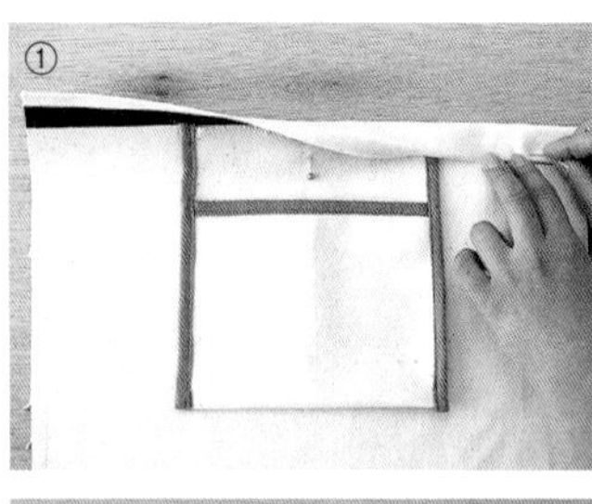

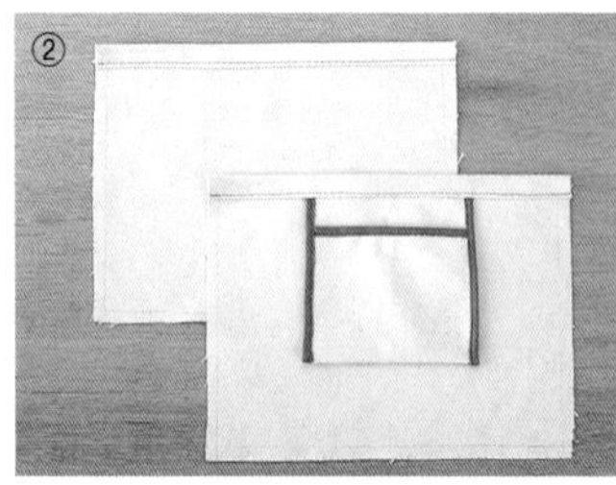

①側面の布の接着芯の下のラインで、側面の布と内ポケットの中心を合わせてまち針で留め、袋口をアイロンで三つ折りにしてミシンで縫う。
②もう1枚の側面の布はポケットがつかないので、袋口をアイロンで三つ折りにして、ミシンで縫うだけでよい。

7 外ポケットと持ち手を重ねてつける

外ポケットつけ位置の印に合わせて外ポケットをまち針で留める。持ち手の中心を側面の布の中心の位置に合わせ、袋口から袋口までの持ち手の長さを各サイズごとに調整し、持ち手位置に留める。持ち手の長さはLが30cm、Mが26.5cm、Sが25cmになるように。

8 持ち手をつける

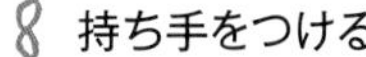

縫い止まり

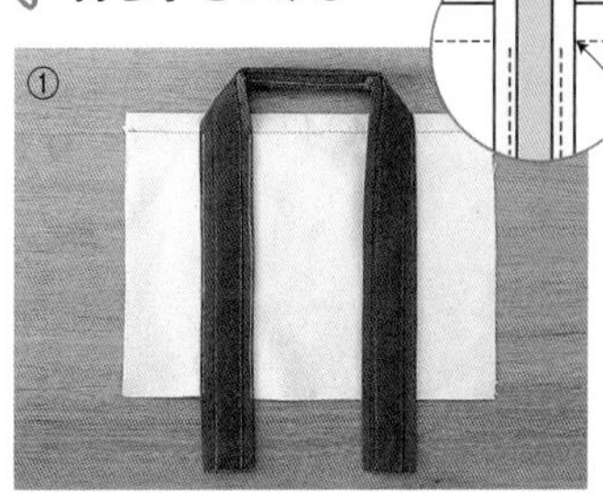

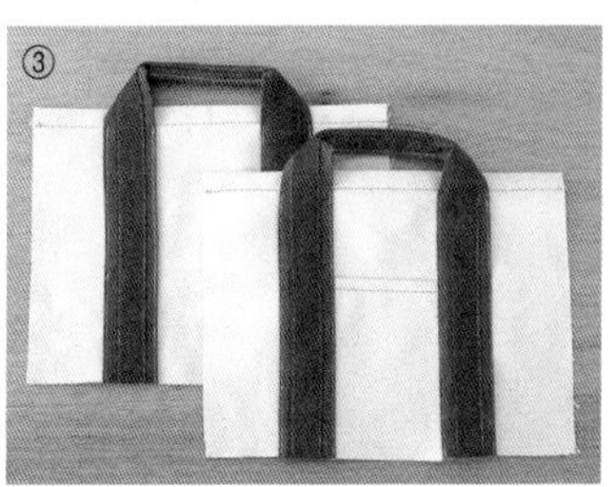

①もう1枚の側面の布にも持ち手を同じようにして留める。それぞれの持ち手の両端を側面の布の底から袋口のミシン目の手前まで、ミシンで縫う。
②持ち手の余った部分をはさみで切る。
③これで本体は、でき上がり。

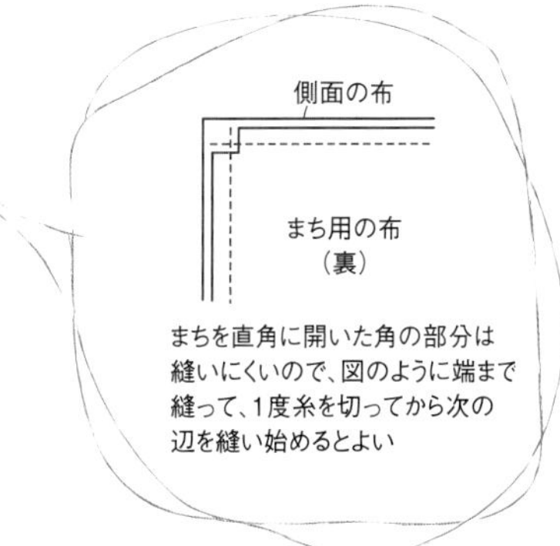

9 まちをつける

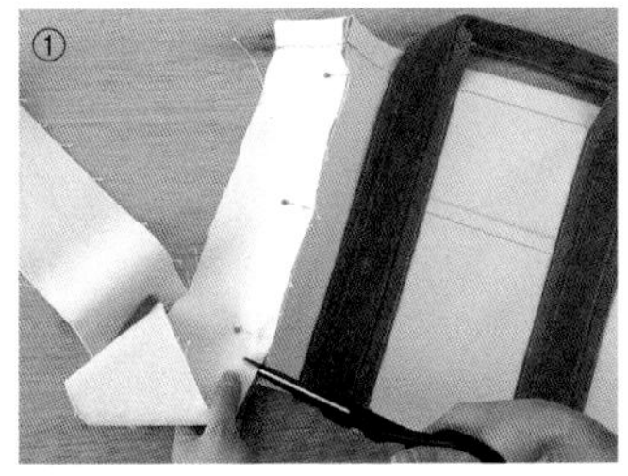

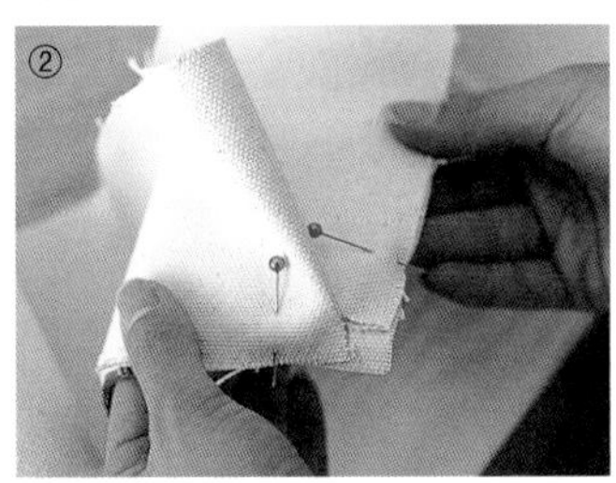

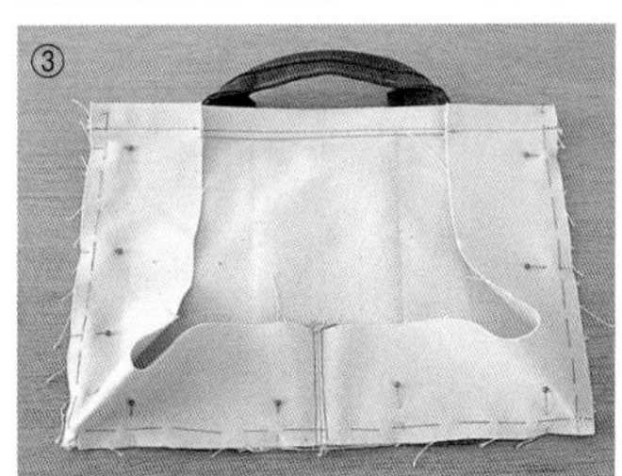

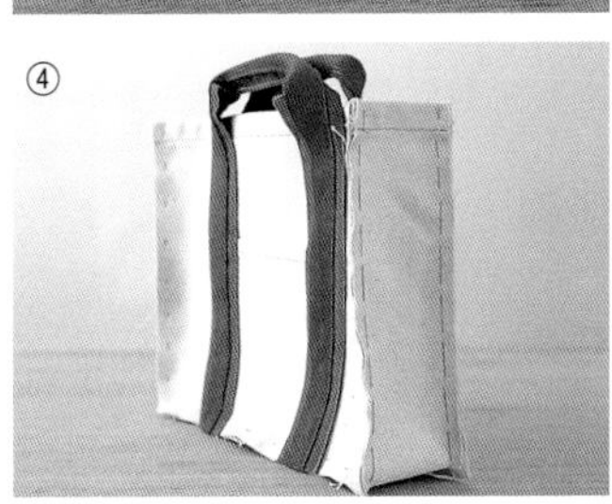

①側面の布の袋口のところから、まち用の布を外表に合わせて、まち針で留めていく。
②底の角は、はさみでまち用の布に斜めに1cm切り込みを入れ、まち用の布を直角に開いて留める。
③もう1枚のまち用の布も①～②の順で同様に留め、しつけ糸でしつけをかける。
④片側をぐるりと留めたら、もう1枚の側面の布にも同様に留め、ミシンをかける。

10 縫い代を綿テープでくるむ

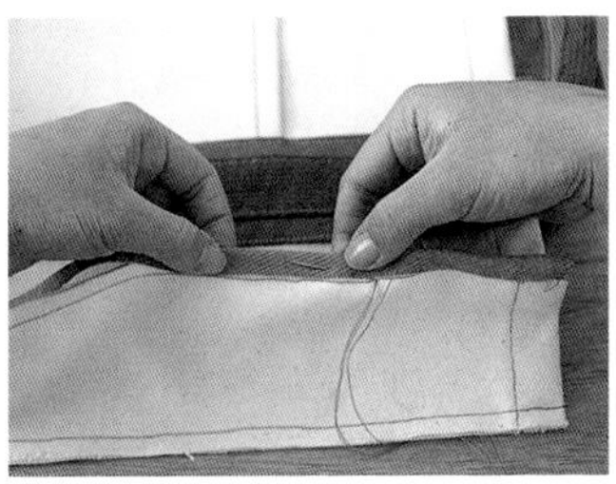

縫い代は、綿テープで始末する。綿テープはあらかじめアイロンで二つ折りにし、しつけ糸をかけてから、ミシンで縫う。

11 ホックをつける

袋の中心にホックをつける。LとMのバッグは、同じように左右のまちの袋口にもホックをつける。

ホックのつけ方

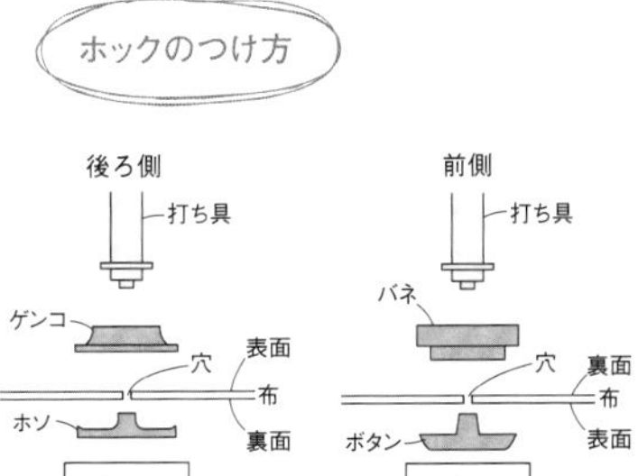

①袋口の前側、後ろ側のホックつけ位置に付属の穴あけで穴をあける。
②前側はボタンが布の表面につくようにする。打ち台にボタンをおき、ボタンの足を布の穴に通してバネをしっかりかぶせたら、打ち具でボタンが回らなくなるまで、ボタンの足をつぶす。
③後ろ側はホソが布の裏面につくようにする。打ち台にホソを置き、ホソの足を布の穴に通してゲンコをしっかりかぶせたら、打ち具でホソが回らなくなるまで、ホソの足をつぶす。

でき上がりスカート丈…54cm 

プリント柄の
ギャザースカート

お気に入りのプリント生地が見つかったら、
ギャザースカート作りに挑戦してみましょう。
縫い合わせてゴムテープを通すだけなので、
半日ででき上がります。
作り方はAのギャザースカートを基本に、
BとCは少しアレンジを加えて。

◉デザイン&制作…宮嶋有紀

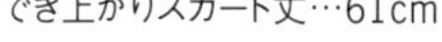

でき上がりスカート丈…61cm 

でき上がりスカート丈…61cm 

◉用意するもの
コットンプリント 110cm幅140cm
ゴムテープ
1.1cm幅をウエスト寸法+1cm
ミシン糸、ミシン針、裁ちばさみ、手縫いの道具、チャコペンシル、定規、アイロン、ひも通し、安全ピン

布の裁ち方

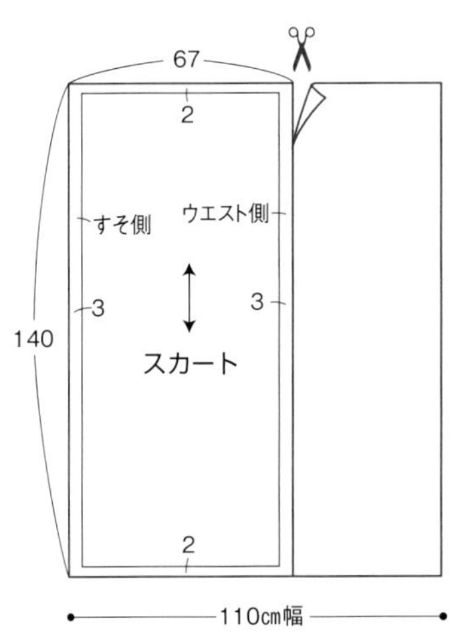

＊90cm幅でもOK

1 中表にして後ろ中心を縫う

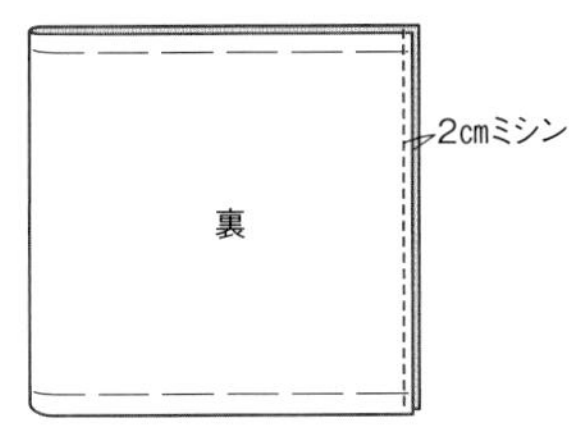

布を中表に折り、端から2cmのところにミシンをかける。縫ったところが後ろ中心になる。

2 縫い代を始末する

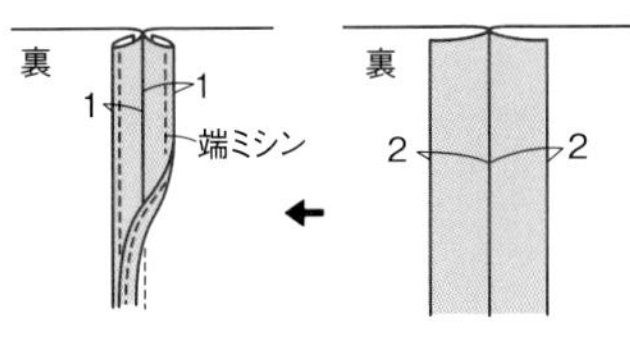

縫い代をアイロンで割り、布端を1cm折り込んで、端にミシンをかける。

3 ウエストを縫う

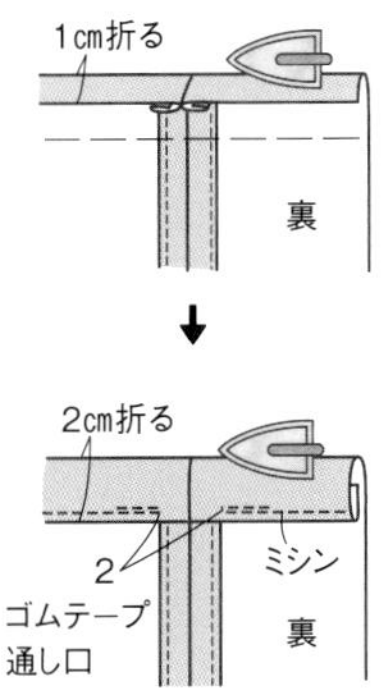

ウエストの縫い代をアイロンで1cm折り、さらに2cm折る。折り代をまち針で留めて、端にミシンをかける。後ろ中心では、ゴムテープの通し口の2cmを縫い残す。ミシン縫いの縫い始めと縫い終わりは返し縫いをしておく。

4 すそを縫う

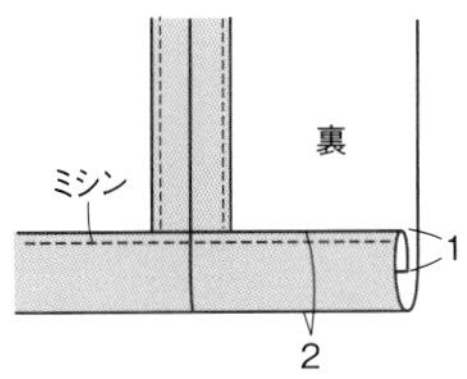

すその縫い代をアイロンで1cm折り、さらに2cm折る。折り代をまち針で留めて、端にミシンをかける。

5 ゴムテープを通す

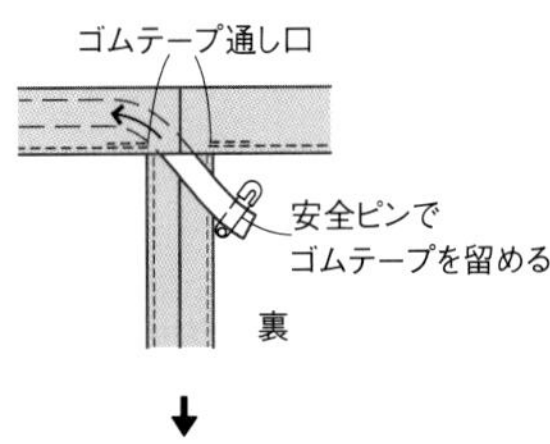

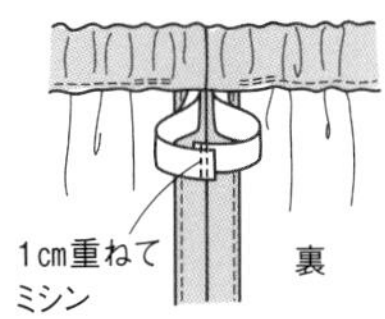

必要な長さにカットしたゴムテープを、ひも通しを使って、ゴムテープ通し口から通す。その際、引き込まれないようにゴム端を安全ピンでスカートに留めておくといい。通し終わったらゴムテープの端を1cm重ね、ミシン縫いまたは本返し縫いで留める。

すそを切り替えて

C

◉用意するもの
コットンストライプ　92cm幅140cm
ゴムテープ　1.5cm幅をウエスト寸法+1cm
リボン　1cm幅を140cm
既製のアップリケ　1枚
ミシン糸、ミシン針、しつけ糸、裁ちばさみ、手縫いの道具、チャコペンシル、定規、アイロン、ひも通し、安全ピン

布の裁ち方

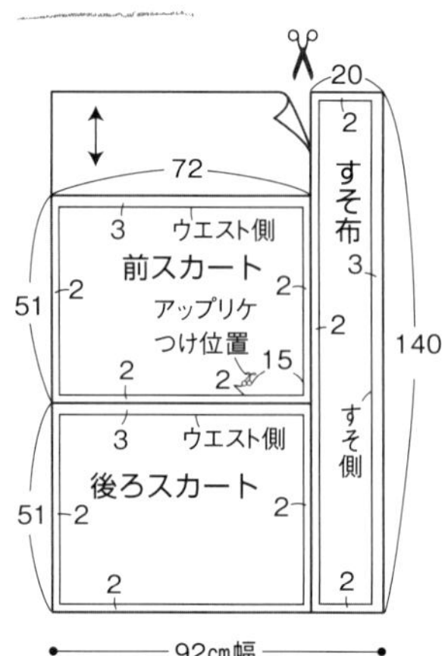

1 すそを縫う

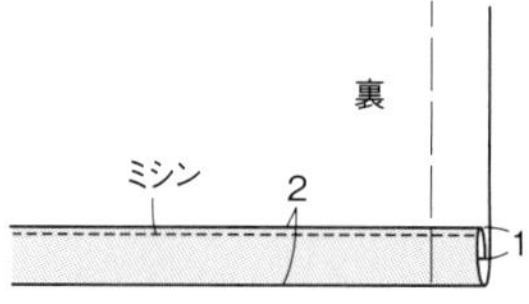

すその縫い代をアイロンで1cm折り、さらに2cm折る。折り代をまち針で留めて、端にミシンをかける。

2 すそにレースをつける

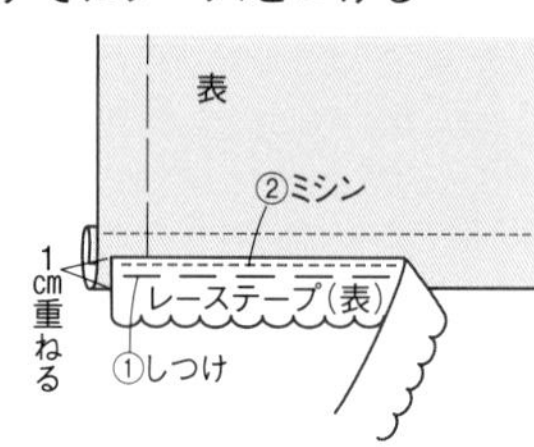

布を表にし、すそから1cmのところにレーステープを置き、しつけをする(①)。次にレーステープの上端にミシンをかけて(②)、留めつける。

3 中表にして後ろ中心を縫う

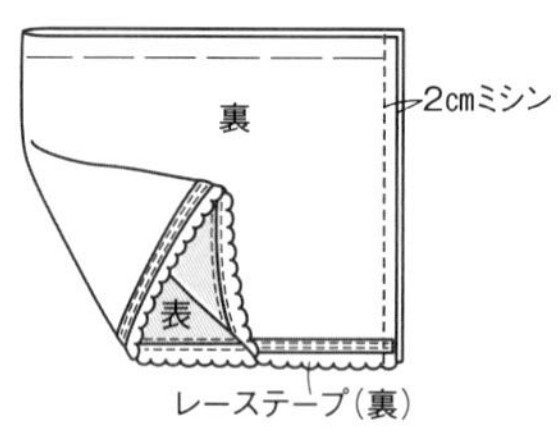

布を中表に折り、端から2cmのところにミシンをかける。縫ったところが後ろ中心になる。

4 縫い代を始末する A-2参照

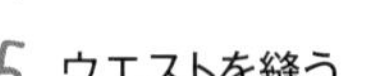

5 ウエストを縫う

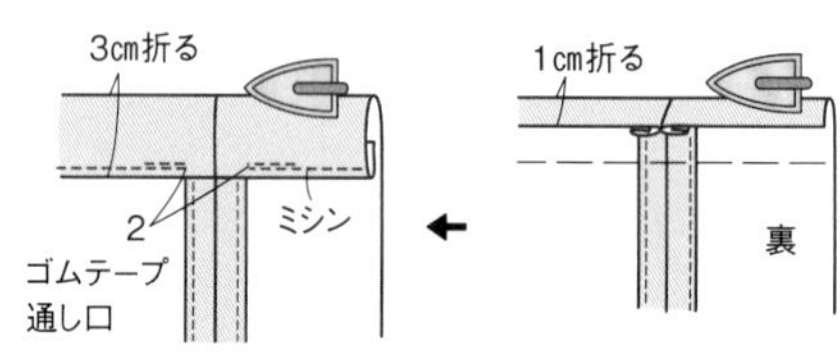

ウエストの縫い代をアイロンで1cm折り、さらに3cm折る。次に折り代をまち針で留めて、端にミシンをかける。後ろ中心では、ゴムテープ通し口の2cmを縫い残す。縫い始めと縫い終わりは返し縫いに。

6 ゴムテープを通す A-5参照

すそにレーステープをあしらって

B

◉用意するもの
コットンプリント　110cm幅140cm
ゴムテープ　2.5cm幅をウエスト寸法+1cm
レーステープ　2cm幅を140cm
ミシン糸、ミシン針、しつけ糸、裁ちばさみ、手縫いの道具、チャコペンシル、定規、アイロン、ひも通し、安全ピン

布の裁ち方

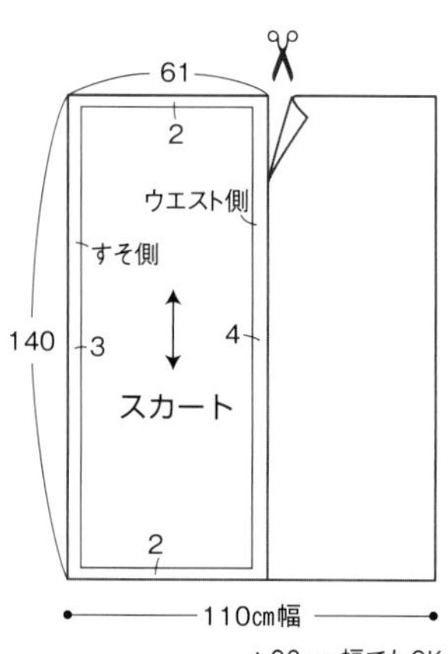

＊90cm幅でもOK

ママ、わたしのも作って！

子どものギャザースカート

縫い方は大人用のギャザースカート（A、B）と同じです。簡単に作れるので、どんどん大きくなる子どもの成長に合わせて、いろいろな柄で作ってあげましょう。

A の縫い方で

B の縫い方で

◉でき上がりスカート丈

4〜5才は34cm、6〜7才は37cm、8〜9才は42cmです。このスカート丈はあくまで目安なので、子どもの身長に合わせて調整してください。

◉用意するもの（4〜5才、6〜7才、8〜9才各サイズ共通）

コットンプリント　110cm幅50cm
ゴムテープ　2.5cm幅をウエスト寸法＋1cm
ミシン糸、ミシン針、裁ちばさみ、手縫いの道具、チャコペンシル、定規、アイロン、ひも通し、安全ピン
※すそにレーステープを使う場合は1〜1.5cm幅のレーステープを110cm用意する。

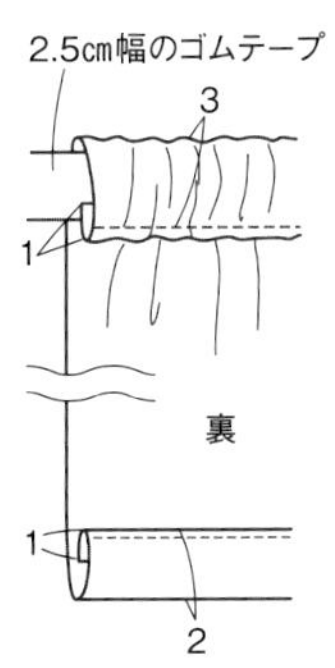

◉裁ち方

スカート布は布幅いっぱいを使って、たて地に裁ちます。また大人用スカート（A、B）の残り布を使って、ペアのスカートを作ってもいいでしょう。

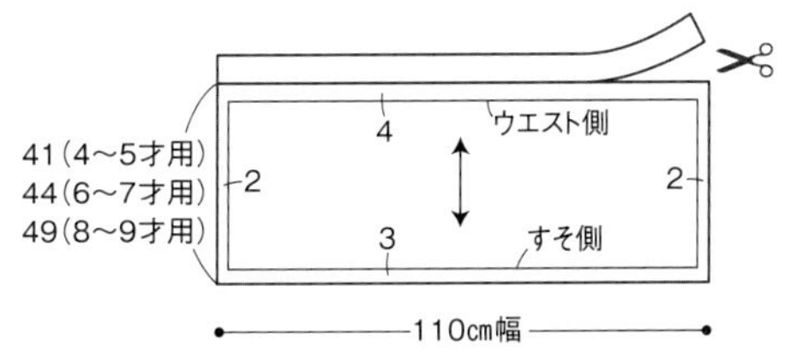

1 中表にして、片方の脇を縫う

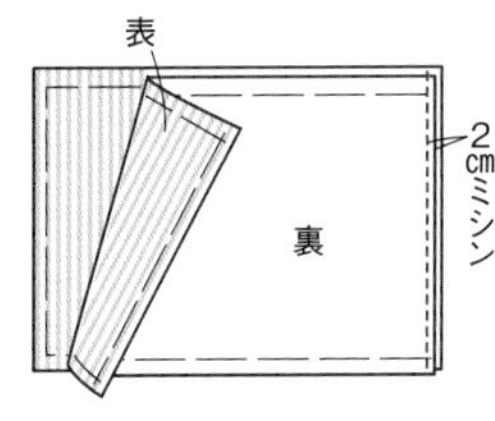

前スカート布と後ろスカート布を中表に合わせ、片方の脇のみ端から2cmのところにミシンをかける。

2 脇の縫い代を始末する

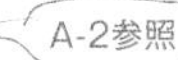

3 すそ布を縫い合わせる

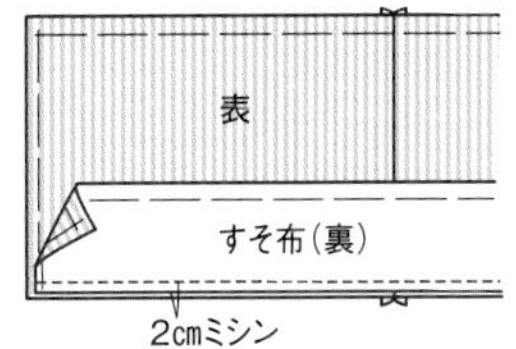

スカート布とすそ布を中表に合わせて、端から2cmのところにミシンをかける。

4 切り替え線の縫い代を始末する

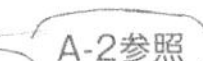

5 リボン、アップリケをつける

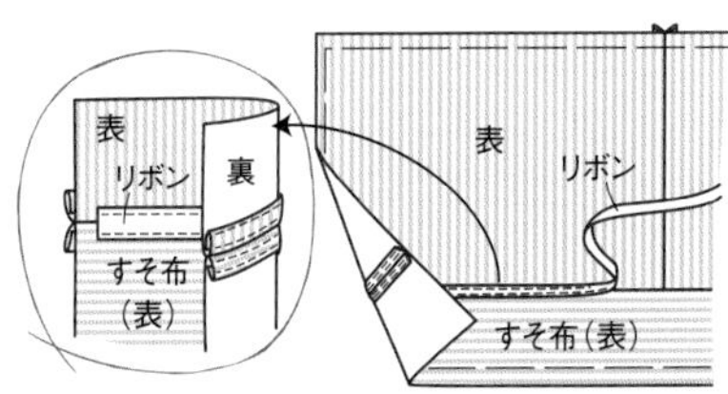

スカート布を表に返し、すそ布の切り替え線にリボンを置いて、しつけをする。リボンの両端にミシンをかけて、留めつける。アップリケは、裁ち方図に指定しているつけ位置に、アイロンで接着してつける。

6 中表にして、もう一方の脇を縫う

スカート布を中表に合わせて、端から2cmのところにミシンをかける。

7 脇の縫い代を始末する　A-2参照

8 ウエストを縫う　A-3参照

9 すそを縫う　A-4参照

10 ゴムテープを通す　A-5参照

直線縫いですぐできる ヒップハンガースカート

少し腰で落としてはくタイプのスカートです。
まっすぐ縫って、ウエストで布をつまむだけ。
スカート丈は好みで変えられます。

◉デザイン&制作…三木弥生

C　A　B

布の裁ち方

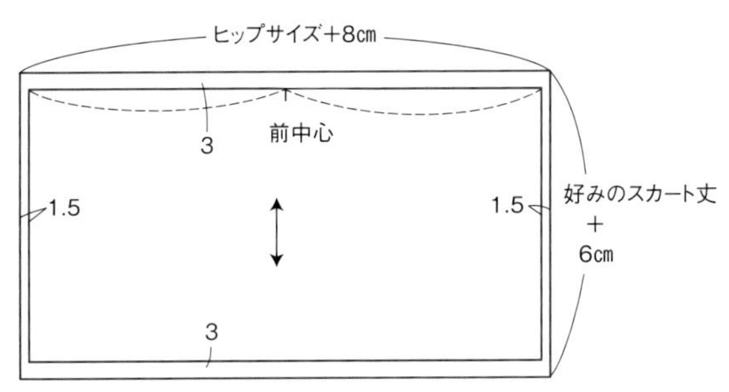

◉用意するもの
コットンプリント
布幅が110cm以上の布を適宜
スナップ　直径12mmを4組み
ミシン糸、ミシン針、しつけ糸、裁ちばさみ、手縫いの道具、チャコペンシル、定規、メジャー、アイロン

◉必要な材料

スナップ
大きさは直径6mmから14mmぐらいが一般的。色は黒と白があるので、布地の色合いによって選ぶ。つけ方はP.28を参照。

1 縫い代の始末をする

布の両脇とすその縫い代にジグザグミシンをかける。

2 中表に折って、後ろ中心を縫う

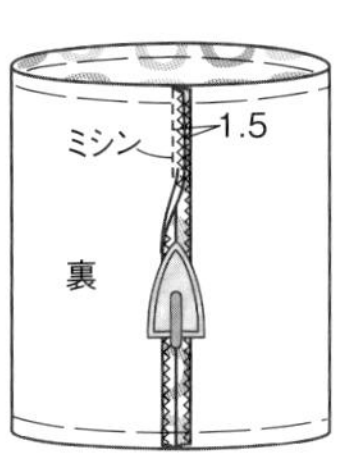

布を中表にして、布端から1.5cmのところをミシンで縫い、アイロンで縫い代を割る。縫ったところが後ろ中心になる。

3 すそを縫う

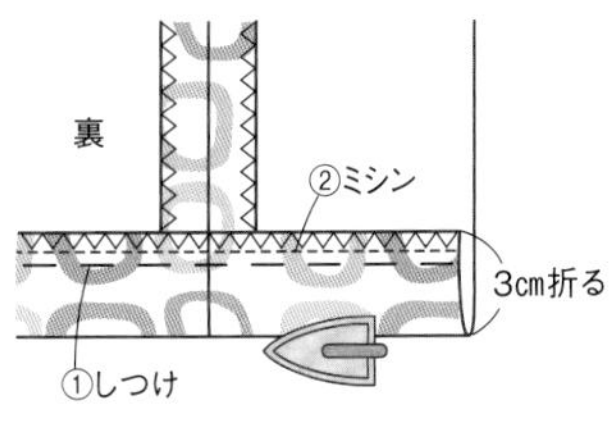

縫い代を3cm折り上げ、アイロンをかけて、しつけをする（①）。ジグザグミシンの縫い目のきわにミシンをかける（②）。

4 ウエストを縫う

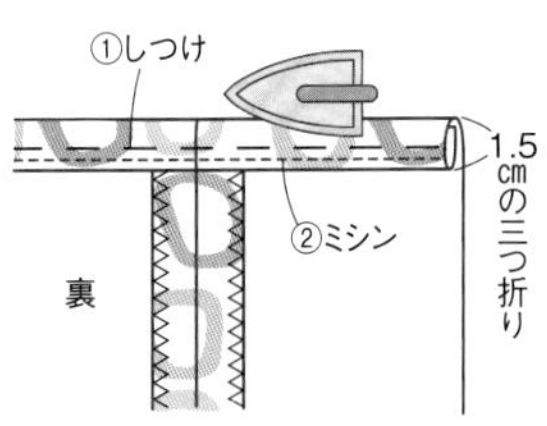

縫い代を1.5cm折り、さらに1.5cm折ってアイロンをかける。しつけをして（①）、折り端にミシンをかける（②）。

ヒップサイズの測り方

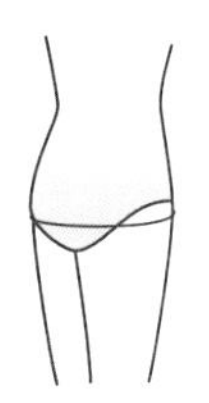
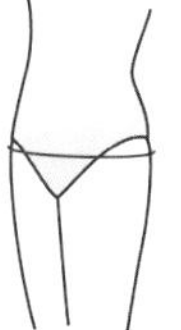

おしりのいちばん出ているところを水平に測る。

→ 5, 6

ハンドステッチをプラスして

B

◉用意するもの
コットン無地
布幅が110cm以上の布を適宜
ボタン（飾り用） 4個
スナップ 直径12mmを4組み
25番刺しゅう糸（白） 適宜
ミシン糸、ミシン針、しつけ糸、裁ちばさみ、手縫いの道具、刺しゅう針、チャコペンシル、定規、メジャー、アイロン

Point
布の裁ち方、縫い方はAと同じです。アクセントとしてタックの折り山とすそに白糸でハンドステッチをし、飾りボタンをつけます。

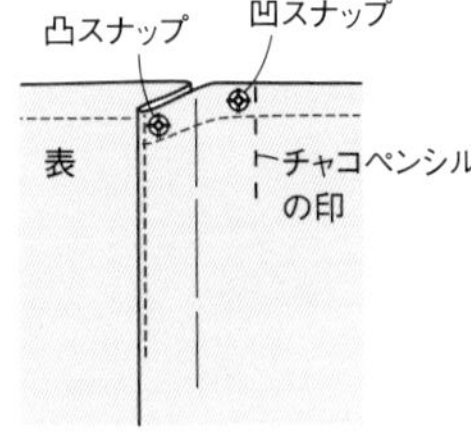

④ タックの内側にスナップをつける。ほかのタックも同様に。

ステッチのかけ方とボタンつけ

ウエスト

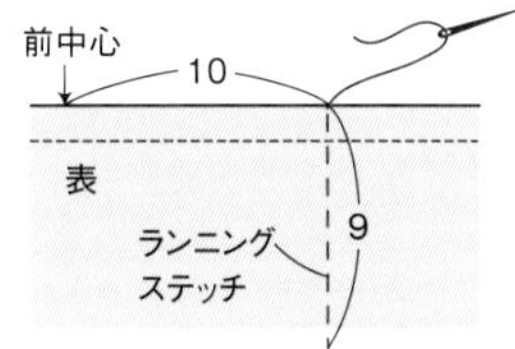

① Aの1〜4までと同じ作り方でスカートを作る。前中心と後ろ中心の左右10cmの位置に、長さ9cm分だけ刺しゅう糸でランニングステッチを刺す。

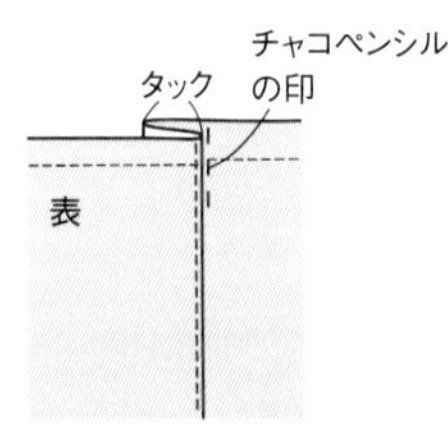

② Aの5の要領でタックをとって、チャコペンシルで印をつける。

③ ランニングステッチをしたところを山折りにして、糸を裏まで通して飾りボタンをつける。

すそ

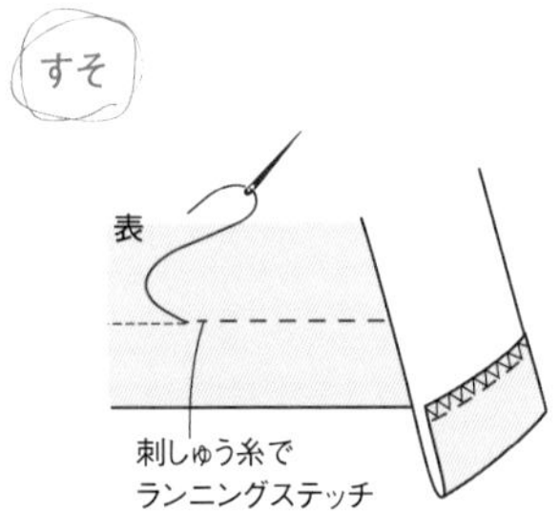

すそのミシン目の上に、刺しゅう糸でランニングステッチを刺す。

5 試着をして、タックを作る

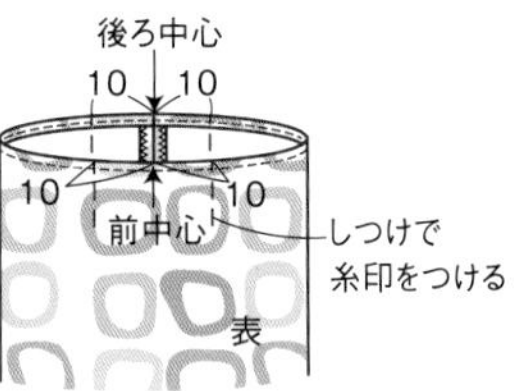

①スカート布を表に返し、前中心と後ろ中心の左右10cmのところに、それぞれしつけ糸で糸印（粗く縫って目印にする）をつける。

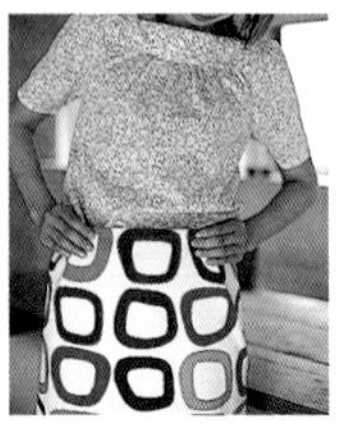

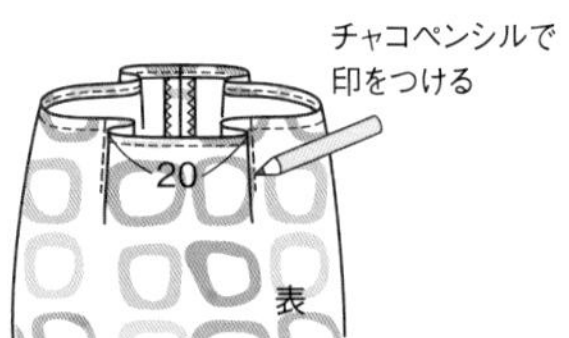

②スカートをはいて腰骨の位置まで下げ、好みのウエストサイズになるようにウエストを糸印からつまみ、まち針で留める。後ろは、やりにくいのでほかの人にしてもらう。はいたままで、つまんだ分（タック分）を脇側に倒し、チャコペンシルで印をつける。

6 スナップをつける

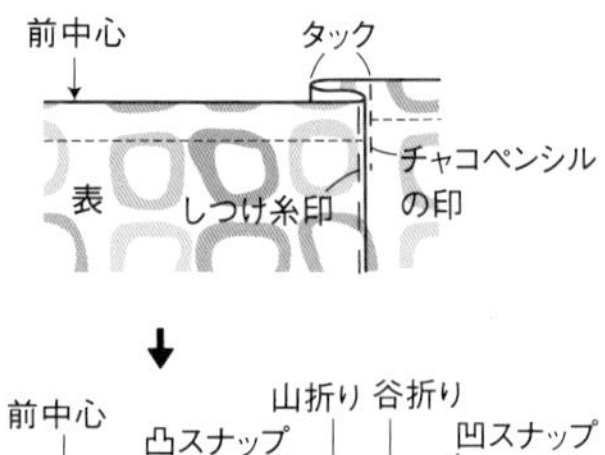

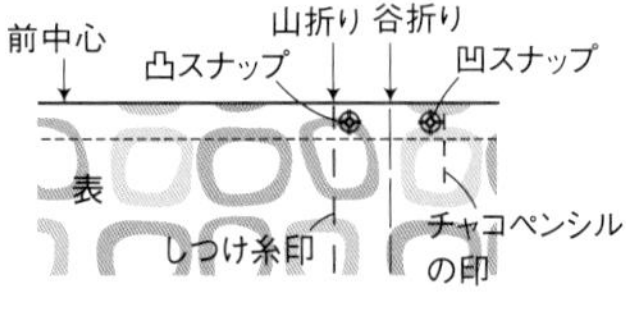

スカートを脱いでタック分を開き、スナップを前後2カ所ずつつける。タック分はウエスト位置で変わるので、試着をしながら微調整を。

布の裁ち方

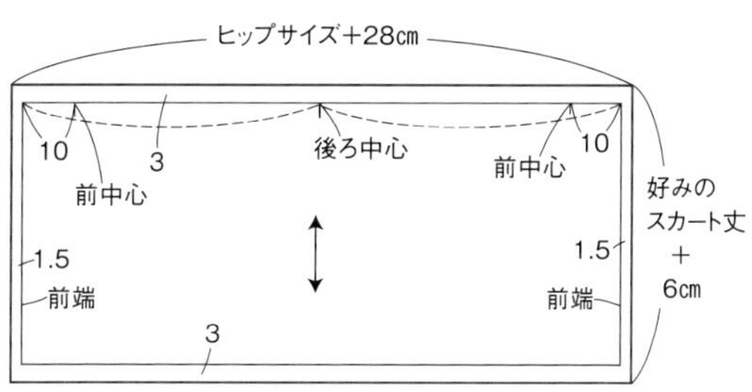

ラップスカートにして

1 縫い代の始末をする A-1参照

2 すそを縫う A-3参照

3 ウエストを縫う A-4参照

4 前端を縫う

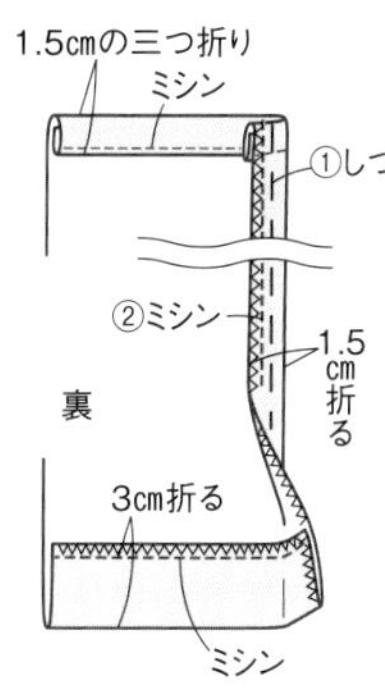

左右の前端をそれぞれ1.5cm折って、しつけをする（①）。ジグザグミシンの縫い目のきわに、ミシンをかける（②）。

5 試着をして、タックを作る

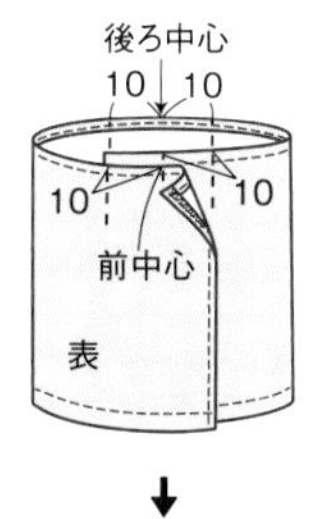

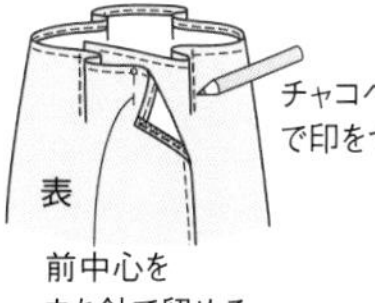

前中心と後ろ中心の左右10cmのところに、しつけ糸で糸印（粗く縫って目印にする）をつけ、試着する。左右の打ち合わせを前中心で合わせてまち針で留め、Aの5の要領でタックを作る。

6 タックを縫う

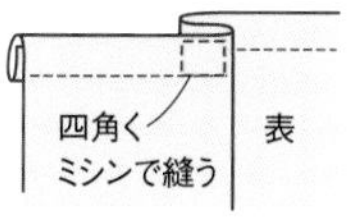

4カ所のタックをそれぞれミシンで縫い留める。

7 キルトベルトをつける

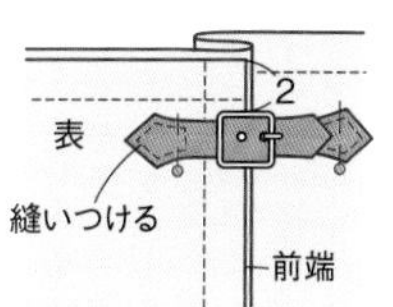

まず、打ち合せをでき上がりの状態に重ねる。バックルにベルトを通したままのキルトベルトを、ウエストから2cm下に置く。さらにバックルが前端から少し出る位置にして、まち針で留める。ベルトを開き、革と同色の手縫い糸を使って、返し縫いで留めつける。

8 スナップをつける

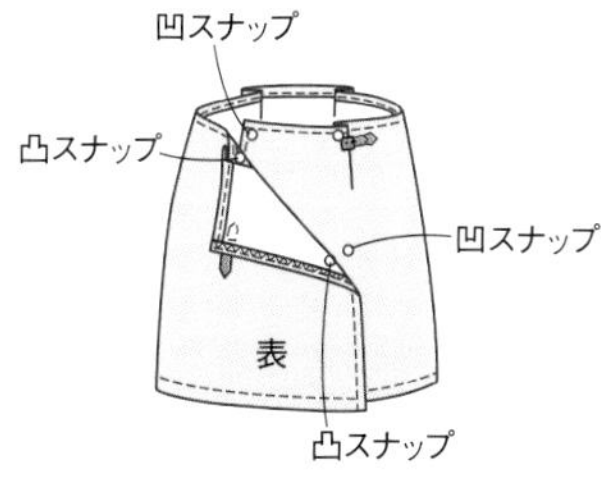

打ち合わせの奥と、前端の中間位置にスナップをつける。

◉用意するもの

縫縞柄のコットン
　布幅が140cm前後の布を適宜
キルトベルト　1組み
スナップ　直径12mmを2組み
ミシン糸、ミシン針、しつけ糸、裁ちばさみ、手縫いの道具、チャコペンシル、定規、メジャー、アイロン

◉必要な道具

キルトベルト

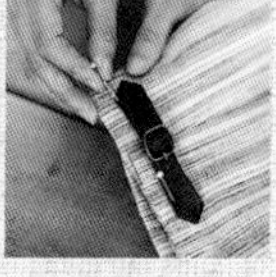

ベルト部分が革なので、ミシンで縫う場合は、ミシン針を厚地用の16番か、レザー用の針に替える。針目の長さは、ベルトにあらかじめかかっているステッチにそろえると、針の通りがスムーズに。

Point

このラップスカートは前の部分で20cm重なるようになっています。ウエストはキルトベルトで留めますが、かわりに共布で細ひも（1～1.5cm幅）を作って縫いつけ、リボン結びにしてもいいでしょう。前がはだけないように、打ち合わせの奥と、前端の中間位置にスナップをつけておきます。縫い方やタックのとり方はAとほとんど同じです。

肌触りのいいガーゼは着
心地満点。キャミソールと
の重ね着も、いい感じ。

はじめてでも作れちゃう
スモックブラウス

ボタンやファスナーのついていない、
かぶって着るデザインのスモックブラウス。
型紙も使わず、直接布を裁って、いっきに縫うだけだから、
はじめてさんでも作れます。
1枚で着ても、キャミソールと重ねて楽しんでも。

◉デザイン…小山千夏　制作…ごとうあい

C
白い麻は、夏には欠かせない。風が抜けるようなデザインだから、暑い日でも快適。
B
元気なトリコロールカラーのストライプ。白いひもを長めに使ってポイントに。
A
E
パステルカラーのギンガムチェックは、えりぐりとすそをシャーリングして乙女な印象に。
D
レトロな雰囲気の花柄プリント。えりぐりに細い革ひも、すそにはゴムを入れて。

布の裁ち方

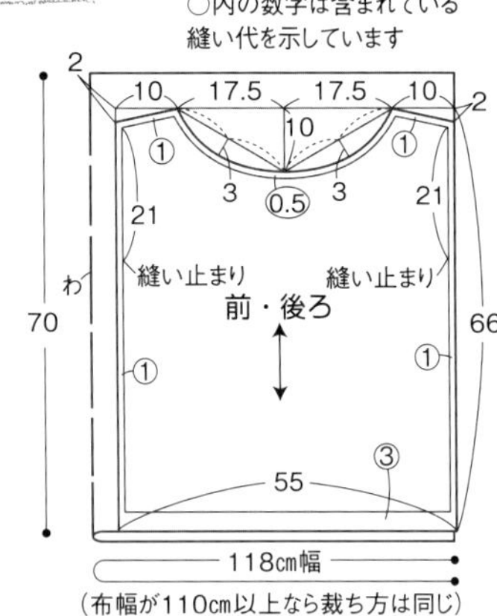

◉用意するもの
コットンガーゼ　118cm幅70cm
バイアステープ（両折りタイプ）
12.7mm幅110cm
ひも（革ひも）　3mm幅を150cm
接着芯　少々
ミシン糸、ミシン針、しつけ糸、裁ちばさみ、手縫いの道具、チャコペンシル、定規、アイロン、リッパーまたはのみ、ひも通し

◉必要な材料

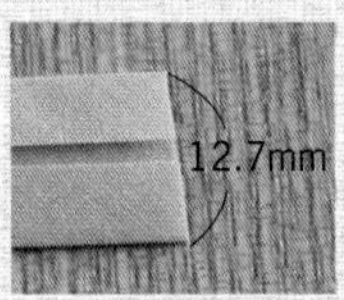

バイアステープ（両折りタイプ）
えりぐりなど縫い代の始末に使うテープ。両端が折られているので、折り代を開いて縫いつける。

Point
布を中表に折って、裁ち方図の数字を直接布の上に測りながら、チャコペンシルで印をつけます。えりぐりのカーブは、なめらかな線になるようにていねいに。前身ごろと後ろ身ごろは同じ型なので、2枚一緒に裁ちます。サイズはM～Lサイズ用にしていますが、ジャストサイズにしたい場合は身幅を狭く、ゆったりサイズにしたい場合は広く、寸法を引き直して。A～Eはえりぐり、すそ以外の作り方は同じです。

1 縫い代の始末をする

肩、袖ぐり、脇の縫い代にジグザグミシンをかける。

2 ひも通し口を作る

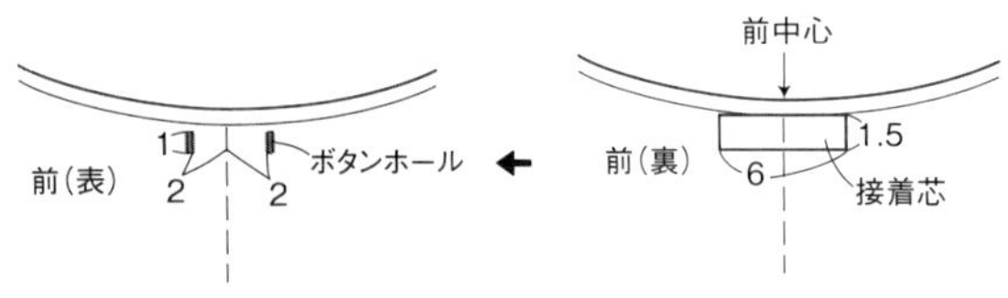

前えりぐりの裏に6×1.5cmにカットした接着芯を貼り、表から1cmの大きさのボタンホールを2つ作る。

3 肩を縫い合わせる

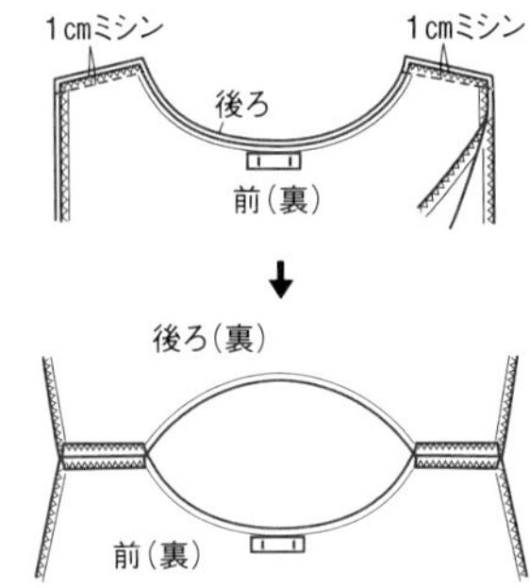

前身ごろと後ろ身ごろを中表に合わせ、肩の布端から1cmのところにミシンをかけて、アイロンで縫い代を割る。

ボタンホールの作り方

ミシンのボタンホール機能を使って、ボタンホールを作る。操作の方法は、各ミシンの取り扱い説明書に従って。

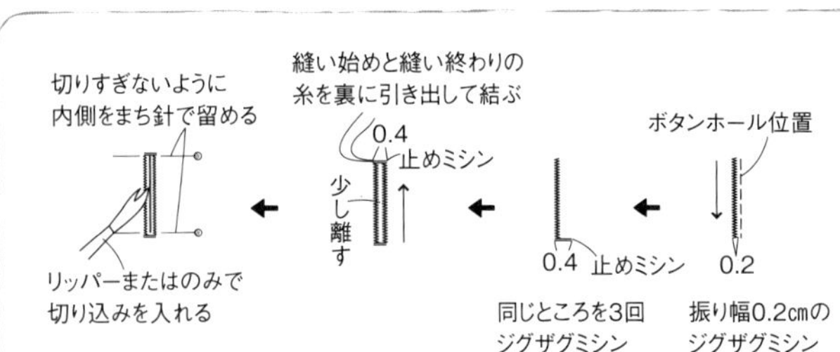

7 すそを縫う

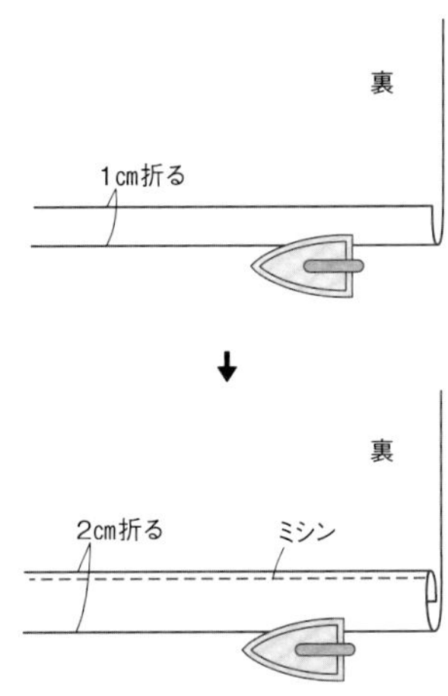

縫い代をアイロンで1cm折り、さらに2cm折り上げて、折り端にミシンをかける。縫い終わりは2〜3cm、返し縫いにする。

8 ひもを通す

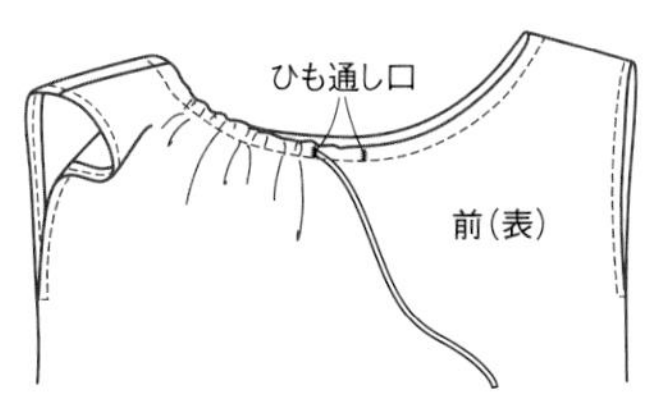

ボタンホールのひも通し口から、ひも通しでひもを通す。ひもの絞り方でえりぐりのあき方が変わるので、好みで調整を。

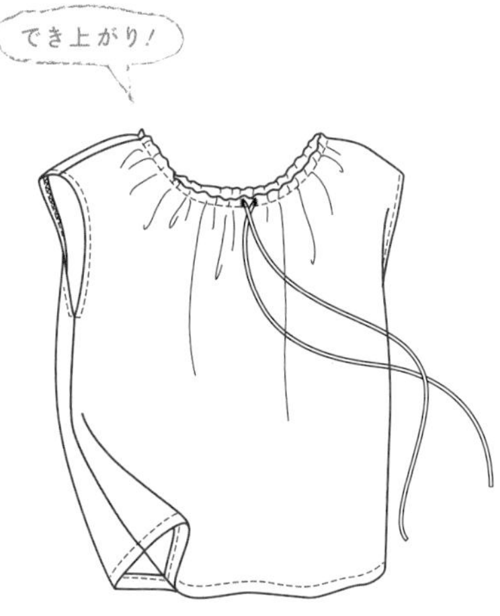

4 えりぐりにバイアステープをつける

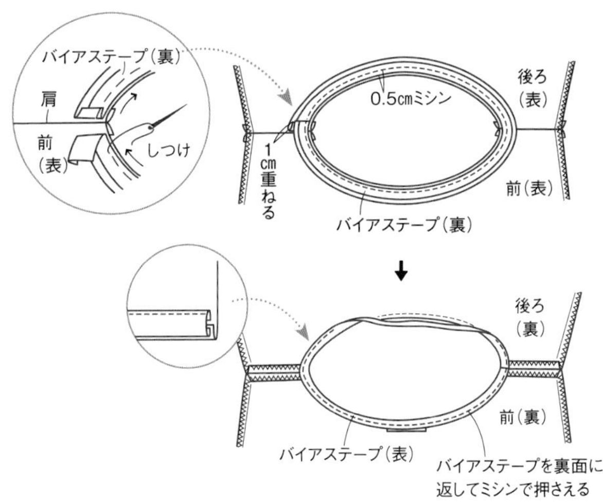

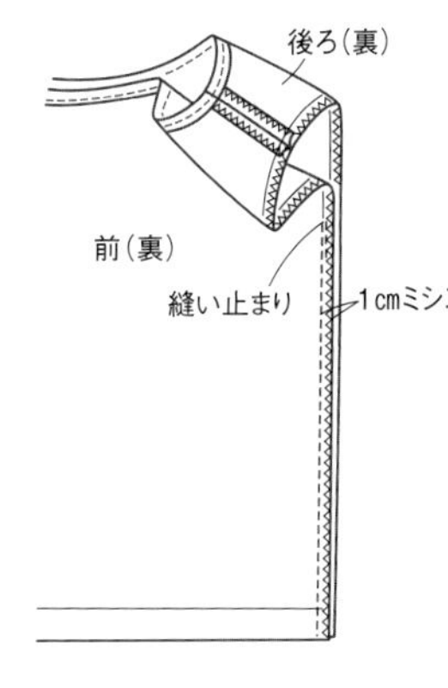

両折りバイアステープの片方の折り代を開いておく。身ごろの肩から、テープの折り線とえりぐりのでき上がり線とを中表に合わせ、ぐるりと1周まち針で留めて、しつけをする。テープの端は肩で1cm重ねておく。えりぐりのでき上がり線にミシンをかけたら、テープを身ごろの裏に返し、折り端にミシンをかけて留めつける。

5 脇を縫う

前身ごろと後ろ身ごろを中表に合わせ、脇の布端から1cmのところを、縫い止まりからすそまでミシンで縫う。縫い止まりは返し縫いにする。

6 そでぐりを縫う

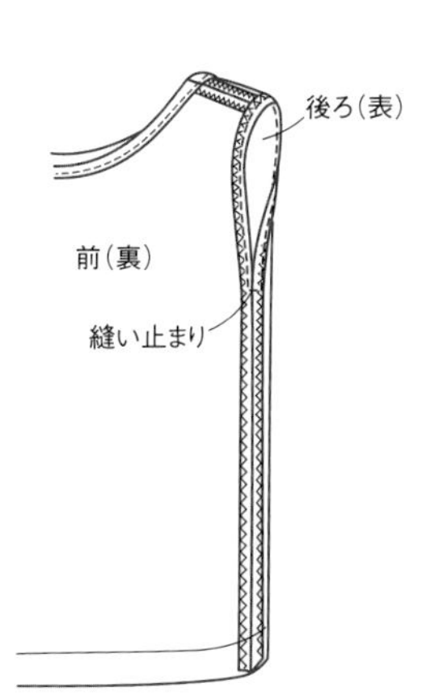

脇の縫い代をアイロンで割り、続けて、そでぐりの縫い代もでき上がりに折る。そでぐり縫い代のジグザグミシンのきわに、ミシンをかける。

●用意するもの
ストライプソフトデニム
150cm幅70cm
バイアステープ（縁どりタイプ）
18mm幅110cm
ひも（コード）
太さ2.5mmを150cm
ミシン糸、ミシン針、しつけ糸、裁ちばさみ、手縫いの道具、チャコペンシル、定規、アイロン、ひも通し

●必要な材料
バイアステープ
（縁どりタイプ）
縁どり幅（18mm）に折られた縁どり用のテープ。布端に挟み込んで、上からミシンで押さえる。

Point
布の裁ち方はAと同じですが、えりぐりの始末に縁どりタイプのバイアステープを使います。えりぐりの裁ち端を前中心からテープで挟み込んで、ぐるりとしつけをし（①）、ミシンで縫いつけます（②）。コードは前中心からバイアステープの中を通して。

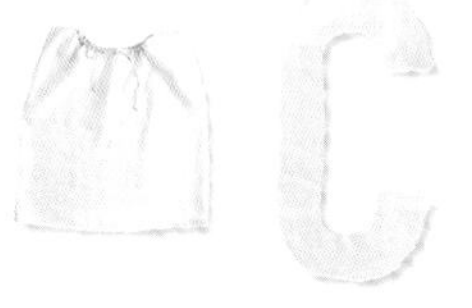

●用意するもの
麻　110cm幅70cm
バイアステープ（縁どりタイプ）
15mm幅110cm
ミシン糸、ミシン針、しつけ糸、裁ちばさみ、手縫いの道具、チャコペンシル、定規、アイロン、ひも通し

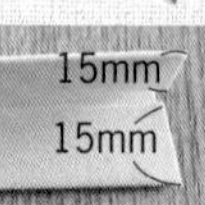

●必要な材料
バイアステープ
（縁どりタイプ）
縁どり幅（15mm）に折られた縁どり用のテープ。色や柄、幅など、種類は豊富。

Point
えりぐりの縫い方はBと同じように縁どりタイプのバイアステープを使います。ひもは、身ごろを裁った残り布（横地扱いでもOK）を使い、はいで作ります。

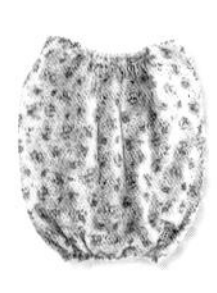
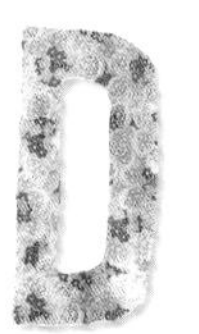

●用意するもの
コットンプリント　110cm幅70cm
バイアステープ（両折りタイプ）
12.7mm幅110cm
ひも（革ひも）　3mm幅を150cm
接着芯　少々
ゴムカタン糸、ミシン糸、ミシン針、しつけ糸、裁ちばさみ、手縫いの道具、チャコペンシル、定規、アイロン、リッパーまたはのみ、ひも通し

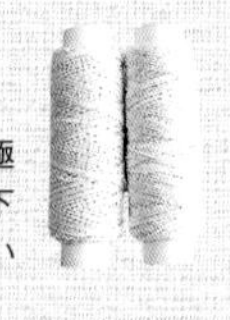

●必要な材料
バイアステープ
（両折りタイプ）
ゴムカタン糸
ゴムシャーリング用の極細のゴム糸。ミシンの下糸に使うだけで、きれいなシャーリングができる。

Point
えりぐりはAと同じように、前中心にひも通し口のボタンホールを作り、両折りタイプのバイアステープを縫いつけます。すそはゴムカタン糸を使って、シャーリングをします。縫い方はEを参照。

えりぐりの縫い方

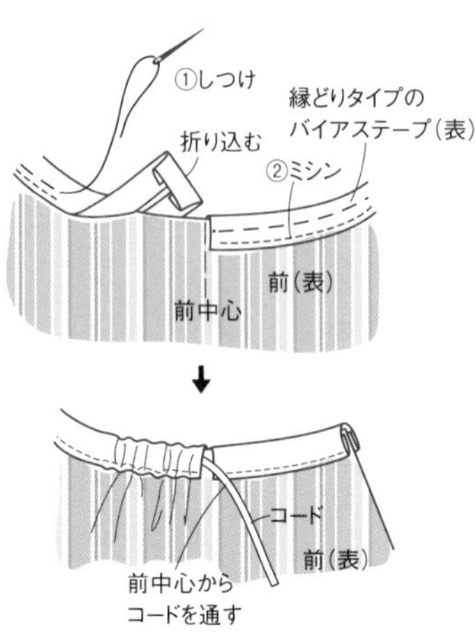

ひもの作り方

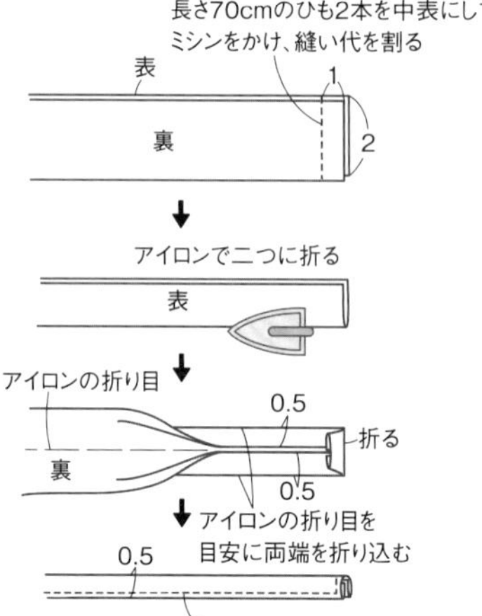

ゴムシャーリングのしかた

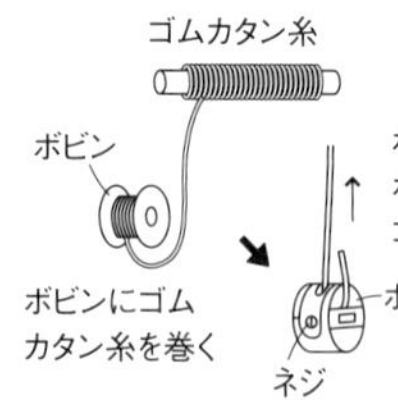

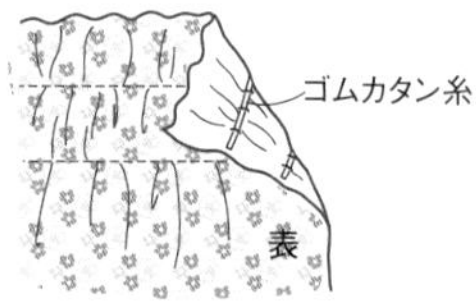

シャーリングは上糸にミシン糸、下糸にゴムカタン糸を使って縫います。糸を伸ばさないようにボビンに手で8分目くらい巻き、ボビンケースに入れたゴムカタン糸が少し引くと出るくらいの強さ加減になるよう、ボビンケースのネジを調整します。ミシンの針目は粗めにして縫いますが、ミシンの調子、布の厚さによって縮み具合が違うので、必ず試し縫いをします。

ママ、わたしのも作って！

子どものスモックブラウス

スポッとかぶれるから、自分で着られるのがうれしいスモックブラウス。子ども服には欠かせない定番のひとつです。デザインは大人用のA～Eの中から選びますが、どれも簡単に作れるので大丈夫。
サイズは3才、4才、5～6才の3サイズ。寸法はあくまでも目安なので、子どもの身長に合わせて着丈を調節してください。
子ども用にレースをつけたり、ボーダー柄のカフェカーテン地を使ったりと、いろいろアレンジしてみましょう。

布の裁ち方

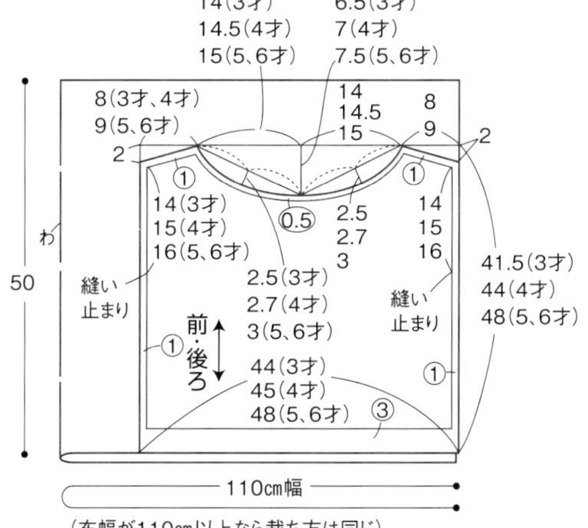

◉用意するもの
麻とレーヨンの混紡のギンガムチェック
136cm幅70cm
ゴムカタン糸、ミシン糸、ミシン針、しつけ糸、裁ちばさみ、手縫いの道具、チャコペンシル、定規、アイロン

Point
えりぐりとすそにシャーリングをするので、Aと同じように布を裁ったら、縫い代すべてにジグザグミシンをかけておきます。えりぐりは0.5cmをアイロンで折ってミシンをかけ、表から2本、シャーリングのミシンをかけます。すそは3cm折り上げ、すそから1cm、2.5cmのところに、それぞれシャーリングのミシンをかけて。

えりぐりとすその縫い方

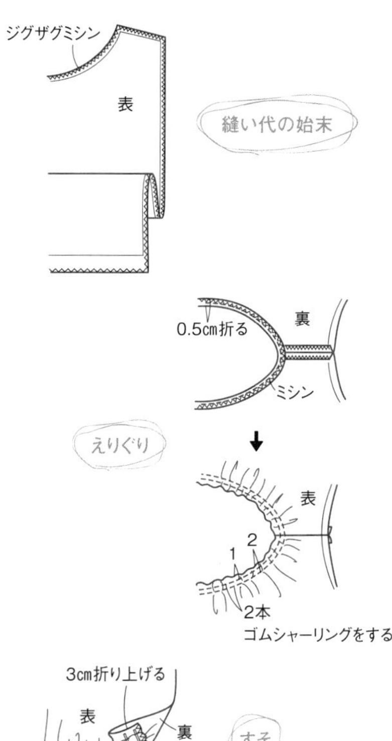

大人にも子どもにも似合う
シンプルな帽子(クロッシュ)

少し深めにかぶるクロッシュは、
かぶりやすくて誰にでも似合う帽子。
ひとつのデザインを使って、
ハンドステッチをきかせた大人用と、
表裏の素材が違う布をうまく生かした
子ども用を紹介します。

◉デザイン&制作…糸山弓子

布の裁ち方

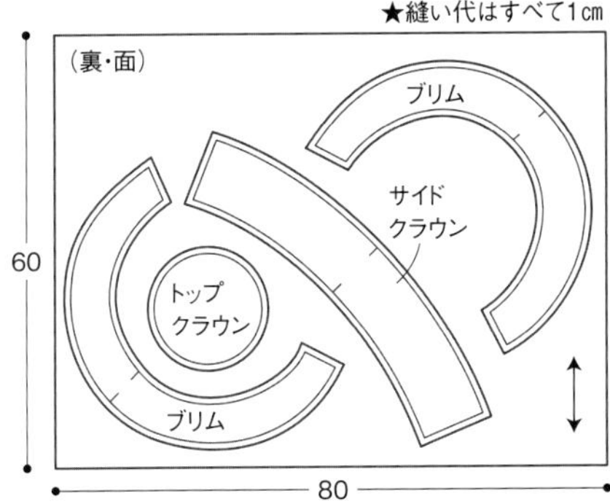

図のように実物大型紙を配置し、周囲に1cmの縫い代をつけてカット。ブリムのバック（後ろ中心）とエッジは縫い代を外側に出すので、でき上がり線の印つけは、水で消えるタイプのチャコペンシルを使う。

◉用意するもの

【大人用】

木綿のダブルフェース※　80×60cm
25番刺しゅう糸（段染め）　適宜
ミシン糸、ミシン針、しつけ糸、裁ちばさみ、手縫いの道具、刺しゅう針、目打ち、定規、チャコペンシル、ピンキングばさみ、アイロン

【子ども用】

デニムとフリースのダブルフェース※
80×60cm
ミシン糸（紺色、ピンク）、ミシン針、しつけ糸、裁ちばさみ、手縫いの道具、目打ち、定規、チャコペンシル、ピンキングばさみ、アイロン

※ダブルフェース
表裏どちらでも使える布。色違い、素材違いなどがある。

◉必要な道具

目打ち
細かい部分をミシンで縫うときに布を押さえたりするのに使う。あると便利。

ピンキングばさみ
飾り用に使う。刃の形に波刃とギザ刃があり、布の切り口が波形やギザギザになる。

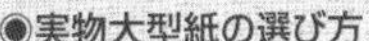

◉実物大型紙の選び方

型紙は4サイズに分かれています。サイズは頭回り寸法（額の最も出ているところ～耳の上～後頭部の最も出ているところを一周し、指1本分のゆとりを加えて測る）に合わせて選びます。

サイズ	頭回り
S（子ども用）	54cm
M	56cm
L	58cm
LL	60cm

Point

フロント、バック、サイドの合い印をつけておきましょう。帽子は仕上がってからではアイロンがかけにくいので、ミシンで縫ったら縫い代を割る、倒すなど、そのつど、きちんとアイロンを当てておきます。

1 バック（後ろ中心）を縫う

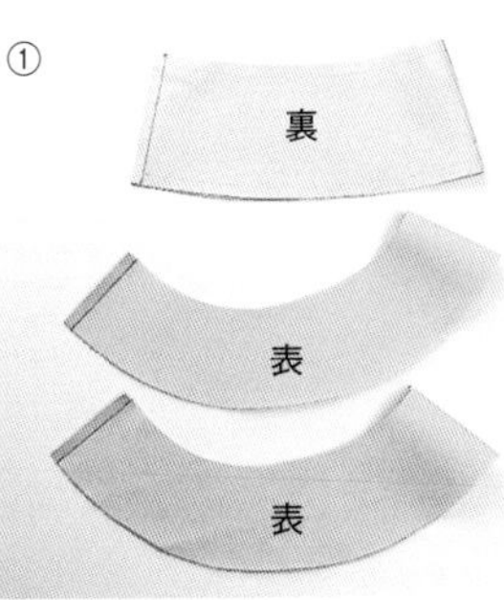

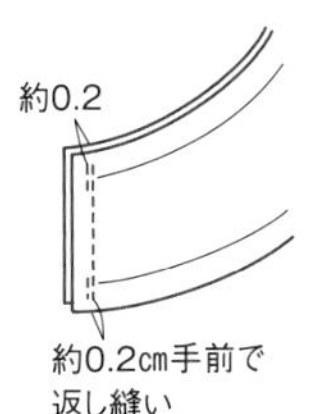

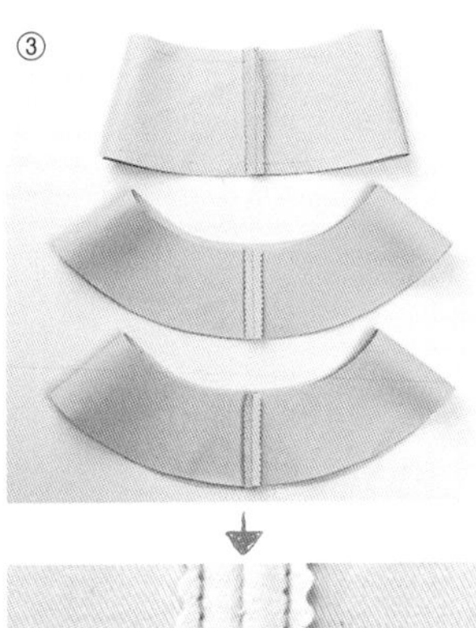

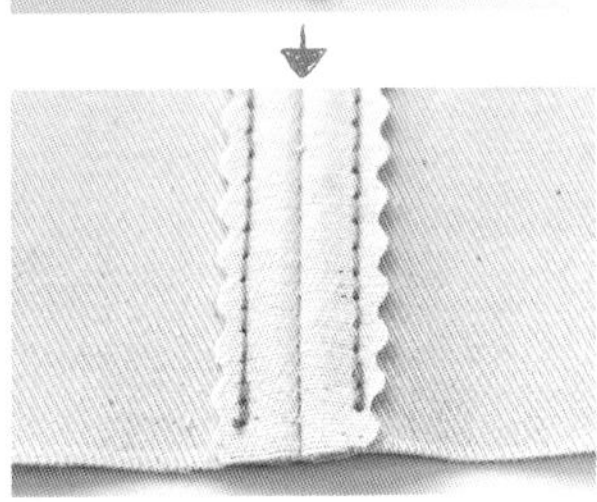

①サイドクラウンは中表に折る。ブリムは縫い代を外側に見せるので、2枚とも外表に折る。それぞれバックのでき上がり線を縫う。布端をピンキングばさみで裁ち落とすので、そのときにミシン目を切ってしまわないようにするため、縫い始めと縫い終わりは、布端の0.2cmくらい手前で返し縫いをしておく。
②バックの縫い代端をピンキングばさみで裁ち落とす。
③縫い代をアイロンで割り、縫い目の両側にステッチをかける。ステッチも①の縫い目と同じように、布端の手前で縫い留める。

2 トップクラウンとサイドクラウンを縫い合わせる

①

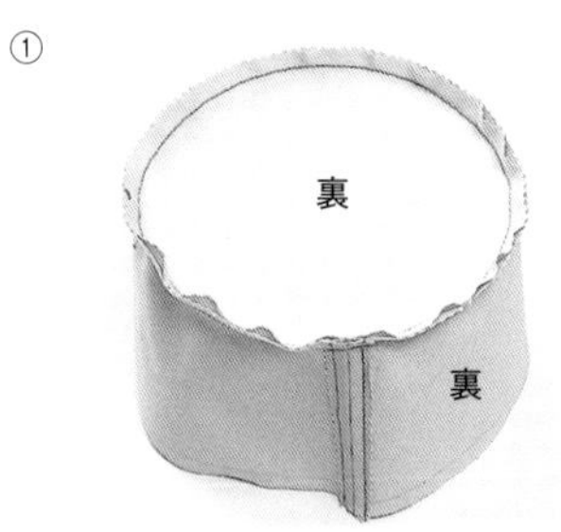

②

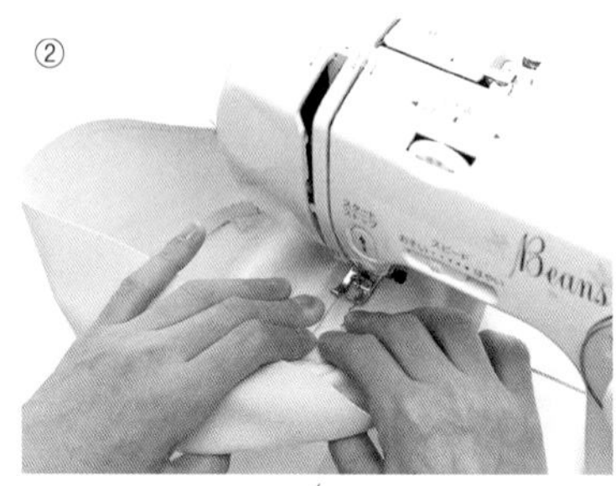

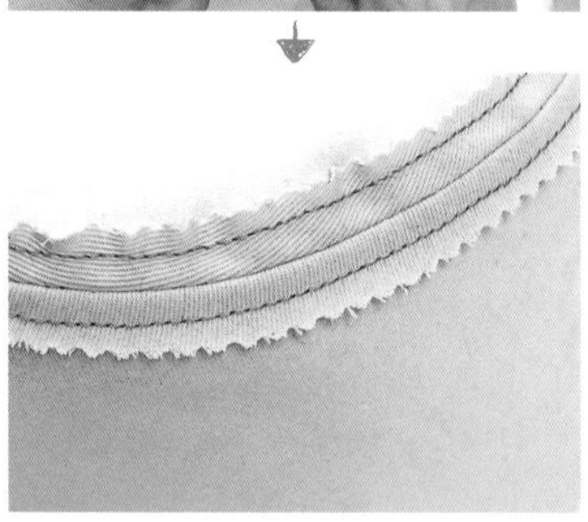

③

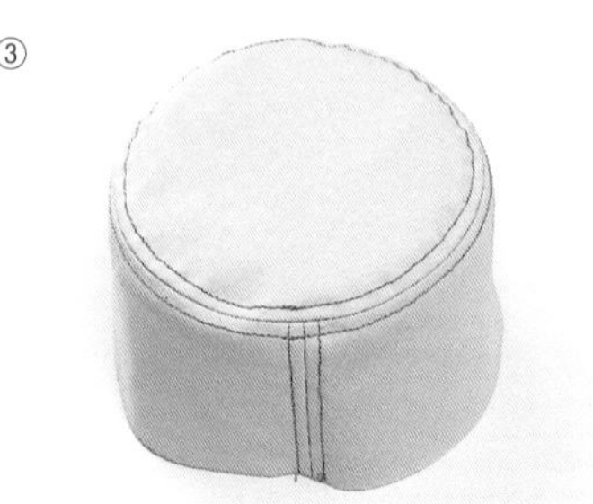

①トップクラウンとサイドクラウンを中表に合わせ、合い印を合わせてまち針で留めてから、でき上がり線を縫う。ミシンがけに慣れていない人は、しつけをかけてから縫って。縫い代はピンキングばさみで布端をカットする。
②縫い代をアイロンで割り、縫い目の両側にステッチをかける。
③表に返して形を整える。

3 ブリムを作る

①ブリムのエッジに、フロントの合い印を入れる。バックの縫い目を端にしてブリムを半分に折り、反対側のわの部分に、ほんの少し切り込みを入れる。
②これがフロントの合い印。もう1枚のブリムにも同様に合い印をつける。
③2枚のブリムを外表に重ねる。バック、フロントの合い印をそれぞれ合わせて、エッジ、サイズ元をまち針で留める。エッジはでき上がり線をミシンで縫い、サイズ元は縫い代（でき上がり線の外側）にミシンをかける。
④エッジの布端をピンキングばさみでカットする。

①

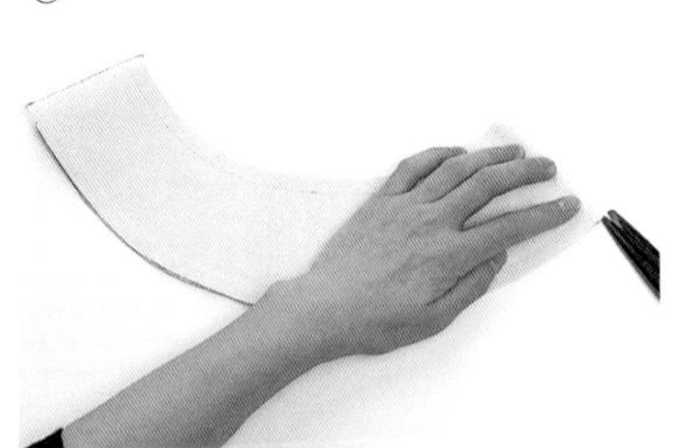

②

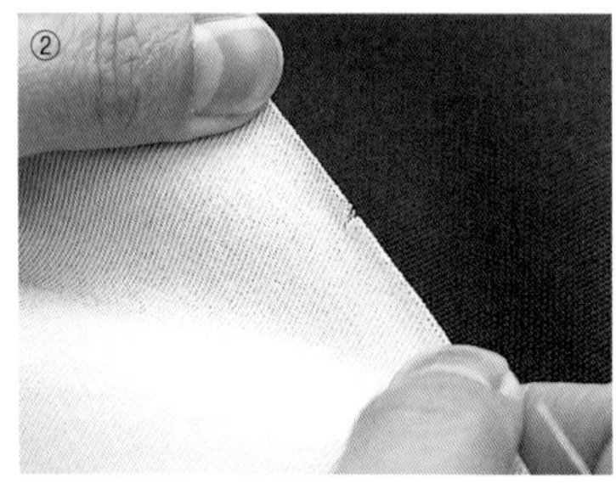

③

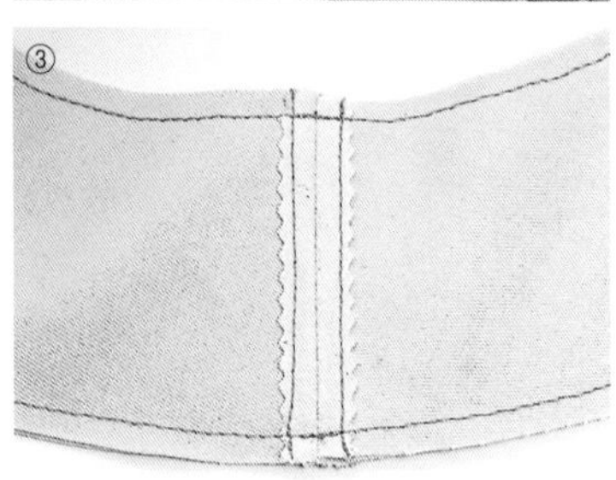

④

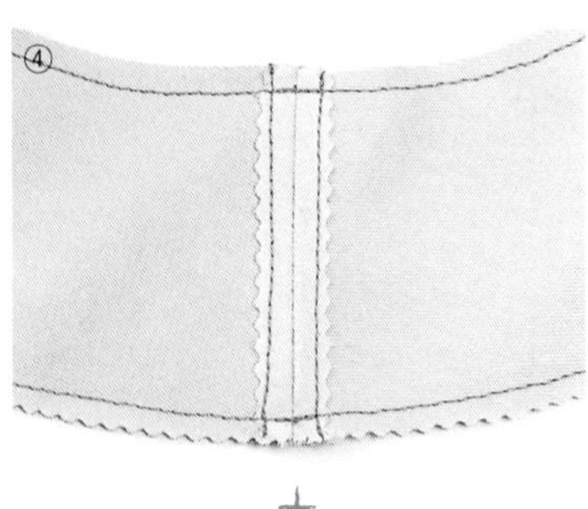

4 クラウンにブリムをつける

①

②

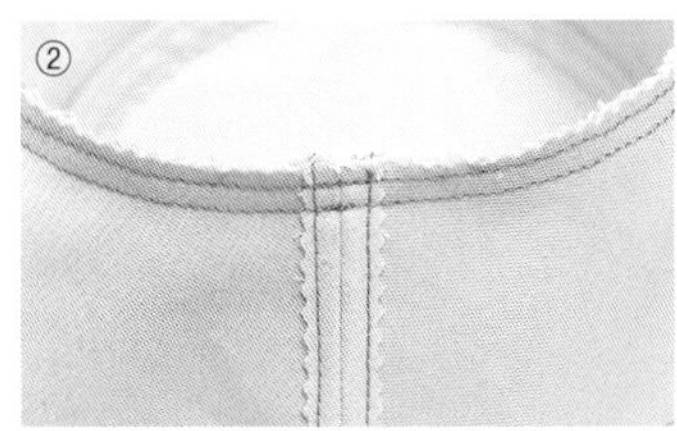

③

①クラウンの外側にブリムを合わせ、クラウンのサイズ元のでき上がり線を縫う。目打ちで縫い代を押さえながら縫うとズレにくく、きれいに縫える。
②縫い代端はピンキングバサミでカットする。
③サイズ元の縫い代をクラウン側に倒し、ステッチをかけて押さえる。

5 ハンドステッチを刺す

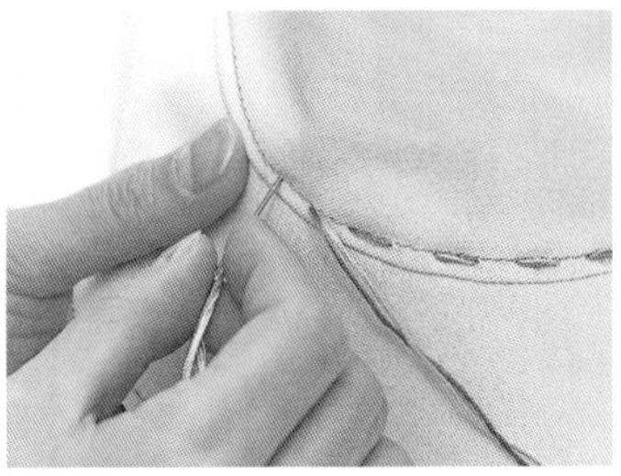

サイドクラウンの上下、ブリムのエッジのミシンステッチに重ねて、ハンドステッチを入れる。25番刺しゅう糸12本どりで、粗い針目（7～8mm間隔くらい）でステッチを刺す。

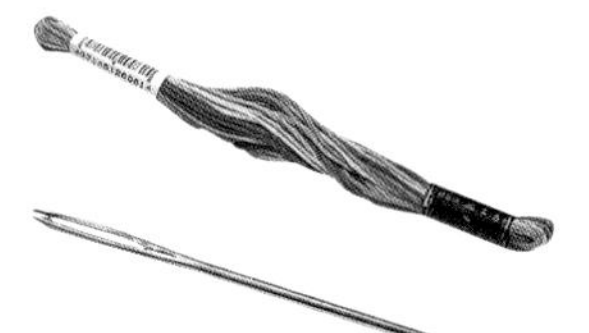

段染めの刺しゅう糸。ステッチに味が出る。縫い針は、刺しゅう針を使う。

子ども用クロッシュの作り方ポイント

◉裁ち方のポイント
実物大型紙はSサイズを用意する。トップクラウン、サイドクラウン、外ブリムはデニムを表面にする。内ブリムはフリースを表面にして仕立てるので、内ブリムだけはデニム側に印をつける。布の裁ち方はP.137を参照。

◉作り方のポイント
1枚仕立てなので、ブリムの縫い方以外は大人用の帽子と同じ。1のようにブリムのバックは、内ブリム・外ブリムとも中表にして縫い、縫い代を割ってステッチをかける。次に図2のように中表に合わせて、エッジを縫って表に返し、クラウンと縫い合わせる。ステッチは別色のミシン糸を使って。

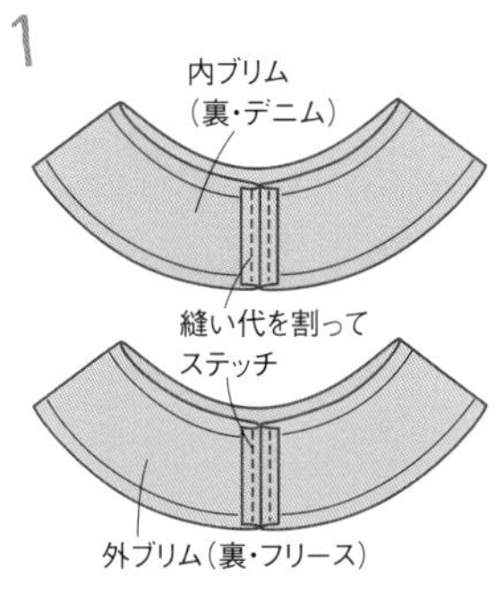

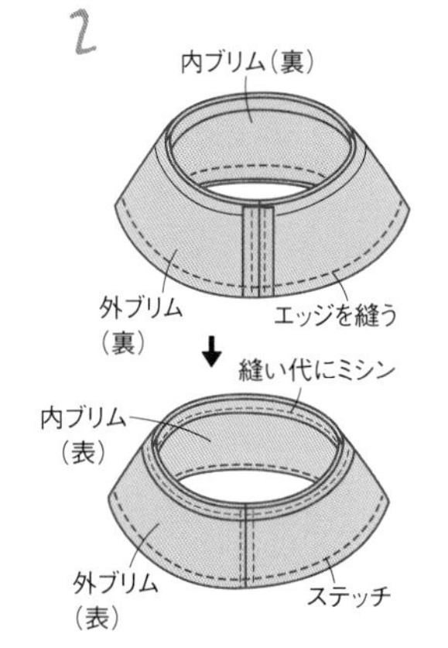

た

ち

て

と

な

に

ぬ

ね

の

は

STAFF

技術指導…………かわいきみ子
技術編集…………山村範子
作り方図トレース…day studio
デザイン&制作……青木恵理子　糸山弓子　金森美也子
小山千夏　熊田まり　ごとうあい
高橋恵美子　百目鬼尚子　成田共絵
根本きこ　三木弥生　水崎真奈美
道平祥子　宮嶋有紀　ui
米倉加乃　RARI YOSHIO　ワタナベ·コウ
表紙撮影…………渡辺淑克
撮影………………荒木美香　安東紀夫　奥村恵子
川上 守　公文美和　高橋仁己
中澤浩一　中野博安　野口健志
日置武晴　広瀬貴子　堀内成哲
湊 和郎　明賀 誠　吉田篤史
渡辺淑克
扉イラスト…………谷山彩子
作り方イラスト……細川夏子
校正………………麦秋アートセンター
取材・撮影協力…グループセブ ジャパン　クロバー
フジックス　ブラザー販売
ブックデザイン……わたなべげん
編集担当…………前山陽子（KADOKAWA）

さくいん（五十音順）

あ

い

う

え

お

改訂版 ゼロから始める さいほうの基本 ボタンつけから、手作り小物&洋服まで

2024年7月20日　初版発行

編著者……KADOKAWAライフスタイル編集部

発行者……山下 直久

発行………株式会社KADOKAWA
〒102-8177 東京都千代田区富士見2-13-3
電話0570-002-301（ナビダイヤル）

印刷所……大日本印刷株式会社
製本所……大日本印刷株式会社

●お問い合わせ　https://www.kadokawa.co.jp/
（「お問い合わせ」へお進みください）
※内容によっては、お答えできない場合があります。
※サポートは日本国内のみとさせていただきます。
※Japanese text only
定価はカバーに表示してあります。

ISBN 978-4-04-607098-2
C0077